역사의 풍경

THE LANDSCAPE OF HISTORY

Copyright ⓒ 2002 by John Lewis Gaddis

All rights reserved.

Korean translation copyright ⓒ 2004 ECO–LIVRES Publishing Co.

This translation of THE LANDSCAPE OF HISTORY, originally published in

English in 2002, is published by arrangement with Oxford University Press, Inc.

through Eric Yang Agency, Seoul

역사의 풍경
– 역사가는 과거를 어떻게 그리는가

초판 1쇄 발행일 2004년 3월 5일   초판 7쇄 발행일 2009년 5월 15일

지은이 존 루이스 개디스 | 옮긴이 강규형
펴낸이 박재환 | 편집 유은재 이지혜 이정아 | 관리 조영란
펴낸곳 에코리브르 | 주소 서울시 마포구 서교동 468-15 3층(121-842) | 전화 702-2530 | 팩스 702-2532
이메일 ecolivre@korea.com | 출판등록 2001년 5월 7일 제10-2147호
디자인 디렉팅 오필민 | 종이 대림지업 | 인쇄 상지사 진주문화사 | 제본 상지사
ISBN 89-90048-27-3 03900   책값은 뒤표지에 있습니다.   잘못된 책은 바꿔드립니다.

역사의 풍경

역사가는 과거를 어떻게 그리는가 | 존 루이스 개디스 지음 · 강규형 옮김

The Landscape of History: How Historians Map the Past

에코리브르

서문

옥스포드 대학은 다시 한번 책을 쓰기에 좋은 환경을 제공했다. 이번 기회는 2000/2001년 밸리올 컬리지(Balliol College)의 조지 이스트먼 방문교수직으로 1929년부터 펠릭스 프랑크푸르터, 라이너스 폴링, 윌러드 콰인, 조지 F. 케넌, 라이오넬 트릴링, 클리포드 기어츠, 윌리엄 H. 맥닐, 나탈리 제몬 데이비스, 그리고 로빈 윙크스 등이 가졌던 직책이다. 이렇게 다양하고 훌륭한 전임자들이 가졌던 직책인 만큼 이 자리에 있는 사람은 무엇을 해야 하는지에 대해 세세한 지시를 받지 않았다. 내가 받은 임명편지에는 오직 "일년 3학기 동안 24개의 학문적 활동에 참여할 것"이 명시되어 있을 뿐이었다. 그리고 "이스트먼 교수는 교육활동과 이 직책을 가진 사람이 추구하고 싶은 학문적 프로젝트를 조정하는 데 상당한 융통성을 누릴 수 있다"고 덧붙였다.

　이렇게 친절한 환경에서 많은 재량권이 주어지자, 나는 처음에 시간을 어떻게 써야 할지 당황했다. 내가 생각하기에 하나의 가능성은 그저 만찬에 참여하는 것이었다. 옥스퍼드에서 하이 테이블(high table) 만찬은 명백히 '학문적 활동'이었다. 다른 가능성은 연구활동을 하는 것이었다. 그러나 이것만으로는 어떤 성과물을 기대하는 나의 초청자를 실망시킬 수밖에 없었다. 세 번째 가능한 일은 냉전사 강의를 하는 것이었다. 그러나 8년 전에 이미 함스워스 석좌교수로서 그것을 했고, 그 강의는 책으로도 출간되었다.[1] 냉전사처럼 빠르게 변화하는 분야에서조차 새롭게 더 얘기할 것이 있는지 의심스러웠다.

그래서 전혀 다른 일을 하기로 결정했다. 이전에 하이 스트리트 이그제머네이션 스쿨즈 빌딩에서와 마찬가지로 강의하되, '역사가들이 어떻게 사고하는가'라는 명백히 야심찬 주제에 관한 것이었다. 내가 이 계획을 수행하는 데는 몇 가지 목적이 있었다. 그중 첫 번째는 지금은 고인이 된 나를 가르친 학자들과 아직 살아 있는 학생들에게 공히 경의를 표하는 것이었다. 특히 《역사를 위한 변명》과 《역사란 무엇인가》라는 역사 방법론에 대한 책을 써서 나로 하여금 '역사가란 무엇을 하는 사람인가'라는 주제를 처음으로 생각하게 한 마르크 블로크와 E. H. 카가 그 학자들이고, 학생들이란 오하이오 대학과 예일 대학, 그리고 옥스퍼드 대학에서 위의 저서들과 그 밖의 다른 저서들을 읽고 나와 함께 역사학적 방법론을 토론하며 많은 시간을 보낸 학부와 대학원 학생들이다.

두 번째 목적은 첫째 것에서 파생되었다. 세르반테스가 묘사했듯, 한 라만차의 사나이가 의협 행위에 대한 책을 너무 많이 읽어서 생긴 효과가 우리에게도 곧 나타나지 않을까 하는 걱정이 생기기 시작했다. "그는 이런 종류의 공부에 너무 어리둥절해져서…… 그의 두뇌는…… 말라붙어 버렸고, 마침내 제정신을 잃게 되었다."[2] 나는 인생의 이 단계에서 풍차를 공격하지 않으려면, 사고를 정리해야 할 필요를 느꼈다. 물론 내가 이미 이 단계에 와 있어서 이 강의들이 첫 번째 공격 시도일지도 모르지만, 그것은 독자들의 판단에 맡기려 한다.

세 번째 목적은, 두 번째 목적에 내포된 위험을 피했든 그렇지 않든, 일종의 업데이트를 하려는 것이었다. 1944년 나치스가 블로크를 처형해 투키디데스처럼 중간에 그만둔 고전을 남겨놓은 이후, 그리고 1961년 더 나은 처지에 있던 카가 고전이 된 케임브리지에서의 조지 매콜리 트리벨리언 강의를 끝낸 이후 많은 일들이 일어났다. 그러나 그들보다는 우리에게 업데이트가 필요하다는 것이 나의 생각이었다. 대부분의 사회과학자는 이런 경향을 알아채지 못했고, 역사가는 비록 블로크와 카를 읽고 가르친다 해도 이들이 제시한 역사학적 방법과 이른바 '순수과학(hard science)'의 수렴을 간과해왔다.[3]

이런 사실은 나의 네 번째 목적을 암시하는데, 그것은 나의 동료 역사가들이 자신의 연구 방법을 좀더 명확하게 하는 것이었다. 보통 우리는 이런 것에 저항해왔다. 우리는 수많은 스타일 안에서 일해왔지만 그 스타일들 속에서 기능을 감추는 형태를 선호해왔다. 그래서 우리의 글이 파리에 있는 퐁피두 센터와 같은 디자인이 되어야 한다는 사실에 위축되었다. 이 건물은 모든 사람이 볼 수 있게 에스컬레이터, 배선, 배관 들이 건물 바깥쪽에 자랑스럽게 드러나 있다. 우리는 이런 구조의 필요성에 대해서는 의문을 제기하지 않지만, 그런 구조를 보여주려는 충동에 대해서는 의문을 제기하고 있다. 그러나 우리 자신의 구조를 보여주기 꺼리는 행태는 때로 우리가 무슨 일을 하는지에 대해 학생들을 혼란스럽게 하고 우리 스스로를 혼동에 빠뜨리기도 한다.

그러나 블로크와 카는 이런 방법론적 조심성에 인내심을 거의 가지지 않았다.[4] 이런 사실은 교육과 관련 있는 나의 마지막 목적으로 나를 이끌었다. 그들의 역사학적 방법에 대한 입문서가 나온 지 꽤 되었음에도 수업에서 쓸 만한 더 나은 책이 아직 나오지 않았다는 사실이 놀라울 뿐이다.[5] 그것은 블로크와 카가 뛰어난 방법론자라는 사실 때문만은 아니다. 그 이후에도 많은 빼어난 방법론자들이 있었고, 몇몇은 그들보다 더 뛰어났다. 그러나 그들의 명확성, 간결성, 그리고 위트—한마디로 우아함—가 그들을 차별화하는 요소였다. 그들은 배관 작업을 논하는 것도 우아하게 할 수 있다는 것을 보여주었다. 오늘날 이런 것을 시도하는 방법론자가 거의 없는데, 이것이 역사가들이 주로 자기들끼리만 대화하는 이유이다. 내가 이 두 위대한 선행자의 모범을 따르려 노력하는 것조차 돈키호테적이라는 것은 잘 알고 있다. 그러나 적어도 시도는 하고 싶었다.

이제 이 프로젝트를 가능하게 해준 분들에게 감사를 드리고 싶다. 8년 전 옥스퍼드로 다시 오기를 친절하게 권유했던 애덤 로버츠, 이스트먼 교수직을 지원해주고 이스트먼 하우스에서의 안락한 주거를 제공해주는 미국 로즈스칼러협회, 여러 면에서 나와 내 아내인 토니를 편하게 해준 밸리올 컬리지의 마스터와 펠로우들, 내 수업에 참여해 많은 통찰력 있는 코멘트를 해준 학생, 교수, 그리고 친구들, 지칠 줄 모르는 나의 예일대 연구조교인 라이언 플로이드, 그리고 마지막으로 초고 상태인 각 장을 세밀하게 읽어주고 비평을 해준 사람들, 특히 인디아 쿠퍼, 토니 도프만, 마이클 프레임, 마이클 개디스, 알렉산더 조지, 피터 진나, 로렌츠 루티, 윌리엄 H. 맥닐, 이언 샤피로, 그리고 제레미 수리에게 감사한다. 또한 8년 전보다 훨씬 더 참을 만했던 옥스퍼드의 세균들에게도 감사하고 싶다.

이 책의 일부분은 "The Tragedy of Cold War History," *Diplomatic History* 17(Winter 1993), 1-16; *On Contemporary History: An Inaugural Lecture Delivered before the University of Oxford on 18 May 1993*(Oxford: Clarendon Press, 1995); "History, Science, and the Study of International Relation," in *Explaining International Relations since 1945*, ed. Ngaire Woods(New York: Oxford University Press, 1996), PP. 32-48; "History, Theory, and Common Ground," *International Security* 22(Summer 1997), 75-85; "On the Interdependency of Variables; or, How Historians Think," Whitney Humanities Center *Newsletter*, Yale University, February 1999; and "In Defense of Particular Generalization: Rewriting Cold War History," in *Bridges and Boundaries: Historians, Political Scientists, and the Study of International Relation*, ed. Colin

Elman and Miriam Fendius Elman(Cambridge, Mass.: MIT Press, 2001), pp. 301-26에 실렸던 것들이다. 그러나 희망하건대, 그리고 확신하건대 전반적인 주장은 새로운 것이다.

이번에는 내 인생을 바꾼 사람에게 이 책을 헌정하고 싶다.

2002년 4월 뉴헤이번에서

한국어판 출간에 부처

나의 책 《역사의 풍경》이 한국어 번역으로 나온다는 얘기를 듣고 기뻤습니다. 특히 번역자가 나의 제자인 강규형 교수라 더욱 그렇습니다. 강 교수는 이 책을 쓰는 데 영감을 제공한 세미나에 참여했고, 나의 생각을 한국 독자들에게 전달하기 위해 세심하게 번역했습니다. 강 교수와 이 책을 출간한 에코리브르 박재환 사장께 감사드립니다.

2004년 1월

존 루이스 개디스 (예일 대학교)

차례

: 카스파르 다비드 데이비드 프리드리히의 〈안개바다 위의 방랑자〉

역사의 풍경

검은 코트 차림에 모자를 쓰지 않은 한 젊은이가 높은 바위산
위에 서 있다. 그는 뒤돌아선 채 머리카락을 휘날리는 바람을
맞으며 지팡이로 지탱하고 있다. 그의 앞에는 자욱한 안개가
피어오르고 그 사이로 바위들이 솟아 환상적인 풍경을 이루었
다. 멀리 지평선의 왼쪽으로 산이 보이고, 오른쪽으로는 평원
이, 그리고 지평선 더 멀리는 확실치는 않지만 바다가 보인다.
그러나 그것은 어느 부분에선가 구름과 합쳐지는 안개일지도
모른다. 1818년에 그려진 이 그림은 낯익은 작품이다. 카스파
르 다비드 프리드리히(Caspar David Friedrich)의 〈안개바다 위
의 방랑자(The Wanderer above a Sea of Fog)〉. 이것이 주는 인
상은 모순적이다. 즉, 풍경에 대한 지배와 그 안에 있는 한 개
인의 하찮음을 동시에 보여주고 있다. 우리는 그의 얼굴을 볼
수 없어 그 젊은이 앞의 경치가 상쾌한지, 공포스러운지, 아니
면 둘 다인지를 알 수 없다.

폴 존슨(Paul Johnson)은 몇 년 전 낭만주의의 융성과 산업혁명의 출현을 일깨우기 위해 그의 책 《근대의 탄생(The Birth of the Modern)》의 표지에 프리드리히의 그림을 썼다.[1] 나는 여기서 더 개인적인 무엇인가를 불러일으키기 위해 이 그림을 쓰고 싶은데, 그것은 과연 역사의식이 무엇인지에 대한 나의 (명백히 특이한) 생각이다. 풍경으로 시작하는 논리는 일견 명확하지 않을지도 모른다. 그러나 한편으로는 은유가 주는 힘을, 다른 한편으로는 시각적인 이미지가 은유를 표현할 수 있는 경제성과 강도의 특별한 결합을 고려해보라.

내가 아는 과학적 방법에 대한 가장 좋은 입문서인 존 지만(John Ziman)의 《믿을 만한 지식: 과학적 신념에 대한 근거의 탐구(Reliable Knowledge: An Exploration of the Grounds for Belief in Science)》에서 과학적 직관은 때로 "원자 안에 있는 전자의 움직임이, 마치 구면(球面) 상자(spherical container) 안의 기체 진동과 '같다' 든지, 기다란 원자 사슬들의 불규칙한 배열로 이루어진 중합체 분자가 동네 잔디밭을 걷는 술주정뱅이의 휘청거림과 '같다'"[2]와 같은 깨달음으로부터 나온다고 지적하고 있다. "사실(리얼리티)은 있는 그대로 받아들여서 전달해야 한다." 사회생물학자 에드워드 O. 윌슨(Edward O. Wilson)은 덧붙였다. "그러나 그 사실을 발견했을 때와 똑같은 방식으로, 그때와 거의 같은 생생함과 감정을 지닌 채 전할 때 가장 잘 전달되는 법이다."[3] 내 생각에 과학, 역사, 예술의 공통점은 바로 이 부분이다. 그것들은 모두 은유, 패턴의 인식, 그리고 어떤 것이 다른 것과 '같다'는 인식에 의존한다는 것이다.

나는 프리드리히의 방랑자가 취하는 자세—화가와 그 이후 그 작품을 본 모든 사람들을 향해 뒤돌아선 이 강렬한 이미지—가 역사가와 '같다'고 본다. 대부분의 역사가는 결국 자신이 앞으로 가는 곳이 어디든 그곳에서 등을 돌린 채 가능한 유리한 위치를 찾아 자신이 어디에 있었는지에 주의를 집중하는 것이 자신들의 할 일이라고 생각한다. 역사가는 경제학, 사회학, 정치학 등을 공부하는 동료들이 시도하는 미래 예측을 하지 않는 것에 자부심을 느낀다. 또한 현재의 관심이 자신들에게 영향을 미치는 것을 거부한다. '현재주의(presentism)'는 역사가에겐 칭찬이 아니다. 우리의 눈은 과거에 확실히 고정된 채 미래로 용감하게 나아가고 있다. 이를테면, 역사가가 세상에 제공하는 이미지는 백미러로 보이는 이미지다.[4]

1

물론 역사가는 무슨 일이 일어날지에 대한 일종의 가정은 하고 있다. 예를 들어, 시간은 계속 흐를 것이다, 중력은 공간을 통해 작용할 것이다, 그리고 700년을 넘게 그랬던 것처럼 옥스퍼드의 미가엘 축제는 쓸쓸하고, 어둡고, 습기가 있을 것이다 등은 돈을 걸어도 될 만한 예측들이다. 그러나 과거로부터 배웠기 때문에 미래에 대해 이런 사실을 알고 있는 것이다. 과거 없이는 이런 기본적인 진실을 표현하는 단어는 물론, 이런 진실의 의미조차 모를 것이다. 또는 우리가 누구이고, 어디에 있고, 무엇을 하는 사람인지조차 모를 것이다. 역사가는 오직 자신들이 미래로 투사하는 과거에 의해서만 미래를 알 수 있다.

이런 의미에서 역사는 역사가가 가진 모든 것이다.

그러나 다른 의미에서 과거는 역사가가 결코 갖지 못하는 것이다. 어떤 일이 일어난 것을 알아차린 순간 그것은 이미 역사가가 접근할 수 없는 일이 되어버리기 때문이다. 역사가는 과학실험이나 컴퓨터 시뮬레이션처럼 그것을 재생하고, 만회하고, 가져오고, 다시 시도할 수 없다. 다만 그것을 **묘사**(represent)할 수 있을 뿐이다. 프리드리히가, 그의 방랑자가 높은 위치에서 내려다보는 것을 묘사한 것처럼 과거를 가깝고 먼 풍경처럼 묘사할 수 있다. 역사가는 짙고 옅은 안개 속의 형체를 감지할 수 있고, 그것의 중요성을 추측할 수 있으며, 때로 그것이 무엇인지 의견일치를 볼 수도 있다. 그러나 타임머신을 발명하기 전에는 그것이 무엇인지 보기 위해 결코 거기에 갈 수 없다.

물론 공상과학소설은 타임머신을 발명해냈다. 실제로 최근에 출간된 추리소설, 코니 윌리스의 《둠즈데이 북》과 마이클 크라이튼의 《타임라인(Timelines)》에서 각각 옥스퍼드 대학과 예일 대학에 다니는 두 역사학과 대학원생은 학위논문에 필요한 연구를 위해 14세기 잉글랜드와 프랑스에 갈 기구를 이용한다.[5] 두 작가는 시간 여행이 줄 수 있는 몇 가지 예를 제시한다. 예를 들어, 특정 시대와 장소가 주는 '감'을 제공할 수 있다. 이 소설들은 중세 유럽의 진창인 길, 썩은 음식, 그리고 냄새나는 사람들뿐만 아니라 더 울창한 숲, 맑은 공기, 더 큰 소리로 지저귀는 새들을 일깨워준다. 그러나 소설은 우리가 그 시대를 방문하면서 시대의 더 큰 패턴을 쉽게 감지할 수 있다는 사실은 보여주지 못한다. 소설 속의 인물들이 매일매일 계속 곤란한 상황에 처하는 바람에 그들의 관점이 쉽게 제한되기 때문이다. 이를테면, 역병에 걸린다든지, 말뚝에 묶여 화형당한다든지, 또는 머리가 잘려나간다든지 하는 것들 말이다.

이런 설정은 소설을 더 흥미진진하게 만든다거나 영화 판권으로 파는 데 더 매력적이게 보이기 위한 것인지도 모른다. 그러나 여기에는 잠재되어 있는 더 큰 논점이 있다. 즉, 우리의 상상력이 즉각적인 감각 이상으로 확대되지 못하기 때문에 직접 체험하는 것이 꼭 그것을 이해하는 가장 좋은 방법이 아닐 수도 있다는 것이다. 기근에서 살아남거나, 도적 떼로부터 도망치거나, 또는 갑옷을 입고 싸우려 할 때 역사가로서의 능력은 결여된다. 14세기 프랑스의 상황과 샤를마뉴 시대나 로마 시대의 상황을 비교하거나, 또는 명나라와 콜럼버스 이전 페루 시대의 유사점을 비교하기 위해 시간을 내어 곰곰이 생각하지 않을 것이기 때문이다. 마르크 블로크는《역사를 위한 변명》에서 이렇게 썼다. 개개인은 "그의 감각과 집중력에 따라 좁게 제한"되며 "일어나는 일들의 광대한 융단에서 결코 조그마한 조각 이상을 감지할 수 없다. ……이런 점에서 현재를 공부하는 학생들도 과거를 공부하는 역사가보다 별반 나을 것이 없다."[6]

실제로 과거를 공부하는 역사가들은 넓혀진 지평선을 가진다는 단순한 사실 때문에 현재의 참여자보다 **훨씬 유리한** 위치에 있다. 거투르드 스타인(Gertrude Stein)은 1938년에 쓴 간결한 피카소 전기에서 이런 추론에 가까이 다가갔다. "내가 미국에 있을 때 처음으로 비행기 여행을 자주 했다. 하늘에서 땅을 내려다봤을 때 그 어떤 화가도 비행기를 타고 올라오지 못했을 때 이루어진 큐비즘의 모든 선을 보았다. 나는 거기서 피카소의 어지럽게 섞여 있는 선들을 보았다."[7] 여기서 일어난 것은 말 그대로 풍경으로부터의 분리, 그리고 그에 따르는 풍경 위로의 상승이었다. 즉 실제 존재하는 것에 대한 새로운 인식을 제공하는, 일상으로부터의 벗어남이었다. 1783년 몽골피에 형제가 파리 상공의 열기구에서, 1903년 라이트 형제가 첫 '비행'에서, 그리고 1968년 크리스마스 날 우주의 어둠 속에서 지구를 처음 본 아폴로선의 우주 비행사들이 달 주위를 돌 때 본 것이 바로 그것이었다. 물론, 그것은 관점을 바꾸면서 경험을 확대시켰던 셀 수 없는 다른 많은 사람들처럼 프리드리히의 방랑자가 산정에서 본 것이기도 하다.

　이것은 역사가가 하는 일 중 하나를 일깨워준다. 만약 과거를 풍경이라고 생각한다면 역사는 우리가 묘사하는 방법이고, 우리가 직접 경험할 수 없는 것을 대신 경험할 수 있게 함으로써 일상으로부터 우리를 들어올리는 묘사의 행위인 것이다. 그것은 바로 더 넓은 시야이다.

2

그렇다면 우리는 이런 시야에서 무엇을 얻는가? 내 생각에는 몇 가지가 있는데, 그중 첫 번째는 성장 과정과 상응하는 정체성이다. 비행기를 타고 이륙하는 것은 자신을 크게 느끼게 하는 동시에 작게도 느끼게 한다. 당신이 탄 비행기가 지상으로 떠올라 공항 주위의 혼잡한 교통체증 위로 당신을 들어올려

광활한 지평선을 펼쳐 보일 때 지배감을 느끼지 않을 수 없다. 물론 창문 쪽 좌석에 앉아 있고, 구름이 끼지 않은 날이며, 비행공포증 때문에 이륙부터 착륙까지 눈을 꼭 감고 있는 사람이 아니라는 전제 하에 말이다. 그러나 고도가 높아질수록 눈앞의 풍경에 비해 스스로가 얼마나 작은지 깨달을 수밖에 없기도 하다. 이런 경험은 상쾌하면서도 두려운 것이다.

인생도 마찬가지다. 우리 모두는 아기라는 사실과 그래서 귀엽다는 사실만으로 용인되는 자기중심적인 상태로 태어난다. 대체로 자라난다는 것은 그런 상태에서 벗어난다는 뜻이다. 우리는—적어도 대부분의 사람은—여러 인상들을 흡수하면서 우주의 중심이라는 원래의 위치에서 스스로를 끌어내리는 것이다. 이것은 비행기를 타고 이륙하는 것과 같은 이치다. 정체성을 확립하기 위해서는 더 큰 세계에서 자신이 상대적으로 하찮음을 깨닫는 것이 필요하다. 부모가 예기치 않게 어린 동생을 갖거나 자신을 유치원에 맡겨버렸을 때의 느낌을 떠올려보라. 처음 학교에 들어가거나 옥스퍼드, 예일, 또는 호그와트 마술학교 같은 곳에 도착했을 때 어떤 생각이 들까?[8] 또는 교사로서 무뚝뚝하고, 어색해 하고, 꾸벅꾸벅 졸고, 유아적인 학생들로 가득 찬 교실에 처음 들어간다면? 한 장애물을 넘자마자 다른 장애물이 앞에 놓여 있다. 권위자가 됐다고 느끼는 바로 그 순간 당신의 권위를 떨어뜨리는 일들이 일어난다.

만약 인간관계가 성숙한다는 것이 하찮음을 깨달음으로써 자아에 도달하는 것을 뜻한다면, 역사의식이란 시간을 통해 그 성숙을 투사하는 것이라고 규정하고 싶다. 우리는 얼마나 많은 것들이 앞서 일어났고, 그에 비해 우리가 얼마나 하찮은 존재인지 잘 알고 있다. 우리는 스스로의 위치를 알고 그것이 별로 큰 것이 아니라는 사실을 깨닫는다. 역사가 제프리 엘튼 (Geoffrey Elton)은 "수천 년 동안의 수많은 인물의 존재를 피상적으로라도 알게 되면, 청소년이 자기 자신을 세계에 연관시키기보다 세계를 자기에 연관시키는 경향을 교정하는 데 도움이 된다"고 지적했다. 역사는 "확실히 청소년 교육에서 가치 있는 성인이 되도록 도와주는 그런 조정 과정과 식견을" 가르친다.[9] 마크 트웨인은 이런 사실을 더 잘 설명했다

> 지구가 인간을 맞이할 준비를 마치는 데 몇 십억 년이 걸렸다는 것은 지구가 인간을 위해 만들어졌다는 증거야. 아마 그렇겠지. 잘 모르겠어. 만약 에펠 탑이 지구의 나이를 가리킨다면, 에펠 탑의 맨 꼭대기에 칠해진 페인트가 인간의 나이를 가리키는 거겠지. 그리고 당연히 모두 그 (꼭지에 칠해진) 페인트가 에펠 탑이 세워진 이유라고 생각할 거야. 아마 그럴 거야, 잘은 모르지만.[10]

그러나 여기에도 역설은 존재한다. 비록 지질학적 그리고 태고 시대의 발견은 우주 전체의 역사에서 인간의 중요성을 감소시키지만 찰스 다윈, T. H. 헉슬리, 마크 트웨인, 그 밖의 많은 사람들의 눈에는 신의 위치를 중앙에서 끌어내려 인간 이외의 존재는 남겨놓지 못하게도 했던 것이다.[11] 일부 사람들이 기대하는 대로 인간이 덜 중요한 존재라는 인식은 인간사

를 설명하는 데 있어서 신의 대리인의 역할을 향상시키지 않았고, 정 반대의 효과를 가져왔다. 좋은 일이든 나쁜 일이든 역사상 일어나는 일들에 대한 책임을, 역사를 사는 사람들에게 단호하게 묻는 세속적 자각이 생겨났다.

그러므로 내가 여기서 이야기하고자 하는 것은, 역사의식에는 과거라는 풍경으로부터의 초연함 또는 그 풍경 위로의 상승을 요구하는 것만큼 어느 정도의 위치 이동, 즉 겸손과 지배력 사이를 왔다갔다하는 능력도 필요하다는 점이다. 니콜로 마키아벨리는 그의 유명한 《군주론》 서문에서 이 점을 명확히 했다. 그는 자신의 후견인 로렌초 데 메디치〔로렌초 일 마그니피코(Lorenzo il Magnifico : 위대한 로렌초)라고 불린 로렌초 데 메디치의 손자로 우르비노 공 로렌초라고도 한다—옮긴이〕에게 "신분이 미천한 자가 감히 군주의 정치에 대해 논술하거나 규범을 정하는 것"을 어떻게 생각하는지 물었다. 마키아벨리는 그답게 그 질문에 스스로 답했다.

이는 지형도를 그리려는 사람은 산이나 고지의 특성을 관찰하기 위해 평지에도 내려가 봐야 하고 평지의 풍경을 알기 위해 산 위에도 올라가 봐야 합니다. 마찬가지로 백성을 이해하려는 이는 군주의 입장이 되어봐야 하듯이 군주의 본질을 잘 알려면 백성의 지위에 서봐야만 하는 것과 비슷한 이치입니다.[12]

신하든 예술가든 역사가든 무한한 우주에서 스스로 하찮은 존재임을 인식하기 때문에 자신이 작게 느껴진다. 그는 자신이 결코 왕국을 통치하지 못함을, 멀리 지평선에 보이는 모든 것을 화폭에 담을 수 없음을, 또는 과거의 특정 시기조차 일어난 모든 것을 책에 담거나 강의할 수 없음을 알고 있다. 그가 할 수 있는 최선의 방책은 군주든 풍경이든 과거든 실상을 **묘사**하는 것이다. 즉, 세부 사항을 다듬거나 큰 패턴을 찾거나 목적을 위해 자신이 보는 것을 어떻게 이용할 것인지를 고려하는 것이다.

그러나 이런 묘사 행위는 자신을 크게 느끼게 하는데, 스스로가 이런 묘사를 책임지기 때문이다. 복잡한 사실을 (처음에는 자기 자신에게, 그리고 나중에는 다른 사람들에게) 이해할 수 있게 만들어야 하는 사람은 자기 자신이다. 그리고 마키아벨리가 확실히 이해한 것처럼 이런 묘사에 내재된 권력은 실로 큰 것이다. 오늘날 데 메디치의 교사가 되려던 그 사람에 비해 데 메디치의 영향력은 얼마나 미미한가?

그러므로 역사의식은 성숙함 그 자체처럼 자신의 중요함과 하찮음을 동시에 남겨준다. 프리드리히의 방랑자처럼 풍경으로 인해 왜소해짐과 동시에 자신이 풍경을 압도한다. 서로 상충관계에 있는 감각 사이에 매달려 있다. 그러나 한 인간으로든 역사가로든 자신의 정체성이 존재하기 쉬운 곳은 이런 상태 안이다. 자기 의심은 언제나 자기 확신을 선행해야 한다. 그러나 결코 자기 확신을 동반하고, 도전하고, 결국 길들이는 것을 중지해서는 안 된다.

3

이 두 자질을 놀라울 정도로 겸비하고 있던 마키아벨리는 "제
가 오랫동안 많은 고생과 위험의 대가로 익히고 알게 된 것을
전하께서 짧은 시간에 이해하실 수 있게 하는 것 이상의 선물
은 없다고 생각합니다"고 자신만만하게 로렌초 데 메디치에게
알리면서 《군주론》을 집필했다.

그의 묘사의 목적은 **추출**이었다. 그는 큰 덩어리의 정보를
간결하고 사용 가능한 형태로 '포장해서' 그의 후견인이 빨리
터득할 수 있도록 했다. 《군주론》이 얇은 것은 우연이 아니다.
마키아벨리가 제공한 것은 개인의 경험을 넓힐 수 있는 역사
적 경험의 압축이었다. "사람들은 대체로 타인의 발자취를 따
르므로……, 현명한 사람은 늘…… 가장 빼어난 자를 닮으려
해야 한다. 그렇게 하다 보면 비록 그들과 똑같아지지는 못하
더라도 최소한 그 향기의 얼마만이라도 얻을 수 있다."[13]

이것은 역사의식의 용도에 관한 내가 찾아낼 수 있는 최고
의 요약이다. 내가 이 말을 좋아하는 것은 이것이 두 가지 요점
을 얘기하고 있기 때문이다. 첫째, 우리가 노력을 하든 안 하든
역사는 우리가 가진 유일한 데이터베이스이므로 역사로부터
배울 수밖에 없다는 것이다. 둘째, 그러려면 조직적으로 하는
편이 낫다는 것이다. E. H. 카가 《역사란 무엇인가》에서 인간
의 뇌 용량과 사고 능력은 아마 500년 전 사람들보다 더 크다
고 할 수 없지만 그때처럼 사는 사람은 거의 없다고 언급했을
때, 첫 번째 요점을 자세히 설명한 것이다. 그는 계속해서, 인
간 사고의 효용성은 "그 동안 여러 세대의 경험을 배우고 그것

을 자기 경험과 결부시킴으로써 몇 배나 커졌다"고 말한다. 획득한 성격의 계승은 생물학에서는 가능하지 않을지 몰라도 인간사에서는 작용한다. "역사는 획득한 능력을 세대에서 세대로 전승함으로써 이루어지는 진보이다."[14]

카의 전기를 쓴 조나단 하슬람(Jonathan Haslam)이 지적한 것처럼, 카가 생각했던 20세기의 역사에서 '진보'의 개념은 국가 권력의 집중과 결부되는 경향이 있었다.[15] 그러나 카는《역사란 무엇인가》에서 더 크고 덜 논쟁적인 주장을 했다. 만약 우리 개개인이 경험한 것 이상으로 경험의 범위를 넓힐 수 있다면, 그리고 과거에 비슷한 상황과 맞닥뜨린 사람들의 경험을 끌어올 수 있다면, 비록 보증할 수는 없지만 우리가 더 현명하게 행동할 수 있는 **가능성**은 그에 비례해서 커질 것이다.

이것은 마키아벨리의 두 번째 논지로 이어지는데, 그것은 과거에서 조직적으로 배워야 한다는 것이다. 역사가는 자기들이 획득한 기술과 생각을 다음 세대로 전해주는 **유일한** 수단을 제공한다는 착각에서 벗어나야 한다. 문화, 종교, 기술, 전통 등이 모두 그런 기능을 할 수 있다. 그러나 역사는 경험을 확대해 그런 경험의 중요성이 무엇인지에 대한 넓은 의견일치를 이룰 수 있는 가장 좋은 방법이다.[16]

이런 얘기를 하면 의심의 눈초리를 보내는 사람이 있을 것이다. 역사가는 너무 자주, 그리고 너무나 명백히 의견일치를 이루지 못하는 사람들이기 때문이다. 역사가는 수정주의를 좋아하고 전통주의를 불신한다. 그렇지 않을 경우 직장을 잃을 염려가 있기 때문이다. 비록 역사가 중 일부는 그 점을 계속 알아왔다고 느끼지만 최근에 역사적 판단의 상대적인 성격, 즉 관찰자와 관찰 대상을 떼어낼 수 없다는 포스트모던적 인식을 포용해왔다.[17] 간단히 말해, 역사가는 질퍽질퍽한 땅 위에 서 있을 뿐인 것처럼 보이며, 따라서 현재와 미래에 대해 과거가 무엇을 말해줄 수 있는지 의견일치를 보일 근거가 거의 없었던 것이다.

그러나 다른 것들과 비교해서 이런 질문을 던진다면 상황은 달라진다. 다른 어떤 탐구의 방식도 이런 의견일치를 이룰 수 없다. 종교와 문화의 영역에서 전통주의가 압도적이라는 사실은 아래로부터의 의견일치 부재와 위로부터 그것을 강제할 필요를 나타낸다. 사람들은 기술과 환경에 너무나 다양한 방식으로 적응하기 때문에 일반화를 무시한다. 전통은 그 자체가 다양한 제도와 문화에서 다양한 형태로 나타나기 때문에 과거가 어떤 중요성을 가질지에 대한 일관된 대답을 주기가 어렵다. 이런 점에서 역사적 방법은 다른 모든 것을 능가한다.

역사는 동업자들(역사가들) 사이에서 정확히 역사의 '교훈'이 무엇인지 동의를 요구하지도 않는다. 의견일치는 모순을 내포할 수도 있다. 진실에 대한 서로 다른 의견이 있다는 것을 배우는 것도 성장 과정의 일부이며, 스스로 어느 것을 선택할지를 결정해야 한다. 그와 같은 것을 배우는 것이 역사의식의 일부이다. 과거에 대한 '올바른' 해석은 존재하지 않지만 해석하는 행위 자체가 스스로 이득을 얻을 수 있는 경험의 대리 확장인 것이다. 단순히 과거가 교훈을 준다거나 또는 전혀 교훈을 주지 못한다고 얘기하는 것은, 어떤 군주에게도 이득이 되지 않는 얘기인 것이다. 마키아벨리는 《군주론》의 한 분분에서 이렇게 쓰고 있다. "군주가 민심을 얻는 방법은 여러 가지지만 상황에 따라 달라지므로 일정한 법칙을 세울 수는 없다." 그러나 일반적인 명제는 존재하는데, "군주가 백성과 친밀한 관계를 유지하는 것이 중요해서 그렇지 않을 경우 역경에 처했을 때 대책이 없다."[18]

역사가가 해야 할 일 또는 마키아벨리가 한 말을 되풀이하면, 이것은 적어도 향기라도 얻기 위해 우리가 해야 할 일로 인도한다. 그것은 미래를 관리하는 비전을 가지고 현재의 목적을 위해 과거를 해석하는 것이며, 그렇게 하는 데 있어 개인이 행동해야만 하는 특정 상황이나 과거의 행동이 그 상황들의 적절성을 평가하는 능력을 버리지 말아야 한다는 것이다. 경험을 축적하는 것이 그것을 자동적으로 적용하는 것을 지지하는 것은 아니다. 역사의식의 한 부분은 유사성뿐만 아니라 차이도 인식하고, 또한 특정 상황들을 일반화할 수 없다는 것을 이해하는 능력이기 때문이다.

이것은 매우 주눅드는 일처럼 들린다. 그러나 이런 일반적인 것과 특정한 것의 구별이 너무 흔한 일이라 이에 대해서는 거의 생각지도 않는 다른 인간 행동의 분야를 생각해보라. 그것은 스포츠라는 넓은 세계다. 농구, 야구 또는 카드놀이에서 조차 뛰어난 능력을 가지려면 게임의 규칙을 알아야 하고 연습을 해야 한다. 그러나 이런 규칙은 코치가 가르쳐주는 것을 응용하는 방법과 축적된 경험을 추출하는 것 이상이 아니다. 그것들은 마키아벨리가 《군주론》으로 로렌초 데 메디치에게

봉사하고자 하는 것과 같은 기능을 하고 있다. 그것은 일반화, 즉 미래에 쓸 수 있게 과거를 압축하고 추출하는 행위다.

그러나 당신이 뛰는 경기마다 특징을 가지고 있다. 상대편의 기술, 당신의 준비 정도, 그리고 시합이 일어나는 곳의 환경과 같은 것들 말이다. 유능한 코치는 게임 내내 기계적으로 따라야 할 게임 플랜을 제시하지 않고, 대신 선수 개개인의 재량과 올바른 판단에 많은 것을 맡길 것이다. 스포츠가 멋진 것은 일반적인 것과 특별한 것을 가로지른다는 점이다. 인생을 사는 것도 마찬가지다.

과거를 공부한다는 것은 미래를 예측하는 확실한 가이드가 아니다. 그것의 목적은 경험을 확대함으로써 미래를 **대비하기** 위한 당신의 기술과 스태미나, 그리고 모든 일이 잘 풀려나간다면 지혜를 증가시킬 수 있게 하는 것이다. 마키아벨리가 얘기했듯이 "운은 인간 행위의 절반만 주재"하고 "나머지 절반이나 그 비슷한 분량은 우리가 주재하도록 남겨둔다." 또는 그가 덧붙였듯이 "신은 모든 일을 다 하려고 하지 않는다."[19]

4

그렇다면 개인적인 경험을 확장하기 위해 어떻게 역사적 경험을 제시하는지의 문제가 남아 있다. 너무 적은 정보는 활용하기에 부적절할 수 있고, 너무 많은 정보는 회로를 과부하시켜 시스템을 망가뜨릴 수 있다. 역사가는 적정한 균형을 찾아야 하고, 그것은 있는 그대로의 묘사와 추상적인 묘사 사이의 균형 인식을 의미한다. 같은 주제를 다룬 잘 알려진 두 예술 작품으로 이 점을 설명하겠다.

첫 번째 것은 1434년 얀 반 에이크(Jan van Eyck)의 〈조반니 아르놀피니의 결혼식(The Marriage of Giovanni Arnolfini)〉이라는 거대한 이중 초상이다. 이것은 한 남자와 한 여자 사이의 관계를 하도 자세히 묘사해 옷의 주름과 레이스 장식 하나하나, 창가의 사과, 작은 개의 털 한 올, 심지어 거울에 비친 화가 자신의 모습까지도 볼 수 있다.

이 그림은 사진기가 발명되기 400년 전의 작품으로 사진같이 정밀한 사실주의에 가장 가까운 것이기에 인상적이다. 이것은 1434년일 수밖에 없고, 아르놀피니 부부일 수밖에 없고, 브뤼주(Bruges)에서 그린 것일 수밖에 없다. 우리는 이 그림을

: 같은 주제의 두 묘사. 왼쪽은 특정 시대의 묘사(얀 반 에이크, 〈조반니 아르놀피니의 결혼식〉, 1434년, 런던 국립 미술관(Alinari/Art Resource, New York)), 오른쪽은 모든 시대를 아우르는 묘사(파블로 피카소, 〈연인들〉, 1924년, 피카소 박물관, 파리(Réunion des Musées Nationaux/Art Resource, New York; 2002 Estate of Pablo Picasso/Artists Rights Society(ARS), New Yorks)).

통해 먼, 그러나 아주 특정 시대와 장소에 대한 대리 경험을 하게 된다.

그럼, 이 그림을 1904년에 잉크, 물감, 목탄으로 급히 그린 피카소의 〈연인들(The Lovers)〉과 비교해보자. 반 에이크의 작품처럼 이 이미지는 주제에 관한 한 의심의 여지가 거의 없다. 그러나 여기에서는 배경, 가구, 신발, 개, 옷 등 모든 것이 생략되어 있다. 그리고 주제의 본질에 직접 다가간다. 우리가 보는 것은 너무나 일반적이어서 아담과 이브 이후 누구나 즉각 이해할 수 있는 대리 경험의 전달이다. 바로 이 그림의 포인트는 배경의 부재에서 흐르는 추상이고, 그것이 시간과 공간을 초월해서 효과적으로 투영되는 이유이다.

만약 이런 비약을 견뎌낼 수 있다면 이제 내가 반 에이크의 특수성과 피카소의 보편성을 동시에 발견한 투키디데스로 넘어가 보자. 때로 그의 서술은 너무나 생생한데, 아마 그가 현대에 태어났다면 영화극작가가 될 수도 있었을 것이다. 예를 들어, 플라타이아인이 펠로폰네소스 성벽을 공격하는 장면에서 병사들이 진흙에 미끄러지지 않기 위해 왼발에만 신발을 신고 전진하는 광경이나, 지붕의 타일이 우연치 않게 떨어질 때 병사들이 놀라는 모습을 생생하게 묘사하고 있다. 그는 마치 스티븐 스필버그의 〈라이언 일병 구하기〉의 놀랄 만한 첫 장면이 1944년 노르망디 해변으로 데려가는 것만큼이나 정확하게 우리를 기원전 425년 아테네인의 필로스 공격 상황으로 인도한다. 그는 우리에게 "동료나 가족이 보이면 소리 높여 외치고, 동료의 목에 매달리며, 힘이 다할 때까지 쫓아가고, 힘이 다하면 신에게 호소하는 비통한 소리와 함께 방치된"[20] 병들고 부상당한 시칠리아 섬의 아테네인의 모습을 들려준다. 간단히 말해, 여기에는 적어도 마이클 크라이튼의 타임머신만큼 효과적으로 우리를 거기로 데려가는 상세한 내용의 확실성이 있다.

그러나 투키디데스는 크라이튼과 달리 일반화시키는 위대한 능력을 가진 사람이기도 했다. 그는 "인간사에서 과거와 똑같지는 않더라도 비슷하게 전개될 미래의 해석에 도움이 되기 위해 과거의 정확한 지식을 열망하는" 탐구자들을 위해 이 책을 썼다고 말한다. 그는 시대를 넘어 일반화를 유지시켜주는 것이 (피카소와 같은 배경에서의 분리라고 할 수 있는) 추상화(抽象化)라는 것을 알고 있었다. 따라서 그의 책에서 아테네인은 반란을 일으킨 멜로스인에게 시대를 넘어선 원칙을 말한다. "강한 자는 자기가 하고 싶은 일을 할 수 있고 약한 자는 그것을 감수해야 한다." 이어서 아테네인은 "남자들을 죽이고, 여자와 아이들은 노예로 팔았으며, 500명의 아테네인을 그곳으로 보내 살게 했다." 그러나 투키디데스는 어떤 규칙이든 예외가 있다는 것도 보여준다. 미틸레네인이 반란을 일으키고 아테네인이 그들을 정복했을 때 강자는 갑자기 생각을 바꿔 두 번째 배를 보내 약자를 살육하고 노예로 만드는 원래 명령을 철회케 한다.[21]

내 생각에 대리 경험을 전달할 때 이런 특정화와 일반화, 즉 있는 그대로의 묘사와 추상적인 묘사 사이의 긴장은 영역과 함께 온다. 아무리 생생해도 그저 세세한 사항을 기록하는 것은 특정 시대와 장소에 한정된다. 추상화함으로써 이런 단계를 넘어서는데, 추상화는 복잡한 사실을 과도하게 단순화하는 것을 포함하는 인위적인 행위다. 그것은 사실을 있는 그대로 묘사하는 것으로부터 탈피하기 시작하는 19세기 후반의 예술 세계에서 일어난 일과 비슷하다. 인상주의, 큐비즘, 미래주의의 목적 중 하나는 필연적으로 정태적인 페인트, 캔버스, 그리고 프레임이라는 수단으로부터 움직임(모션)을 표출할 방법을 찾으려는 것이었다. 추상화는 자유화의 한 형태, 즉 시간의 흐름 같은 것을 제시하는 새로운 시각으로 나타났다.[22] 그러나 그것은 공간을 왜곡함으로써만 가능했다.

대조적으로 역사가는 다른 제약, 즉 대상으로부터 시간적으로 떨어져 있다는 제약을 극복하기 위해 추상화를 채택한다. 예술가는 자신들이 묘사하는 대상과 공존하고 있다. 관점을 바꾸고, 빛을 조절하거나 모델의 위치를 옮기는 것이 언제나 가능하다.[23] 역사가는 그렇게 할 수 없다. 그들이 묘사하는 것은 과거에 존재하는 것이기 때문이다. 그러나 그들은 **이야기**(또는 서술)라는 추상화의 특정 형태를 통해 예술가가 넌지시 암시할 수밖에 없는 시간을 통한 움직임을 묘사할 수 있다.

그러나 이야기가 감당하는 시간이 길수록 그것이 제공하는 세부 사항은 적어질 수밖에 없으므로 언제나 균형을 맞춰야 한다. 그것은 한 변수의 측정이 다른 변수의 측정을 부정확하게 만드는 하이젠베르크의 불확정성의 논리와 같다.[24] 그리고 그것이 역사의식 속에 포함된 다른 하나의 대립성인 것이다. 즉, 있는 그대로와 추상성 간의 갈등, 한편으로는 과거의 한 순간에 있었던 것의 세밀한 묘사와 다른 한편으로는 긴 기간에

펼쳐져 있는 것에 대한 전반적인 스케치 사이의 갈등이 그것
이다.

5

이런 점은 역사의식이 과연 무엇인지를 시각적으로 가장 가깝
게 제시해주는 예술 묘사인 프리드리히의 **방랑자**로 돌아오게
한다. 우리를 등지고 있다. 먼 풍경에 몰입하지는 않고 그것
위에 서 있다. 중요함과 하찮음 간의 긴장, 스스로 크게도 느껴
지고 작게도 느껴지는 방식. 일반화와 특정화의 대립, 추상적
묘사와 있는 그대로의 묘사 간의 간극. 그러나 여기에는 다른
무엇인가가 존재한다. 알아내려는—안개 속을 뚫고, 경험을
추출하고, 사실을 **묘사**하려는—결단력과 경외감이 결합된 호
기심인데, 그것은 과학적 감각인 것만큼이나 예술적 상상력인
것이다.

　해럴드 블룸(Harold Bloom)은 셰익스피어에 대해, 그는 전에
누구도 도달하지 못한 방식으로 무대에서 인간 본성을 묘사함
으로써 우리 자신에 대한 개념을 창조했다고 썼다.[25] 존 매든
의 영화 〈셰익스피어 인 러브〉는 실제 그런 예를 보여주고 있
다. 〈로미오와 줄리엣〉의 첫 공연에서 마지막 대사가 끝났을
때, 청중들이 감동하여 눈을 동그랗게 뜨고 벌린 입을 다물지
못한 채 가만히 앉아 어쩔 줄 몰라 할 때가 그런 순간이다. 극
장에서든 역사에서든 또는 인간사에서든 미지의 세계에 직면
하는 것은 경이감 같은 것을 만들어낸다. 그것은 아마도 〈셰익
스피어 인 러브〉의 마지막 장면에서 바이올라가 위험으로 가

득 찬, 그러나 무한한 가능성으로도 가득 찬 미지의 땅에 난파한 〈십이야〉의 첫 장면으로 끝나는 이유인 것 같다. 그리고 프리드리히의 방랑자에서처럼 우리가 마지막 롱샷으로 보는 것은 그녀가 육지로 힘들여 걸어가는 뒷모습이다.

지금 나는 역사가가 감히 기네스 펠트로(영화 〈셰익스피어 인 러브〉에서 바이올라 역을 맡은 배우–옮긴이)의 역을 할 수 있다고 말하려는 것은 아니다. 역사가는 감정과 직관이 일에 영향을 미치지 않게 하면서 견실하고 공정한 사건의 기록자가 돼야 한다거나 또는 관습적으로 그렇게 되도록 배워왔다. 그러나 나는 그런 것들을 허용하지 않는다면, 그리고 그런 것들이 역사를 한다는 것에 가져올 흥분과 경이감을 허용하지 않는다면, 이 분야가 의미하는 많은 것을 잃게 되지나 않을까 두렵다. 셰익스피어가 바이올라를 통해 말한 지성, 호기심, 그리고 약간의 공포심으로 가득 찬 첫 대사는 역사의 풍경을 관찰하는 어떤 역사가에게도 시발점이 되기에 충분하다. "친구들이여, 이것이 무슨 나라란 말인가?"

시간과 공간

〈셰익스피어 인 러브〉의 마지막 장면에서 특기할 만한 것 중 하나는 시간과 공간의 풍부성을 시사한다는 점이다. 모든 가능성이 열려 있고 아무것도 배제되지 않는다. 시인 앤드루 마벨(Andrew Marvell)은, 자신은 그렇지 못했다는 점을 인정하면서, 회한에 가득 찬 어조로 "세상과 시간이 우리 것이라면"이라고 읊고 있다.[1] 그러나 이 영화 주인공의 뒷모습, 텅 빈 모래사장, 그리고 미지의 땅이라는 이미지는 우리가 실제로 거기에 있는 듯한 느낌을 준다.

물론, 마벨과 마찬가지로 역사가 개인은 시간과 공간의 제약을 받지만 학문으로서의 역사학은 그렇지 않다. 바로 그런 과거 풍경으로부터의 분리와 풍경 위로의 고양(高揚) 때문에 역사가는 일반인들로서는 도저히 불가능한 방법으로 시간과 공간을 다룰 수 있는 것이다. 역사가는 이런 차원들을 시인, 극작가, 소설가, 영화감독 등과 거의 비슷한 정도까지 압축하거나 확장하거나 비교하거나 측정하거나, 심지어는 초월할 수 있다. 이런 의미에서 역사가는 늘 추상화를 추구해왔다. 현실을 있는 그대로 묘사하는 것은 역사가의 과제가 아니다.

그와 동시에 역사가는 적어도 사회과학, 물리학, 생명과학에 내재하는 검증의 기준에 근접하도록 이런 것을 다루어야 한다. 일반적으로 예술가는 근거를 제시할 필요가 없다. 하지만 역사가는 그렇지 않다.[2] 그러므로 역사가는 예술과 과학 중간의 어디쯤에 존재하는 것이다. 그들은 시간과 공간의 제약 없이 자유롭게 넘나들고 상상력을 발휘하면서 그 누구도 가본 적 없고 가볼 수도 없는 곳을—TV 시리즈 〈스타트랙〉의 대본 작가들이 분할 부정사를 집요하게 쓰듯이(원문의 to boldly go는 문법적으로 사용을 지양하는 분할 부정사를 사용한 문장으로 〈스타트랙〉의 작가들이 자주 썼다—옮긴이)—갈 수 있는 것처럼 느낀다. 그러나 학생들과 동료, 그리고 책을 읽는 모든 독자들에게 우리가 살고 있는 차원에서 이탈하는 이런 시도가 과거의 사람들이 어떻게 삶을 영위했는가에 대한 믿을 만한 정보를 주고 있음을 납득시켜야 한다. 이것은 그리 쉬운 일이 아니다.

1

먼저, 시간과 공간의 허구적 재구성〔성(性)은 논외로 치더라도〕이 이루어진 유명한 작품 가운데 하나인 버지니아 울프의 《올랜도(Orlando)》로 논의를 시작하겠다. 이 소설은 주인공이 (처음에는 남자였다가 나중에는 여자가 된다) 서른 개 남짓한, '혹은 날씨가 아주 좋을 때는 마흔 개일지도 모르는' 영국의 마을이 내려다보이는 언덕 위 커다란 참나무 아래에 말없이 앉아 있는 것으로 시작하고, 또 끝을 맺는다. 한쪽으로는 런던의 첨탑과 연기가, 다른 쪽으로는 영국해협이, 또 다른 쪽으로는 '스노우덴의 울퉁불퉁한 지붕과 톱니 모양의 테두리'가 내려다보인다. 올랜도는 350년 동안 나이가 든 기색도 없이 정기적으로 이곳에 들른다. 엘리자베스 1세는 그에게 매력을 느끼지만, 그녀—소설의 3분의 1쯤 되는 부분에서 예기치 않은 성전환이 이루어진다—는 조지 5세 때에도 여전히 젊음을 과시하고 있다. 이것이 도대체 어떻게 된 일이란 말인가?

자, 우선 올랜도는 울프의 애인이었던 비타 새크빌 웨스트를 거의 그대로 그렸다. 그런 사람을 표현할 때, 시간과 공간, 그리고 성의 제약을 초월해 그리는 것보다 더 탁월한 방법이 있을까? 하지만 이 소설은 동시에 전기(傳記)라는 장르에 대한 울프의 비꼼이기도 하다. 특히 빅토리아 시대의 사람들이 좋아했던 지루하기 짝이 없고 여러 권으로 된 '생애와 시대'에 대한 기념비들에 대해서 말이다.[3] 울프는 올랜도의 생애에서 별다른 큰 사건이 비교적 적었던 한 해를 들려주면서 다음과 같이 적고 있다.

지금은 11월이다. 11월 후에는 12월이 온다. 그 후에는 1월, 2월, 3월, 그리고 4월이 올 것이다. 4월 후에는 5월이 온다. 6월, 7월, 8월이 그 뒤를 이을 것이다. 그 다음은 9월이다. 그러고는 10월이고. 그러면 보라. 일년을 꽉 채우고 11월이 다시 도래하는 것이다. 물론 전기를 집필하는 이런 방법은 나름대로 장점이 있지만, 다소 뻔한 느낌을 준다. 그리고 독자의 입장에서는 스스로도 얼마든지 달력을 암송할 수 있는데, 굳이 출판업자가 적정하다고 책정한 책값을 지불할 필요가 있느냐고 불평할 수 있다.

우리의 목적에서 더욱 중요한 것은, 그리고 위의 인용문이 시사하는 바는, 《올랜도》는 현실을 있는 그대로 묘사하는 것에 대한 저항이라는 점이다. 울프는 인상적인 다음 문구에서 시간의 성격을 너무도 명확하게 얘기한다. "한 시간은, 인간의 정신에 내재한 기이한 요소에 일단 자리하게 되면, 오십 배, 백 배로 그 물리적인 길이가 늘어날 수 있다. 다른 한편, 마음의 시계에서는 단 1초로 묘사될 수도 있다. 이 시계의 시간과 마음의 시간 사이의 독특한 불일치는 마땅히 그래야 할 만큼 널리 인식되지 않고 있어 더 깊이 연구할 가치가 있다."[4]

그렇다면 울프의 제안을 좇아 그것이 우리를 어디로 이끄는지 알아보도록 하자. 역사를 책상 위에 놓인 달력처럼 기술하는 방법은, 날씨, 수확량, 달의 차고 기욺뿐 아니라 더욱 별난 현상들까지도 꼼꼼히 기록해놓은 연대기의 형태에서 그 기원을 찾을 수 있다. 하지만 역사철학자 헤이든 화이트(Hayden White)가 지적한 바와 같이, 일련의 사건을 엄격하게 일어난 순서대로 적다 보면 대체로 그 즉시 분명한 발단, 전개, 결말이 있는 이야기로 스스로 재조정되기 마련이다.[5] 그것들은 이내 역사가 되고, 이 시점 이후 화이트의 분석은 전문용어가 난무한다. 그러나 여기서는 화이트가 설명 방법을 논할 때, 진실로 말하고자 했던 바가 역사가들이 시간과 공간의 제약으로부터 자유로울 수 있다는 사실이라는 것을 주지시키는 것만으로도 충분하다. 어떤 것을 더 깊이 있게 다루고, 그래서 엄격한 연대기로부터 벗어날 수 있는 자유. 공간상에서 서로 분리되어 있는 것들을 연결할 수 있는 권리, 즉 지형(geography)을 재편할 수 있는 권리가 그것이다.

이런 과정은 너무나 기초적이어서 역사가는 그것을 당연하게 받아들인다. 그들은 이런 작업을 할 때 무엇을 하는지조차 거의 생각하지 않는다. 하지만 그 과정은 사실을 목적에 맞게 재구성하는 행위인 묘사의 핵심이다.[6] 이 점을 더 자세히 살펴보기 위해, 19세기 전통적인 역사 서술의 대표적 인물인 토머스 배빙턴 매콜리(Thomas Babington Macaulay)와 헨리 애덤스(Henry Adams)에 대해 살펴보겠다. 그런 평판에도 불구하고, 사실 매콜리와 애덤스는 만약 그것을 시각적인 형태로 표현할 수 있었다면 당시의 예술계를 깜짝 놀라게 했을 법한 자신감으로 있는 그대로의 묘사에서 스스로 해방된다.

1848~1861년 사이에 출판된 매콜리의 《잉글랜드사(The History of England)》와 1889~1891년 사이에 출판된 애덤스의 《제퍼슨과 매디슨 통치하의 미국사(History of the United States of America during the Administration of Thomas Jefferson and James Madison)》는 모두 시간의 흐름을 따라 장엄하게 펼쳐지는데, 저자의 확신을 강화시키는 증거를 선택적으로 보여주고 그렇지 못한 것들은 무시하는 데 주저하지 않았다. 그래서 매콜리의 뒤를 잇는 역사가들은 그 무게에 눌려 휘청거릴 정도

로 아주 권위주의적인 태도로 '휘그'적인 역사 해석을 강요당했다. 한편 애덤스는 가족사의 부담을 진다. 제퍼슨과 매디슨에 대한 애덤스의 관점은, 피할 수 없이—심지어는 유전적으로—존 애덤스와 존 퀸시 애덤스를 따를 수밖에 없다.[7] 울프가 감지한 시계로 본 시간과 마음으로 본 시간의 불일치는 이렇게 증거를 거르는 과정에서 극명하게 나타난다.

그러나 매콜리와 애덤스는 **단지** 시간을 따라서 움직이기만 한 것은 아니다. 두 사람 모두 시간의 한 점에서 출발한 공간 여행으로 그들의 역사를 시작하고 있는데, 그것은 올랜도가 그의 혹은 그녀의 참나무 아래에서 떠났던 여정과 놀랄 정도로 닮았다. 매콜리의 유명한 저서의 3장 '1685년의 잉글랜드 (The State of England in 1685)'은 그 당시를 실제로 살았던 사람도 불가능할 정도로 나라 전체를 보고 있다.[8] 확실히 우리는 거리를 두고 어떤 사물을 볼 때, 그가 말하듯 "스노든 산과 윈더미어 호, 그리고 체더 클리프스와 비치 헤드"를 알아볼 수 있을지 모른다. 그러나 그것은 예외에 불과하다. 왜냐하면 그것은 아래와 같기 때문이다.

오늘날 옥수수 농사가 잘 되는 밭이거나 언덕이 된, 녹색의 덤불로 구획 지어지고 마을과 아늑한 시골 별장들로 수놓인 수천 평방킬로미터의 대지는 바늘금작화로 뒤덮인 늪이나 야생 오리들이 차지한 소택지로 보이기 십상이다. 우리는 지금 세계 방방곡곡에 알려진 공장이 들어선 도시와 항구들에서 나무로 짓고 지푸라기로 덮인, 뿔뿔이 흩어진 오두막집들을 보아야 한다. 수도는 템스 강 남쪽, 지금의 교외 지역을 크게 벗어나지 않는 범위로 축소될 것이다.

그러고 나서 매콜리는 정확한 세부 묘사를 위해 초점을 좁힌다. 일례로, 우리는 당시 전형적인 지방 유지의 '창문 아래에 쌓인 농장 쓰레기'나 '대문 곁에 자라는 양배추와 산딸기 덤불'을 볼 수 있다.[9]

애덤스의 야심도 이에 못지않았다. 무려 여섯 장(章)을 할애하여 마치 1800년의 미국을 위성으로 관측하기라도 한 듯이 서술한 후에야 비로소 제퍼슨의 취임식에 이른다. 매콜리와 마찬가지로 애덤스도 당시 볼티모어와 워싱턴 사이에 제대로 된 도로가 없었고, 마부가 재량껏 '덜 위험해 보이는', '숲 속에 난 오솔길' 중 하나를 택해 다녔다는 등 세세한 부분에 신경을 쏟았다. 그러나 "500만 명의 미국인이 황무지인 광활한 대륙을 개척하려 애쓴 것은, 과업을 위한 당사자의 수행 능력이라는 측면에서 본다면 비버와 버팔로가 여러 세대에 걸쳐 자기들만의 다리와 길을 만들려 했던 것과 유사하다"고 했던 것처럼 좀더 거시적인 안목이 필요할 때는 초점을 넓혔다.[10]

따라서 우리는 여기에서 버지니아 울프를 읽었다면 당황해 마지않았을—그러나 울프는 분명 그들을 이해했을 것이다—빅토리아 시대의 두 훌륭한 신사, 즉 울프의 남자/여자 주인공 올랜도만큼이나 혹은 공상과학소설(SF) 속의 가장 뛰어난 타임머신 조종사만큼이나 시간과 공간을 자유자재로 다루었던 역사가들을 보고 있다. 그리고 그들은 그 과정에서 단지 아주 가끔씩만 자기의 프록코트 자락을 구길 따름이다.

2

나는 첫째 장에서 역사 연구에 있어서 타임머신의 효용성에 회의적인 입장을 표했다. 특히 그런 식으로 연구하려는 대학원생들에게 충고를 해주고 싶었는데, 그렇게 하면 역사의 어느 특정한 시기에 스스로를 묶어버림으로써 연구자의 시각이 제한될 수 있고, 또한 구술시험 전까지 돌아오지 못할 위험이 있기 때문이다.[11] 하지만 만약 여러분이 역사 연구 자체를 타임머신의 일종으로 생각한다면, 그것이 SF의 타임머신 정도가 얻을 수 있는 것을 훨씬 능가할 능력을 갖고 있음을 즉시 알아차릴 것이다. 매콜리와 애덤스의 예에서 보듯 역사가는 선별성(selectivity)과 동시성(simultaneity)을 가지며, 또한 스케일(규모)을 자유롭게 이동할 수 있는 능력이 있다. 그들은 사건들의 불협화음에서 가장 중요하다고 생각하는 것들을 구별해낼 수 있고, 동시에 여러 시공간에 존재할 수 있으며, 미시적이고 거시적인 분석 수준 사이에서 초점을 좁힐 수도 넓힐 수도 있다. 이런 특성을 각각 더 자세히 살펴보자.

선별성. 가장 흔한 유의 타임머신을 타고 과거의 한 시점으로 돌아가는 것은 여러분에게 의미가 부여됨을 뜻한다. 장비가 제대로 작동한다면 여러분은 방문하고자 하는 시간과 장소를 선택할 수 있겠지만, 일단 거기 도착한 다음에는 스스로 어찌할 수 없는 상황이 펼쳐질 것이다. 여러분은 현실의 사건들에 금세 압도되어버릴 것이고, 할 수 없이 거기에 대처해야 할 것이다. 우리는 그 이후의 줄거리는 익히 알고 있다. 여러분은 소설의 나머지 부분에서 굶주린 벨로시랩터 공룡(velociraptors, 〈쥐라기 공원〉에 나오는 공룡 중 가장 빠르고 무서운 공룡―옮긴이) 들로부터 도망다닌다든지, 흑사병을 피한다든지, 동네 사람들 에게 자신은 마녀나 마법사가 아니라고 설득해 말뚝에 묶여 죽는 것만은 면한다든지 하는 것을 보게 될 것이다.

그러나 역사가의 시간 여행에서는 과거가 여러분에게 의미 를 부여하는 것이 아니라 여러분 스스로 과거에 의미를 부여 하는 것이다. 과거를 탐구하지만 현재에 머무름으로써 주도권 을 쥐게 되는 것이다. 여러분은 매콜리나 애덤스처럼, 휘그주 의를 옹호하거나 제퍼슨을 폄하할 수 있다. 여러분은 왕이나 그의 신하, 혹은 전쟁이나 국정에 초점을 맞출 수도 있고, 아니 면 당대의 위대한 종교적, 지성적, 혹은 사상적 운동을 파고들 수도 있다. 또는 《펠리페 2세 시대의 지중해와 지중해 세계 (The Mediterranean and the Mediterranean World in the Age of Philip II)》의 저자 페르낭 브로델(Fernand Braudel)의 예를 따라 900쪽쯤 지리, 날씨, 수확량, 동물 분포, 경제, 각종 제도 들을 논의한 후, 그야말로 군주 외의 모든 것을 다 거론한 후, 당시 에는 분명히 중심적인 위치를 차지했지만 이 역사서에서는 그 렇지 않은 펠리페 2세를 등장시킬 수도 있다.[12]

그 누가 오늘날의 우리가 16세기 이탈리아의 한 방앗간 주인 의 눈으로 종교재판을 보고, 말 안 듣는 중국 하인의 관점에서 혁명 전의 프랑스를 바라보며, 뉴잉글랜드 산파의 경험에 비추 어 미국 독립 직후의 상황을 연구하게 되리라고 상상이나 했겠는가? 카를로 진즈부르그(Carlo Ginzburg)의 《치즈와 구더기》, 조너선 스펜스(Jonathan Spence)의 《후의 질문(The Question of Hu)》, 그리고 로렐 대처 얼리치(Laurel Thatcher Ulrich)의 《한 산파의 이야기(A Midwife's Tale)》는 운 좋게 현재까지 남아 있는 다른 시간으로 통하는 창문을 열어놓은 자료에 의해 가능했다.[13] 그러나 여기에서 이를테면 헤이스팅스 전투나 루이 14세의 생애와 같이 전통적인 역사 못지않게 중요한 의미가 있다고 선택하는 것은 역사가의 몫이다. E. H. 카가 《역사란 무엇인가》에서 지적한 바와 같이 수백만 명이 수천 년이 넘는 세월 동안 루비콘 강을 건넜다. 역사가는 스스로 무엇을 서술하고 싶은지를 결정한다.[14]

200~300년 후의 역사가들이 우리 세대에서 무엇을 의미 있다고 추려낼지는 끊임없는 추측이 필요하다. 하나의 우울한 가능성은 우리가 사이버 공간 속에 버려둔, 용도 폐기된 웹사이트들이다. 만약 로버트 단턴(Robert Darnton)이 책 판매 기록이나 가십과 스캔들로 가득 찬 종이, 그리고 재판, 고문, 귀족들의 고양이 학살 등의 기록에서 18세기 초 파리 사회를 재구성해낼 수 있다면, 그와 같은 사람이 우리 세대에 대해서는 무엇이라고 말할지 상상해보라.[15] 지금 확신할 수 있는 것은 단지 우리 스스로 중요하다고 생각하는 것들, 혹은 남겨놓기로 결정한 각종 문서와 유물들을 통해 일부분으로만 기억되리라는 것이다. 미래의 역사가는 이것들에 어떤 의미를 부여해야 할지를 결정해야 한다. 의미를 부여하는 사람은 그들이다. 마치 과거에 직접 살았던 사람이 아닌 과거를 공부하는 우리가

의미를 부여하듯이 말이다.[16]

동시성. 선별성보다 더 대단한 것은 역사가 주는 동시성의 능력인데, 이는 곧 한 공간이나 시간보다 더 많은 곳에 동시에 존재할 수 있게 해주는 능력을 뜻한다. 이를 위해서는, 만약 SF라면 두말할 것도 없이 웜홀(블랙홀과 화이트홀로 연결된 우주의 통로-옮긴이)이나 광속분할기(beam splitters), 그리고 온갖 종류의 복잡한 기계가 필요할 것이다. 더구나 그 이야기의 구성이 이내 중심을 잃으리라는 것을 짐작할 수 있다. 그러나 역사가는 정기적으로 여러 장소를 동시에 두루두루 다닌다. 그들의 과거 연구는 앞에서 얘기한 매콜리와 애덤스의 예에서도 보듯이, 같은 시대에서 다수의 대상으로 확대될 수 있고, 같은 대상을 여러 시대에 걸쳐 연구할 수도 있으며, 아니면 두 방법론을 함께 쓸 수도 있다.

존 키건(John Keegan)의 《전투의 얼굴(The Face of Battle)》에서 어긴코트 전투, 워털루 전투, 그리고 솜므 전투에 대한 고전적인 설명을 생각해보라. 그 누구도 그 사건들을 직접 처음부터 끝까지 목격할 수 없었을 것이고, 또한 직접 경험을 통해 비교할 수도 없을 것이다. 그런데도 키건은 마치 올랜도와 같은 시간대의 확장을 통해 우리를 그곳으로 데려다줄 수 있고, 그뿐 아니라 세 전투 모두를 엄청나게 생생하게 보여줄 수도 있다. 비록 책의 첫머리에 다음과 같은 내용을 인정하고 있지만 말이다. "나는 전투에 참여해본 적이 없다. 그리고 가까이 가본 적도 없고, 멀리서 소리를 들은 적도 없으며, 전쟁의 여파를 보지도 못했다."[17]

또는 특정 시기의 동시성에 대해서 탁월하지만 별로 주목은 받지 못한 스티븐 컨(Stephen Kern)의 《시간과 공간의 문화(The Culture of Time and Space)》가 있다. 이 책에서는 제1차 세계대전 직전의 유럽과 미국의 외교, 기술, 예술 등을 다루면서, 가속도가 붙어 일어나는 사건들과 그것들을 묘사하는 방식이 전통적인 방식에서 이탈하고 있음을 적고 있다. 그런데 이는 그 일이 일어날 당시에는 알 수 없었을 것이다. 심지어 버지니아 울프도 1924년에야 다음의 유명한 언급을 했다. "1910년 12월경에 인간의 성격이 변화했다."[18]

키건과 컨처럼 묘사하고자 하는 사건에서 물러서 있는 것이 역사가가 어떤 사건을 이해하고, 좀더 중요하게는 **비교**할 수 있는 유일한 길이다. 이해는 분명 비교를 함축하고 있다. 어떤 것을 이해한다는 것은 같은 유에 속한 다른 개체들과의 관계를 살핀다는 것을 의미한다. 그러나 이렇게 시간과 공간의 범위를 늘리는 것이 관찰자 각 개인의 물리적 한계를 넘어서는 것이라면, 우리의 유일한 대안은 여러 장소에 동시에 있는 것이다.[19] 그 일은 산봉우리에 서 있는 프리드리히의 방랑자와 같이 과거를 현재의 관점에서 봄으로써만 가능하다.

스케일. 역사가의 타임머신이 SF의 그것을 능가한다는 세 번째 근거는 그들이 스케일을 거시에서 미시로, 또한 그 반대로 자유롭게 이동할 수 있다는 데 있다. 이것은 해설하는 일화(逸話)인 서술 도구의 근간을 이루는 것이니 한편으로는 놀라울 것도 없다. 역사가가 어떤 특정 사건을 이용해 일반적인 점을 이야기하려 할 때마다, 스케일의 이동이 이루어진다. 작은 것은 묘사하기 쉽기 때문에 그렇지 않을 수도 있는 큰 것의 특징을 설명하는 데 쓰인다. 하지만 다른 한편으로는 이런 과정을 거쳐 매우 놀라운 결과가 도출될 수도 있다.

약 40년 전에 《서구의 부상(The Rise of the West)》이라는 역작을 마친 후에 나온 윌리엄 H. 맥닐(William H. McNeill)의 저작들이 그 좋은 예다. 그의 저작들은 으레 인간 본성을 미시적으로 통찰하지만, 이는 곧 확장된 과거의 거시적 재해석으로 탈바꿈한다. 이 가운데 첫 번째 것은 상당 부분 미시적인 쪽에 주력하고 있다. 1976년 출간된 《전염병의 세계사(Plagues and Peoples)》는 전염병이 인간 역사에 어떤 영향을 주었는지를 서술하고 있다. 맥닐은 로마의 쇠망, 몽골의 침공, 유럽인의 북남미 정복과 같은 굵직굵직한 역사적 사건들은 지난 100년간 새로 알게 된 미시적 과정의 작용들과 떼어서는 충분히 설명할 수 없다는 것을 보여주었다. 현재 면역력이 있느냐 없느냐에 관한 우리의 지식은 과거를 새로운 시각으로 바라볼 수 있게 해준다. 그러나 이 특정한 시간 여행법은 역사가들이 스케일을 이동할 때에만 가능하다. 어떻게 당대에는 전혀 사람들의 주의를 끌지 못할 정도로 사소해 보였던 사건이, 너무나 엄청나서 우리가 늘 그 원인을 궁금해 하던 사건에 중대한 영향을 미쳤는지를 고려해야 하기 때문이다.[20]

그리고 나서 맥닐은 《전쟁의 세계사(The Pursuit of Power)》에서 비슷한 시도를 하는데, 그 내용은 지난 1,000년 동안 정치적 권력을 행사하는 장소와 정도를 결정하는 데 신군사기술이 어떤 역할을 했는지에 초점을 맞춰 살펴보는 것이었다. 그리고

최근에는《함께 박자를 맞추며(Keeping Together in Time)》에서
춤, 훈련, 운동과 같은 집단적인 리듬이 어떻게 사회적 응집력
과 더 나아가서 인간 조직의 기반을 제공하는지에 관해 연구
했다.[21] 이 책들의 공통점은 시간과 공간뿐 아니라 스케일도
넘나든다는 것이다. 선별의 능력, 여러 장소에 동시에 있을 수
있는 것, 현재 우리에게는 보이지만 과거에는 몰랐던 과정이
어떻게 작용하는지를 보는 것 등이 그것이다.

3

어떤 대상을 진정 있는 그대로 묘사하는 것은 그 대상 자체일
수밖에 없는데, 그것은 비현실적이다. 따라서 역사가는 시
간·공간·스케일 등을 조작—있는 그대로의 묘사에서 이탈
하는 것—하지 않을 수 없다. 수 세대에 걸쳐 역사가들의 오류
를 지적함으로써 역사를 공부하는 학생들에게 즐거움을 선사
해준 데이비드 해켓 피셔(David Hackett Fischer)는, 왜 그럴 수
밖에 없는지를 명쾌하게 설명해준다. 그에 의하면 전체론(全體
論)의 오류는 "역사가가 전체의 의미에서 중요한 세부 사항을
골라내야 한다고 착각하는 것이다." 이런 접근법의 문제는
"모든 것을 알기 전까지 역사가는 아무것도 모르는 것이 되는
데, 그것은 터무니없고 가능하지도 않다." 역사가의 증거는
"언제나 불완전하고, 관점은 제한되어 있으며, 증거 자체는 무
한대의 사실과 올바른 진술들이 나올 수 있는 개개의 특정 사
건들이 포함된 방대하게 팽창하는 우주이기 마련이다."[22]

   피셔가 설명한 것은, 내 제자 가운데 수학 쪽에 경도되어 있

는 한 학생의 지적에 따르면, 집합 이론(set theory)의 문제다. 쉽게 얘기해서 모든 숫자(1, 2, 3, 4, 5……)에서 홀수의 집합(1, 3, 5, 7, 9……)을 빼보자. 이렇게 해도 결과적으로 두 숫자의 개수는 같다. 하부 집합도 전체 집합과 동일한 수―무한대―의 단위를 가지고 있는 것이다. 부분은 전체만큼이나 큰 것이다.[23] 물리학자 스티븐 호킹은 《시간의 역사》의 첫 부분에서 태양계가 어떻게 작동하는지를 설명하는 한 강사의 예를 들며 비슷한 이야기를 한다. 발표가 끝날 즈음, 한 자그마한 할머니가 강의실 구석에서 일어나 다음과 같이 단호하게 말한다. "방금 말씀하신 내용은 전부 엉터리예요. 이 세상은 거대한 거북이 등에 얹혀 있는 평평한 판이라고요." 강사는 인내심을 갖고 물었다. "그렇다면 거북이는 무엇을 디디고 서 있죠?" 할머니가 대답했다. "저 아래까지 다 거북이지요, 뭘."[24]

이 대답이 여러분이 생각하는 것만큼 어처구니없는 것은 아니다. 역사가가 다루어야 할 시공간의 차원이라는 것은 실제로 저 아래까지 다 거북이기 때문이다. 시간과 공간은 무한대로 나누어질 수 있다. 다만 편의상 세기, 년, 월, 일, 분, 초라는 일련의 인위적 단위로 시간을 나누기로 합의한 것뿐이다. 일반적으로 역사가는 이것을 넘어서지 않는다. 하지만 밀리초(milliseconds)와 나노초(nanosecond), 그리고 그 이하의 단위도 얼마든지 존재하는 것은 물론, 그 반대쪽으로는 광년과 파섹(parsecs : 3,259광년) 등도 있으므로, 그것을 넘어서는 것도 영 불가능한 것은 아니다.

제임스 조이스의 《율리시즈》는 한 평범한 사람에게, 한 평범한 하루에 일어난 모든 일을 기록하는 데 700쪽을 할애했다. 따라서 조이스가 워털루에서의 나폴레옹에 대해 그렇게 쓴다고 생각해보라. 그 위대한 사람(조이스가 아니라 나폴레옹을 의미한다)이 속옷을 채 갖춰 입기도 전에 대부분의 독자는 장황한 세부 묘사에 그만 곯아떨어지고 말 것이다. 만약 그가 속옷을 입을 때까지 견딘다면, 나는 역사를 이 수준까지 나눌 필요를 느끼는 사람들에게 이것을 맡길 용의가 있다.[25]

동일한 분할 가능성의 원리가 공간에도 적용된다. 기상학자 루이스 리처드슨(Lewis Richardson)의 유명한 질문을 보자. 영국 해안선의 길이는 얼마인가? 그 값은 조건에 따라 달라지므로 정답은 "알 수 없다"이다. 당신의 측정 단위가 마일인가, 미터인가, 마이크론인가? 결과는 각각의 경우에 따라 달라질 것이고, 이것은 단지 한 단위에서 다른 단위로 전환하면 끝나는 문제가 아니다. 측정 스케일이 작아질수록, 해안선의 조그만 차이까지도 더 정밀하게 잡아낼 수 있을 것이고, 그렇게 될 경우 측정하는 방법에 따라 길이는 늘어나거나 줄어들 것이다. 하지만 공간에 위치하고 있는 대상으로서의 영국은 명백히 우리가 어떻게 보느냐에 따라 늘어났다 줄어들었다 하지 않는 한정된 대상이다. 일정치 않은 것은 우리가 채택한 측정의 방법일 뿐이다.[26]

따라서 다시 한번, 나폴레옹의 경우와 마찬가지로 우리는 어떤 예측치를 만들어놓고 진행하는 것이다. 누구도 그 재난의 날에 황제가 했던 모든 행위를 낱낱이 알 수는 없다. 만약 리처드슨이 옳다면, 누구도 런던에서 옥스퍼드까지의 정확한 거리를 알 수 없다. 그러나 사람들은 이 사이를 왔다갔다하는 데 전혀 곤란을 느끼지 않으며, 그중 어떤 사람은 그렇게 하면서 워털루에서의 나폴레옹에 대해 읽기까지 하는 것이다.

만약 집합 이론이 암시하는 바처럼, 이 측정법들이 실체를 무한대로 분할 가능하게 해준다면, 이 문제를 해결하려다가 정신이상자가 되지 않는 유일한 길은 버지니아 울프처럼 이 점을 당당하게 무시해버리는 것이다. 그러나 이것이 의미하는 바는, 묘사의 방법이 묘사하는 모든 것을 결정해버린다는 것이다. 즉, 역사가는 하이젠베르크의 불확정성 원리와 동일한

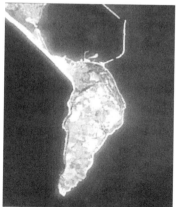

: 영국 해안선의 세 가지 조망. 첫 번째 이미지에서 포틀랜드 곶은 거의 보이지 않지만 두 번째 것에선 작은 반도로 나타나고 세 번째 것에선 자세히 나타난다. 각각에 기반을 둔 측정이 해안선의 길이에 대한 다른 결과를 나타내기도 하지만 세 측정 모두 같은 해안선을 정확히 묘사하고 있다(GlobeXplorer).

것에 다시금 직면하게 되는 것이다. 관찰이라는 행위가 관찰의 대상을 바꿔놓는다. 결과로 주어진 것에서 완벽한 객관성은 거의 기대할 수 없으며, 따라서 진리라는 것도 존재할 수 없다. 다시 말하면, 이 모든 것을 주장하는 포스트모더니즘이 재확인되었다는 것이다.[27] 이것은 이미 논증되었거나 그런 것처럼 보인다.

4

하지만 그 불확실한 결론을 수용하기 전에, 역사가가 이해하는 방식으로 시간과 공간의 본질에 대해 조금 더 깊이 살펴볼 필요가 있다. 라이프니츠는 시간을 "같은 시간대에 존재하지 않는 것들의 순서"라고 우아하게 정의한 바 있다.[28] 이것은 아주 만족스러운 정의는 아니다. '순서'나 '같은 시간대'라는 단어 안에 시간의 개념을 내포하고 있기 때문에, 시간 스스로 정의하는 셈이기 때문이다. 하지만 우리가 정의를 내려보아도, 여기에서 벗어나 좀더 좋은 정의를 내릴 것 같지는 않다. 우리가 무엇인지 얘기하는 것은 우리가 무엇이 되었는지를 숙고하는 것이다. 따라서 우리는 시간에서 떨어져 존재할 수 없다. 마르크 블로크가 썼듯이, 그것은 "사건이 잠겨 있는 바로 그 원형질이고, 사건에 대한 이해를 가능케 해주는 영역이다."[29]

 그렇다면 우리가 어떻게 우리 스스로를 포함하고 있는 것을 사고하거나 기술할 수 있다는 말인가? 첫째, 시간 그 자체는 매끈한 연속체임에도 불구하고 그 안에 존재하는 사람들에게는 그렇게 보이지 않는다는 점을 강조함으로써 가능하다. 고

대 갈리아인처럼 최소한의 의식 수준을 가진 사람들에게 시간은 세 부분으로 나뉜 것처럼 보인다. 과거와 미래, 그리고 가장 정의하기 어려운 현재라는 애매한 실체가 그것이다.

성 아우구스티누스는 스스로 "가장 짧은 순간도 머물러 있지 않을 만큼 빠른 속도로 미래에서 과거로 날아간다"고 묘사했던, 현재의 존재 자체에 의문을 품었다.[30] 하지만 약 15세기 후의 역사가 R. G. 콜링우드(R. G. Collingwood)는 그 정반대의 입장을 취했다. 콜링우드는 옥스퍼드의 예를 들어 "현재만이 사실적이다"고 주장했다. 과거와 미래는 다음과 같은 방법으로 보았을 때 현재에 비길 만한 존재성이 없다. "퀸즈와 막달렌 가를 지나 하이 가를 올라가면 올소울즈 가가 있다."[31] 그렇다면 여기서 문제가 되는 것은 무엇인가?

아우구스티누스와 콜링우드 모두 블랙홀의 (만약 블랙홀에 바닥이 있다면) 바닥에 존재하는 측정할 수는 없지만 모든 측정 가능한 것이 통과할 때 그것들을 변화시키는 이상한 성질을 가진 특이점(singularities)에 대해 들어보지 못했다.[32] 나는 현재를, 미래가 그것을 통과해야만 과거가 될 수 있는 일종의 특이점이라고—혹은 여러분이 좀더 일상적인 예를 원한다면 깔때기나, 좀더 특이한 예를 원한다면 웜홀이라고—생각한다. 현재는 연속성과 우연성 사이의 관계를 고착시킴으로써 이런 변화를 실현시킨다. 특이점의 미래 쪽에서 이런 관계는 유연성이 있고, 분리되어 있고, 따라서 정해지지 않았다. 그러나 그것이 특이점을 지나가면서 합성되고 그 이후에는 나누어질 수 없게 된다. 그 효과는 DNA의 가닥들이 합쳐지는 것이나,

위로는 올라가지만 아래로는 내려가지 않는 지퍼에 비교할 수 있다.

연속성이란 시간을 가로질러 연장될 수 있는 유형을 뜻한다. 이는 중력이나 엔트로피처럼 어떤 법칙이 아니다. 그것은 상대성이나 자연선택 같은 이론이라고 할 수조차 없으며, 단순히 우리가 볼 수 있을 정도의 규칙성을 지닌 현상일 뿐이다. 이런 유형 없이는 인간의 경험을 일반화할 토대를 가지지 못한다. 이를테면, 경제 개발이 진행될수록 출생률이 저하되는 경향을 보인다거나 제국들이 스스로의 능력 이상으로 팽창하려는 성질이 있다거나 민주주의 체제는 서로 전쟁을 피한다는 것을 알 길이 없는 것이다. 하지만 우리는 과거에 이런 유형들이 빈번하게 발생했기 때문에, 미래에도 그것들이 계속되리라는 합리적인 예측을 할 수 있다. 수백 년간 이어온 경향은 웬만하면 앞으로 몇 주 만에 쉽게 뒤집어지지 않을 것이다.

우연성이란 유형을 형성하지 않는 현상을 이른다. 이것은 각 개인이 스스로만 알 수 있는 이유로 행한 일들을 포함할 수 있다. 예를 들어, 아주 큰 스케일의 경우 히틀러를, 아주 특별한 경우로는 리 하비 오스월드(Lee Harvey Oswald, 케네디 대통령 암살자—옮긴이) 같은 이를 들 수 있다. 카오스 이론학자들이 '초기 조건에 대한 민감성(sensitive dependence on initial conditions)'이라고 부르는 이것은, 과정 초기의 미세한 변동이 과정의 끝에서는 거대한 변화를 일으키는 상황으로 발전할 수 있음을 의미한다.[33] 그것은 두 개나 그 이상의 연속성이 교차됨으로써 일어날 수도 있다. 우연을 공부하는 학생은 예측할 수 있는 과정들이 예측할 수 없는 방법으로 동시에 일어날 때, 그 결과는 예측할 수 없을 수 있다는 것을 알고 있다.[34] 이 모든 현상이 갖고 있는 공통점은, 그것들이 반복적이고 따라서 친숙한 경험의 영역에 속하지 않는다는 점이다. 일반적으로 우리는 그것이 일어난 다음에야 그것을 제대로 파악할 수 있다.

그렇다면, 미래는 우연성과 연속성이 서로 독립적으로 공존하는 영역으로 정의할 수 있다. 과거는 그들의 관계가 꽁꽁 묶여 있는 것으로, 그리고 현재는 그 둘을 묶어서 연속성이 우연성에 겹쳐지고 우연성이 연속성을 직면할 수 있도록, 그리고 이 과정을 통해 역사가 만들어질 수 있도록 하는 특이점이라고 정의할 수 있다.[35] 그리고 시간 그 자체는 이런 식으로 구성되어 있지 않다고 해도, 시간 속에 갇혀 있는 그 누구에게도—사실 누가 그렇지 않단 말인가?—이런 과거, 현재, 미래의 구분은 보편적인 것에 가깝다. 우리는 시간을 자기 나름의 방식으로 파악한다. 그러나 울프가 지적한 바와 같이 실제로 존재하는 것과 우리가 그것을 묘사하는 방법 사이에는 차이가 있다.

5

시간에 대해서는 이 정도로 해두고, 공간의 경우는 어떤지 살펴보자. 우리의 목적을 위해, '사건'을 미래로부터 현재를 지나 과거로 통하는 통로로 이해하면서, 공간을 단순히 사건이 일어나는 장소로 정의하도록 하자.[36] 언뜻 보기에 공간은 시간처럼 여러 부분으로 뚜렷이 나뉘는 보편적인 인식이 없는 것 같다. 높이, 너비, 깊이라는 친숙한 차원은, 시간에서의 시간,

분, 초와 같이 우리가 공간을 측정할 때 쓰는 것들이다. 그러나 그것들은 과거, 현재, 미래라는 시간의 구분과 비슷한 의미의 공간 **개념**은 아니다.

만약 그에 비견할 만한 공간의 구분이 있다면, 그것은 실제와 지도 사이의 차이가 아닐까 한다. 지도를 제작하는 것은 시간을 세 가지로 구분하는 것만큼이나 오래되고 널리 퍼져 있는 것이다. 그 둘은 모두 무한대로 복잡한 대상을 한정적이고 다룰 수 있는 준거 틀로 축소한다.[37] 양쪽 모두 시간적이고 공간적인 풍경 위에 인위적인 눈금—시간과 날, 위도와 경도—을 위치시킨다. 두 경우 모두, 비록 그것이 완전한 전체가 될 수는 없을지라도, 분할 가능성을 뒤집는, 통일성을 회복하는, 혹은 전체의 **느낌**을 재현하는 방법을 제시한다.

어떤 특정한 지형을 모두 묘사하려는 것은, 워털루에서든 다른 그 어떤 곳에서든 일어난 모든 일을 다 적으려는 것만큼이나 터무니없는 시도이기 때문이다. 그런 지도는 그런 설명과 마찬가지로 묘사하려는 대상 자체가 되어버렸을 테고, 이것은 루이스 캐롤(Lewis Carroll)이나 호르헤 루이스 보르헤스(Jorge Luis Borges)와 같이 어처구니없는 것들에 심취했던 사람들만이 상상할 수 있는 상황일 것이다. 이를테면, 보르헤스는 제국에 대해 다음과 같이 적고 있다.

지도학의 예술은 완벽함의 경지에 이르렀다. ……어느 정도냐 하면, 지도제작자들의 길드는 제국의 크기만한 지도를 만들어 냈는데, 이 지도에는 각 지점이 모두 일대일 대응으로 표시되

어 있다. 지도학 연구를 별로 좋아하지 않는 후세의 사람들
은…… 그 커다란 지도가 쓸모 없다는 것을 깨닫고…… 그것을
태양과 겨울의 혹독함에 바쳤다. 오늘날도 서쪽의 사막에서는
동물과 거지들의 보금자리로 쓰이는, 그 지도의 너덜너덜한 잔
해를 볼 수 있다.[38]

지도 제작에서 있는 그대로 묘사하는 방법은 더 이상 묘사
가 아니라 복제일 뿐이므로 그런 방식을 지양한다. 우리는 세
부 사항에 빠져 허우적대는 스스로를 발견하게 된다. 여기에
는 대리 경험의 이해나 전달을 위해 필요한 **추출 과정**이 빠져
있다.

지도는 바로 그런 일을 한다. 그것은 현재 위치에서 어떤 곳
으로 가려는 것을 돕기 위해 다른 사람들의 경험을 추출한다.
옥스퍼드에서 런던으로 가고 싶어하는 모든 사람이, 비커 속
에서 통통 튀는 분자나 컴퓨터 키보드 앞에 앉아 있는 원숭이
처럼, 모두 스스로 길을 찾아야 한다면 얼마나 많은 시간을 낭
비하겠는가. 암초나 여울목에 대한 어떤 정보도 없이 배를 바
다에 띄우는 것은 얼마나 위험한 처사인가. 아무것도 없는 하
늘에 가상의 길을 만들어주는 라디오, 레이더, 그리고 현재의
위성항법장치 없이 비행기로 여행하는 것은 또 얼마나 무모한
일이겠는가. 모래 위에 거칠게 표시한 것이든, 고도의 컴퓨터
기술로 만든 그래픽이든, 지도가 가지고 있는 공통점은 역사
가의 작업과 마찬가지로 **대리 경험을 포장하는 것**이다.

하지만 그 명백한 유용성에도 불구하고, 이 세상에 완전히

올바른 지도는 단 하나도 존재하지 않는다.[39] 지도의 형태는 그 목적을 반영한다. 고속도로 지도는 지형의 어떤 부분은 과장하고 다른 부분은 무시한다. 도로와 그 번호, 그리고 도로가 거쳐가는 도시를 알아야 하지만, 그 지역의 토양이나 식물 서식, (캘리포니아의 몇몇 지역은 제외될지도 모르지만) 지질학적인 단층선에 대해서는 알 필요가 없다. 이것은 축척에서도 마찬가지다. 지구본을 보며 자동차 여행을 준비하지는 않겠지만, 국제 항공 여정을 계획하는 것은 얼마든지 가능하다. 어떤 지도도 모든 정보를 제공해주지는 않는다. 하지만 여러분이 여기에서 저기로 옮겨가는 데 필요한 만큼의 정보는 줄 것이고, 일반적으로 그 정도면 충분하다.

6

그렇다면 역사를 지도 그리기로 생각해도 좋은가? 만약, 앞에서 얘기한 것처럼 과거가 풍경이고 역사는 그것을 묘사하는 방법이라고 한다면 그렇게 생각해도 무방할 것이다. 그것은 유형 인식을 인간 지각의 가장 중요한 형태로 보는 것과 모든 역사는—심지어 가장 단순한 서술조차—그런 유형을 인식하는 것에서 얻어진다는 사실 사이의 연관성을 확보할 것이다. 그것은 여러 수준에서 세부 사항을 볼 수 있게 해주는데, 이는 단순히 축척뿐만 아니라 특정 순간에 특정 풍경에 대해, 지리적인 의미에서나 역사적인 의미에서나 얻을 수 있는 정보를 반영한 것이다. 하지만 가장 중요한 것은 이 비유를 통해 역사가가 제대로 된 길을 가고 있는지를 아는 방법에 더 근접할 수 있다는 점이다.

지도학에서의 증명은 묘사한 것을 실제와 **맞춰봄**으로써 가능하다. 물리적인 풍경은 그 자체로 존재하지만, 여러분은 그것을 모두 묘사하고 싶지는 않은 것이다. 여러분에게는 그 풍경을 묘사할 때 염두에 두고 있는 목표가 있다. 자신의 오감에 의지하지 않으면서 길을 찾아내고 싶은 것이다. 따라서 다른 사람의 일반화된 경험을 참고하는 것이다. 그리고 여러분은 실제로 존재하는 것을 지도 사용자가 실제 존재하는 것에 대해 알아야 할 것에 맞춰봄으로써 얻은 지도 자체를 가지고 있는 것이다.

이 맞춤은 지형을 잘 연구했을수록 더 정확해진다. 새로 발견한 지역의 초기 지도는 대개 빈 곳이 많고, 바다 괴수나 용이 몇몇 그려져 있을 수도 있으며, 해안선을 대충 그려놓은 경우가 많다. 탐험이 진행될수록 지도는 더 구체적이 되고 야수들은 자취를 감춘다. 때가 되면 동일한 지역에 대해 도로, 마을, 강, 산, 자원, 지형, 지질, 인구, 날씨, 심지어 다른 지도에 표시된 길로 이르는 교통량—그리고 교통체증의 확률—등 각각의 목적에 맞는 다양한 지도를 제작할 수 있다.

따라서 지도학적으로 증명하는 것은 전적으로 상대적이다. 그것은 지도제작자가 지도의 대상이 되는 지형과 지도수요자의 욕구 사이에 얼마나 적절한 정도의 맞춤을 이루어내느냐에 달려 있다. 그러나 이런 불확정성에도 불구하고, 지형의 존재를 부정하거나 그것을 묘사하는 것이 유용하다는 사실에 의문을 제기하는 그 어떤 포스트모더니스트도 본 적이 없다. 영국 해안선의 정확한 길이를 측정하는 것이 불가능하므로 그것은 존재하지 않으며 따라서 제멋대로 항해해도 좋다는 생각은 선원의 입장에서 매우 현명치 못한 판단이 될 것이다. 마찬가지로 역사가도 시간과 공간을 측정할 수 있는 그 어떤 절대적인 근거가 없다는 사실 때문에 그 안에서 일어난 어떤 일도 알 수 없다고 생각하는 것은 경솔한 일일 것이다.

구조와 과정

그러나 역사적 풍경은 지도학적 풍경과 다른데, 특히 다음의 한 가지 중요한 점에서 그렇다. 전자는 물리적인 접근이 불가능하다. 만약 지도를 만드는 사람이라면 누구나 그 아무리 먼 곳이라도 문제의 지역에 가보거나 적어도 사진을 찍어올 수 있다. 그러나 역사가는 그럴 수 없다. 마르크 블로크는 《역사를 위한 변명》에서 "단 한 명의 이집트학 학자(Egyptologist)도 직접 람세스를 대면한 적은 없다"고 말한 바 있다. "나폴레옹 전쟁의 전문가 가운데 그 누구도 아우스테를리츠(Austerlitz) 전투의 대포 소리를 들은 적은 없다." 역사가는 "직접 목격하지 못한 사건을 재구성해야 하는 경찰서장과 비슷한 곤경에 빠져 있다. 혹은 독감에 걸려 누워 있는 물리학자가 연구실 조교에게 자신의 실험 결과를 듣는 것과 비슷한 입장이다." 결과적으로 역사가는 "자신의 실험 결과가 나오기 전까지는 현장에 결코 갈 수 없다. 하지만 우호적인 상황하에서 때로 실험은 실험자가 직접 눈으로 볼 수 있는 몇몇 흔적을 남긴다."[1]

만약 시간과 공간이 역사가 일어나는 **영역**(장소)을 제공한다면, 구조와 과정은 **메커니즘**을 마련해준다. 왜냐하면 (블로크가 '몇몇 흔적'이라고 부른) 현재까지 남아 있는 구조를 통해 과거에 일어났기 때문에 접근이 불가능했던 과정들을 재구성할 수 있기 때문이다. 사회학자 존 골드소프(John Goldthorpe)는 "역사적인 사실이란 유물로부터의 추론이다"고 말했다.[2] 이것은 뼈와 배설물, 도구와 무기, 위대한 사상과 예술 작품, 또는 문헌고(文獻庫)에 저장되어 있는 문서들을 포함하지만, 정작 그것들을 낳은 것은 과정이다.

이를 가시적인 비유를 들어 설명하자면 보잘것없는 지층을 가로지르는 길(roadcut)에 비유할 수 있다. 지질학자는 경사, 접힘, 지층의 불일치[부정합(不整合)] 등을 보여주는 그것을 통해 수백만 년이나 수십억 년 전에 일어났던 과정까지 추론해 낼 수 있기 때문에 매우 중시한다. 존 맥피(John McPhee)의 표현에 따르면, 그것들은 "다른 시대로 통하는 창문"이다.[3] 그러나 그것은 지질학적으로 현재라 할 수 있는 최근에, 운하, 철도, 고속도로 건설을 위한 일련의 결정이 아니었으면 드러나지 않았을 것이다.[4] 따라서 지질학자들에게 구조와 과정의 구분은 구조가 존재하고 있는 현재와, 과정이 그런 구조를 만들어낸 과거 사이의 구분인 것이다. 역사가들에게도 그런가? 그 질문은 바로 여기서 다루고자 하는 문제고, 이에 답하기 위해서는 역사가 과학인지 아닌지에 대한 해묵은 논쟁으로부터 출발하는 것이 가장 좋을 것이다.

: 서부 매릴랜드의 사이들링 힐 로드컷. I-68(Maryland Geological 제공, Paul Breeding 사진).

1

1961년 E. H. 카는 케임브리지 대학의 트리벨리언 강의에서 다음과 같이 말했다. "내가 아주 어렸을 때, 외형적인 유사성에도 불구하고 고래가 물고기가 아니라는 사실은 꽤 놀라웠습니다. 하지만 이제는 더 이상 이런 분류와 관련한 문제들에 별 신경을 쓰지 않게 되었습니다. 또한 역사가 과학이 아니라는 생각이 들 때에도 필요 이상으로 근심하지 않게 되었습니다."[5] 이 진술의 의미를 여러 가지로 해석할 수 있을 것이다. 첫째, 역사 역시 과학이라는 것이다. 둘째, 그렇지 않다는 것이다. 셋째, 카는 마치 옥스퍼드와 케임브리지의 대학 식당 종업원들이 식탁에서 음식 부스러기를 훑어내는 방식으로 애매하게 얘기하는 버릇이 있었다는 것이다.[6]

그러나 카의 강의가 시사하듯이 이 문제는 그렇게 쉽게 넘겨버릴 수 있는 성질의 것이 아니다. 과학은 다음의 한 가지 특징 덕에 다른 모든 탐구 방법들과 비교해 단연 유리한 고지를 점유하고 있기 때문이다. 그것은 서로 다른 문화권과 언어권에서도, 또 판이하게 다른 관찰자들 사이에서도 그 어떤 방법보다 결과의 타당성에 대한 동의를 더 잘 이끌어낼 수 있다. DNA의 분자 구조는 스위스, 싱가포르, 스리랑카의 연구자들이 동일한 형태로 인식한다. 항공기의 날개가 받는 압력은 그 항공기가 국가 보조를 받는 국영기업에서 운영하든 모험적인 벤처기업에서 운영하든 아무 상관이 없다. 기독교도든 이슬람교도든 불교도든 천문학자라면 일식의 원인이나 은하계의 운행 방식에 대해 어렵지 않게 동의할 수 있는 것이다.

물론, 이런 논쟁을 다른 식으로 해결할 수도 있다. 이를테면, 동물의 내장을 분석해본다든지, 찻잎을 읽는다든지, 점성술에 의지한다든지, 신적인 계시를 받는다든지, 인터넷 채팅방에서 상담을 받을 수도 있다. 그러면 어떤 결과든 나오겠지만 다른 많은 사람들로부터 그 결과의 정확성에 동의를 얻어내는 것은 매우 어려울 것이다. 과학의 이점이란, 존 지만이 지적한 바와 같이, 과학이 "가장 광범위한 분야에 걸쳐 이성적인 의견의 동의"를 이끌어낸다는 것이다.[7]

물론, 그 대상이 인간일 때도 과학적 방법론의 정확성이 동일하다거나 그와 비슷한 정도의 동의를 이끌어낼 수 있다는 것은 아니다. 그 이유는 분명하다. 인간의 경우에는 의식—아마도 의지가 더 적절할지 모르겠다—이 분자나 공기의 흐름, 천체의 움직임을 지배하는 법칙을 넘어설 수 있기 때문이다.

정치학자 스탠리 호프만(Stanley Hoffmann)이 동료들에게 상기 시켰듯, 사람은 '가스나 피스톤'이 아닌 것이다.[8] 그렇다고 역사가가 지만이 제시한 그 기준—가장 광범위한 분야에 걸친 이성적 의견의 동의—에 도달하기 위해 노력하지 않아도 된다는 것은 아니다. 설사 그것이 다다를 수 없는 목표일지언정 말이다.

카를 읽어보면, 고래와 물고기에 관한 앞서의 선언에도 불구하고, 오래지 않아 그 스스로도 그렇게 생각하고 있었다는 것을 알 수 있다. 마르크 블로크도 마찬가지였다. 둘 다 과학을 역사가가 지향해야 할 모델로 보았으나, 그것은 역사가가 더욱 더 과학적으로 되어가고 있다든지 혹은 그렇게 되어야만 하기 때문은 아니었다. 오히려 **두 사람이 보기에 과학자가 역사학적으로 되어가고 있기** 때문이었다. 카는 19세기 지질학에서 찰스 리엘(Charles Lyell)이나 생물학에서 찰스 다윈이 이룬 업적에 대해 "과학이 정적이고 시간적 제한이 없는 대상을 다루는 것에서 벗어나, 변화와 발전의 과정을 다루게 되었다"고 말했다.[9] 블로크도 20세기의 발전에 초점을 맞추면서 비슷한 주장을 폈다.

기체분자운동론(kinetic theory of gases)이나 아인슈타인의 역학, 양자 이론은 바로 그 전날까지도 만장일치로 받아들여지던 과학의 개념을 완전히 바꿔놓았다. ……확실히 이들 이론은 분명한 것을 무한한 개연성으로 대치해놓았다. 즉, 엄격하게 측정 가능한 것 대신에 측정의 영원한 상대성의 개념으로 대치시

컸다. ……따라서 유클리드의 법칙이나 만고 불변하는 반복성의 법칙까지 가지 않고도 어떤 특정한 학문적 방법을 과학인양 할 수 있다는 것을 받아들이게 되었다. ……우리는 더 이상모든 지식의 영역이 자연과학에서 빌려온 단일한 지적 패턴을지녀야 한다는 강박관념에서 벗어났다. 그것은 자연과학에서조차 그런 패턴이 늘 적용 가능하지 않기 때문이다.[10]

현재 존재하는 것들이 과거에도 늘 그런 형태로 있지 않았다는 것을 발견함으로써, 또한 그 물체와 유기체가 언제나 동일한 형태가 아니라 시간의 흐름에 따라 진화해왔다는 것을발견함으로써, 과학자는 **과정에서 구조를 추론**하기 시작했다.요컨대 과학에 역사를 도입한 것이다. 카가 결론지었듯이, 정적인 관점에서 진화하는 관점으로의 이런 전환 덕분에 "오늘날 역사가는 한 세기 전보다 과학의 세계를 훨씬 더 친숙하게느낄 수 있게 되었다."[11]

카가 위와 같이 말한 것이 40년 전의 일이다. 오늘날에도 그의 주장이 성립하는가? 나는 어떤 **종류**의 과학을 말하는지 밝힌다면 그렇다고 믿는다.

2

자연과학의 합의에는 반복 가능성(reproductibility)이 핵심 역할을 한다. 동일한 조건에서 관찰할 때, 누가 하느냐에 상관없이매우 근사(近似)한 결과를 얻을 수 있다.[12] 수학자는 수천 년 전이나 지금이나 동일한 값이 나올 것을 추호도 의심하지 않으면서 파이를 소수점 이하 수십억 자리까지 계산해낼 수 있다.[13] 물리학과 화학은 그보다 아주 조금 덜 불확실하다. 그것은 관찰자가 원자의 하부 구조를 완전히 알 수 없기 때문이다. 그래도 비슷한 조건하에서 실험했을 경우 대개는 비슷한 결과가 나오게 마련이며, 아마 앞으로도 그럴 것이다. 이런 학문들의 검증은 실질적인 과정을 되풀이해 보이는 것이다. 시간과 공간은 압축되어 있고 조작 가능하다. 하지만 역사는 재실험이 불가능하다. 그러므로 당연한 이야기지만, 역사학적 방법론은 절대로 과학적 방법론에 근접할 수 없다.

하지만 과학이 전부 이런 식은 아니다. 천문학, 지질학, 고생물학 또는 진화생물학과 같은 학문은 도저히 연구실 안에서 그 학문적 대상을 다룰 수 없고, 평생을 지켜봐도 결과가 나오지 않을 수도 있다.[14] 그래서 이런 학문은 사고 실험(thought experiments)을 이용한다. 연구자들은 머릿속으로—요즘에는 컴퓨터 시뮬레이션을 이용할 수도 있지만—실험용 튜브나 원심분리기, 혹은 전자현미경이 다룰 수 없는 것들을 실험해본다. 그리고 나서 이런 정신적 측정의 결과물 가운데 실제적인 관측을 설명하는 데 가장 잘 들어맞는 증거를 알아본다. 반복 가능성이란 그것이 얼마나 설득력을 가지느냐에 대한 동의를 이끌어내는 것을 의미한다. 이들이 역사를 재실험하는 유일한 방법은 상상력에 기대는 것이지만, 논리적이어야 한다는 단서가 붙는다. 설명할 수 없는 부분을 요정이나 마법사, 외계인 등을 이용해 가설을 세운 뒤 동료들을 설득하려는 시도는 먹히지 않을 것이다.[15]

위의 사고 실험 외에, 분명히 수평이어야 할 지층이 때로 기울어져 있거나 심지어 수직으로 서 있는 것을 지질학자는 어떻게 설명할 것인가? 석회석으로 파고 들어간 화강암의 경우는? 혹은 가장 근접한 해안으로부터 수백 미터 높이나 수십 미터 떨어진 곳에서 발견된 조개껍질은 어떤가?[16] 생물학자의 경우, 아무 쓸모 없어 보이는 신체 기관—이를테면, 고래의 흔적만 남은 다리, 판다의 엄지손가락, 또는 인간의 꼬리뼈 등—을 어떻게 이해할 것인가?[17] 인간의 유전자가 벼룩, 지렁이, 파리, 원숭이, 쥐와 거의 유사한 것은 왜 그런가?[18] 같은 식으로, 우주의 시작을 행성물리학자는 무엇이라고 말할 수 있는가? 각각의 경우, 구조는 과거의 과정들이 뒷받침해주는 한도 내에서 설득력을 인정받을 수 있었다. 판구조론(plate tectonics)을 통한 지질학적 융기와 침강, 적자생존의 법칙에 의거한 종의 진화, 혹은 빅뱅이 남겨놓은 잔여 방사선 등이 그런 예다.

실험실에서의 연구는 이런 유의 설명을 검증하는 데 적절치 못할 것이다. 다윈의 그것은 수십억 년을 넘나드는 시간이 필요하다. 알프레트 베게너(Alfred Wegener)가 시각적으로 재현한 것은 대륙들이 서로 붙고 떨어지는 지구 자체였다. 알베르트 아인슈타인의 상상의 실험은 자신의 실험실은 고사하고 이 은하계마저도 넘어서는 것이었다. 위에 나열한 과학의 혁명가들은 상상에 논리를 곁들여, 현재의 구조에서 과거의 과정들을 추론해냈다. 이런 작업은 그들만의 전유물이라고 할 수는 없는데, 자연사 박물관에 가보면 꼬치꼬치 캐묻기 좋아하는 꼬마 손님들에게서 늘 같은 일들이 반복되지 않는가. 화석에서 공룡이나 그 밖의 선사 시대의 동물들을 재구성해내는 것은, 결국 남아 있는 뼛조각이나 그 비슷한 것에 상상으로 살을 덧붙여놓은 것 아닌가.[19] 이때 어린이들은 대개 깊은 인상을 받는다.

바로 이것이, 역사가와 과학자의—최소한 실험실에서 반복 가능하지 않은 대상을 다루는 과학자의 경우—방법이 대체로 일치하는 점이다. 그것은 역사가도 문헌, 유물, 심지어 기억 등 현존하는 구조들을 그 출발점으로 삼기 때문이다. 그러고 나서 역사가는 그것들을 만들어낸 과정을 추론한다. 지질학자나 고생물학자와 마찬가지로 그들은 과거에 있었던 것 중 대부분이 남아 있지 않다는 사실을 받아들여야 하고, 거의 모든 일상사는 아예 적당한 기록조차 없다는 것을 직시해야 한다. 생물학자나 천문학자처럼, 그들은 애매하거나 때로 상충하기까지 하는 증거들과 씨름해야 한다. 또한 실험실 밖에서 일하는 모든 과학자들처럼, 역사가는 논리와 상상으로 어려움, 즉 과학자들로 치자면 사고 실험에 해당하는 것들을 극복해야 한다.

이렇게 볼 때 역사가의 현재는 과거와 분리할 수 없다고 했던 R. G. 콜링우드의 말은 옳았다. 즉, 사고 실험이 일어나는 시점은 현재인 것이다.[20] 그러나 과거가 없다면 실험할 수 있는 대상조차 없는 셈이니 과거가 존재하지 않았다고 말하려는 것은 아니다. 이 점을 더 잘 보여주기 위해 역사가는 현존하는 구조에서 지나간 과정을 재구성해내기 위한 마음속의 실험실을 어떻게 쓰고 있는지 두 상반되는 예를 통해 살펴보기로 하겠다.

로렐 대처 얼리치의 《한 산파의 이야기》는 18세기 후반 메인 주의 한 마을에 살았던 지극히 평범한 마사 발라드(Martha Ballard)라는 여인의 이야기를 현재 남아 있는 유일한 단서인 그녀의 간결한 일기에 근거해 적고 있다. 그 일기란 것도 후세를 위해서가 아닌 용역 제공의 대가를 적어두는 목적으로 쓴 것이다. 얼리치는 남성 역사가들이 몇 세대 동안 그냥 간과했던 이 문학적 화석에 살을 붙여가는 여러 작업을 시도한다. 발라드가 살았던 시간과 공간에 대해 다른 출처들을 이용해 추론한다든지, 발라드가 자신의 상황을 어떻게 이해하고 꾸려나갔을까를 상상해본다든지, 혹은 그 시대의 성과 가족 관계를 현재 여성과 비교해봄으로써 말이다. 이 책은 역사학적 고생물학의 시도로서 대단한 성공을 거두고 있다.[21]

그와 반대로 재러드 다이아몬드(Jared Diamond)의 《총, 균, 쇠(Guns, Germs, and Steel)》는 현대적인 환경, 즉 세계 도처에 만연해 있는 불평등의 지속이라는 문제에서 출발해, 어떻게 불평등이 자리잡게 되었는지를 규명하려 한다. 다이아몬드는 현재까지 남아 있는 진보한 문화와 그렇지 못한 여러 문화를 살펴본다. 이때 대체로 평등했던 선사 시대까지 거슬러 올라가 역사적 과정에서 어떤 일이 일어났는지를 사고 실험으로 설명하려 한다. 그가 내리는 결론은 놀랍다. 유라시아와 같은 곳에서는 동서를 축으로 비슷한 위도상에서 여러 형태의 이동이 일어났으며, 그것은 사람, 경제, 사상, 그리고 (중요도로 봐서 결코 맨 나중이 아닌) 면역력을 길러주는 세균의 상호 이동을 촉진시켰다. 남북을 축으로는 아프리카와 남북 아메리카에

서처럼, 그런 이동은 저지되었다. 그 결과 유라시아 사람들이 세계를 지배하게 되었다.[22]

그 범위와 스케일에 있어서 이 두 연구보다 더 상이한 연구를 찾기는 쉽지 않을 것이다. 그러나 방법론적으로는 대동소이하다. 양쪽 모두 현존하는 구조에서 출발한다. 얼리치의 경우에는 발라드의 일기로, 다이아몬드의 경우에는 세계적인 불평등에서, 그리고 양쪽 모두 사고 실험을 통해 그 구조가 이루어진 과정을 추론해내려 한다. 또한 둘 다 그런 연구 결과의 현재적 중요성을 염두에 두고 있다. 두 연구 모두 논리를 상상력과 결합한다. 그리고 둘 다 퓰리처상 수상작이다.

하지만 소설가나 시인이나 극작가들 역시 논리와 상상력을 연결시키지 않는가. 물론 그렇다. 그러나 그들은 다른 방식을 쓴다. 예술가는 원한다면 얼마든지 뜬구름 잡기 식으로 작품을 쓸 수 있다. 역사가는 그렇게 할 수 없다. 그들의 주제는 실제로 존재했던 것이어야 한다. 예술가는 원하는 대로 주제를 바꿔가면서, 주제와 같은 시간 속에 공존할 수 있다. 역사가는 절대 그럴 수 없다. 주제를 다른 식으로 묘사하는 것은 가능하지만, 주제 자체를 바꿀 수는 없다. 매콜리가 썼듯이 역사가의 상상력은 "그의 이야기를 감동적으로 만드는 범위 내에서만 유효하다. 그러나 상상력을 극도로 절제해 자신이 발견한 자료를 충분히 활용해야 하며, 스스로 무엇을 덧붙여 부족한 부분을 메우려는 생각을 삼가야 한다."[23] 그렇다면 역사에서의 상상력이란 과학에서와 마찬가지로 자료와 관련되고 자료에 의해 한정되는 것이어야 한다. 바로 그 점에서 역사학은 예술이나 그 외 사실을 묘사하는 다른 방법들과 구분된다.

  그렇다면 역사는 과학인가? 나는 예일 대학교의 졸업반 학생들에게 이 질문을 던져보았는데, 그중 한 학생의 대답이 일리가 있었다. 그는 "그것보다 어떤 과학이 역사적인가에 초점을 맞출 필요가 있다"고 대답했다.[24] 이를 판별하는 기준은 **실질적인 반복 가능성**—실험실에서 실험을 다시 돌릴 수 있는 것—을 **가상적 반복 가능성**과 구분하는 선상에서 찾아야 할 것이다. 그리고 그 차이는 그 과정에 접근할 수 있느냐, 그렇지 않느냐에 달려 있다.

3

어떤 지질학자도 몇 킬로미터 이상 몸소 지표면을 뚫고 들어가본 적이 없지만, 땅 속 깊은 곳에서 일어나는 일들이 이 지상에서 어떻게 대륙을 움직이고 지진을 일어나게 하는지 자신 있게 설명한다. 어떤 화석학자도 실제로 공룡을 본 적이 없지만, 공룡이 어떻게 살았고 죽었는지를 어린이는 물론 동료들에게 충분히 설득력 있게 재구성해 얘기할 수 있다. 그 어떤 천문학자도 지구 궤도 밖으로 나가본 적이 없지만, 그 제한적인 관찰자의 위치에서도 우주의 지도를 그려낸다. 갈라파고스 제도의 피리새 부리의 변천을 연구한 몇몇 생물학자를 제외하면, 생물학자 중 그 누구도 미시적 단계를 넘어선 적자생존의 과정을 목격한 사람이 없으나, 생물학이라는 학문 자체가 그것에 기반을 두고 있다.[25] 그리고 이 모든 것이 마르크 블로크가 아우스테를리츠 전투을 직접 본 사람이 없다고 말했던 것

과 비슷한 느낌이 드는 것은 결코 우연이 아니다.

이는 역사학과 진화론적 과학 모두 결코 직접 상호작용을 할 수 없는 원거리의 현상을 감지한다는 데서 기인한다. 은유적으로 이야기하면, 이들은 프리드리히의 산 위 방랑자와 같은 입장에 있는 것이다. 그러나 이들은 안개를 단순히 바라볼 수만은 없다. 그 아래에 있는 것이 무엇인지 규명해야 하고, 묘사를 읽을 사람들이 상당히 정확한 묘사라고 인정할 만한 방법을 찾아야만 한다. 물론 논리와 상상력은 여기에 도움이 될 수 있다. 하지만 그렇게 되기까지는 그 과정에서 모종의 **절차의 배열**(sequence of procedures)이 필요하다. 현대와 선사 시대에서 하나씩 택한 두 가지 꽤 상이한 원거리 감지의 예를 통해 절차의 배열이 무엇을 뜻하는지 감을 잡을 수 있을 것이다.

일단 원거리 감지의 가장 유명한 역사적 사례로, 1962년 10월 쿠바에서 소련중거리탄도탄을 발견한 것을 들 수 있다. 이 이야기의 발단은 U-2 첩보 비행기의 항공 사진 촬영 정찰을 통해 미사일이 여러 대 발견되면서부터인데, 니키타 흐루시초프(Nkita Khrushchev)와 그의 조언자들은 야자수 덕에 미사일을 숨길 수 있다고 생각했던 것이 분명하다.[26] 이것은 소련 지도부가 그처럼 무모하게 일을 추진하고 소련의 첩보 능력이 그토록 수준 이하—물론 야자수에 대한 부분도 포함해서—라는 것을 상상하기 어려웠던 미국 정부에게는 뜻밖의 사태 전개였다. 물론, 쿠바에 U-2기가 떠다녔다는 사실은 무언가 덜 도발적인 소련의 군사적 원조 정도는 미국이 예상하고 있었다는 것을 의미한다. 정찰하던 U-2기 가운데 하나가 소련의 미사일기지와 비슷한 형태의 구조물을 잡아냈을 때(U-2기의 소련 영공 정찰로 미국은 이미 그것의 형태를 알고 있었다) 사진 분석가들은 자신들의 예측과 어긋나는 것이었음에도 그것이 무엇인지 즉시 알아차렸다. 이를 비교해, 그들은 케네디 대통령에게 자신들이 내린 결론의 타당함을 설득했고, 그것은 곧이은 U-2 정찰을 통해 사실임이 입증되었다.[27] 그러므로 이 에피소드는 세 단계로 나눌 수 있다. 지상에서의 사실, 전문가의 해석, 그리고 그들이 상부를 납득시킨 내용.

두 번째 예는 뼈, 조개껍질, 그리고 화석의 분석에 기반을 둔 원거리 감지에 종사하는 고생물학자들에 대한 것이다. 그런 흔적을 남긴 생물들을 묘사하기 위해서는 남아 있는 것을 정확히 관찰·묘사하는 것과 수십억 년 전 그것들의 생활 모습에 대한 상상을 연결하는 것이 필요하다. 쿠바 미사일 위기와 같이, 새로 발견한 증거는 이미 알려진 사실들과 비교해야 한다. 고생물학자는 자신의 결론이 일리 있다는 것을 동료들에게 설득해야 한다는 점에서, 단순히 분류학적인 문제를 넘어선다. 알로사우루스가 새끼를 길렀다거나 시조새가 오늘날 조류의 조상이라는 것을 덮어놓고 주장할 수는 없는 것이다. 그들은 상대를 **납득**시켜야만 한다. 이 작업 역시 세 가지를 끼워 맞춤으로써 가능하다. 즉, 원래의 것에서 어떤 것들이 남아 있는가. 고생물학자들이 남아 있는 것들에서 어떤 결론을 도출하는가. 그리고 그 결론은 동료 전문가들 사이에서 얼마나 인정을 받는가.[28]

구조의 발견은 양쪽 모두에서 과정을 도출해내는 것으로 이

어졌다. 쿠바의 사진은 미국의 관리들에게 흐루시초프가 왜 거기에 미사일을 배치했는지 필사적으로 고민하게 만들었다. 이는 미사일을 없애는 방법을 결정하기 위해서 반드시 알아야 할 사항이다. 공룡 둥지나 심지어 깃털을 암시하는 화석들 때문에 고생물학자는 조류가 어디에서 생겨났는지를 심각하게 재고하지 않을 수 없었다. 나는 이 비교를 지나치게 강조하고 싶지는 않다. 물론, 원거리 감지에 대해 이렇게나 서로 다른 예를 연결하는 것은 무리가 따를 것이다. 그러나 그 두 예가 다른 모든 점에서 아주 상이하다는 바로 그 점 때문에 두 과정에서 절차상의 유사성에 더 주목하는 것이다.

이제 앞 장에서 살폈던 지도학적인 은유로 돌아가보자. 지도제작자도 동일한 세 단계, 즉 현실, 묘사, 그리고 설득의 과정을 거친다. 그들은 똑같이 찍어낼 수도, 또한 원래부터 그럴 의도도 없는 현실을 묘사하는 일을 하는 것이다. 옥스퍼드의 가장 정확한 지도라도 옥스퍼드 그 자체와 동일할 수 없고, 만일 그렇다면 그 지도는 배낭이나 서류 가방에 들어가지도 않을 것이다. 지도는 필요에 따라 스케일이 다양하고 내용도 다 다르다. 세계 지도는 자전거 도로나 쓰레기장을 표시하기 위한 지도와는 다른 목적으로 제작된 것이다. 또한 지도가 선입견에서 자유로운 것도 아니다. 지도에 표시된 것과 그렇지 않은 것에는 이유가 있게 마련이다.[29] 우리는 지도를 그 유용성에 따라서 평가한다. 알아보기 쉽게 구성되었는가. 묘사가 믿을 만한가. 우리가 인식할 수 있는 범위 너머로 연장되어, 우리를 이 장소에서 저 장소로 갈 수 있게끔 한다는 실질적인 목적을 얼마나 달성하고 있는가. 공룡의 재구성이나 역사의 구성과 같이, 여기서도 묘사되어야 할 사실이 있고, 묘사된 것이 있고, 사용자의 평가가 존재한다.

지도 제작에 있어서 가장 흥미로운 이론가 중 한 사람인 제인 아제베도(Jane Azevedo)는 다음과 같이 지적했다.

> 좋은…… 지도를 만들기 위해서는 일련의 정보와 단순히 그것을 묘사해 진실을 보존하는 메커니즘보다 훨씬 더 많은 것이 필요하다. 지도의 사용 목적이 주어졌다면, 그 목적에 알맞은 지도가 묘사해야 할 관계는 어떤 것이며, 그것은 얼마만큼의 정확도와 어떤 형태로 이루어져야 하는지를 규명하는 이론이 있어야 한다. 여러 목적이 있다면, 모두 같은 정도의 정확성으로 구현할 수는 없으므로, 우선순위를 정해야 한다.

그러나 데이터, 묘사의 방법, 관심사 간의 관계가 위계적인 것은 아니다. 오히려 아제베도가 보여주는 것처럼 '반복적인 고리(reiteration loop)'에 더 가깝다.

> 지도는 데이터와 이론 모두의 함수이다. 선택된 데이터는 이론의 함수이다. 지도와 이론은 데이터에 비추어 수정되어야 한다. 끝으로, 지도는 그 자체로 이론에 변화를 가져올 수도 있다. 위계질서의 모든 단계는 다른 모든 단계와의 상호작용 속에서 수정의 대상이 될 수 있다.[30]

　나는 이 '반복적인 고리'라는 개념을 좋아한다. 그것은 연구
방법에 있어서 연역이나 귀납 중 어느 하나에 치우치지 않는
것처럼 보이기 때문이다.[31] 남아 있는 구조를 통해 과정을 원
거리 감지하는 것은 역사에 있어서나 과학에 있어서나 비슷하
게 작용한다. 그런 구조를 가지고 시작하기 위해서는, 역사가
나 진화론적 과학자 모두 반드시 연역적인 사고에서 출발해야
하기 때문이다. 주어진 과제는 남아 있는 구조들을 만들어내
기 위해 어떤 과정들이 필요한지를 연역적으로 추론하는 것이
다. 하지만 그 과제를 수행하려면 반복적인 귀납적 추론을 거
쳐야 한다. 당신은 증거를 찾아보고, 거기에 무엇이 있는지를
감지하고, 그것을 묘사할 수 있는 방법들을 찾아내야 한다. 그
러나 그런 방법을 찾는 것은 연구자를 다시금 연역적인 수준
으로 되돌려놓는다. 당신이 묘사의 목적인 사람들의 관심사에
서 그것들을 추론해내야 하기 때문이다. 따라서 구조와 과정
을 연역과 귀납적 추론이라는 틀에 말끔하게 맞추는 것은 그
리 바람직하지 않다. 그보다는 여러분이 탐구하고자 하는 대
상에 대해서 양쪽 모두의 기술을 상황에 맞게 적용하는 것이
더욱 필요하다.[32]

　이해를 위해 당신이 재단사라고 상상해보자. 사람들은 의복
을 입어야만 공공장소를 활보할 수 있다. 재단사는 사회와 나
체의 중개자이다.[33] 하지만 당신 가운데 누가, 이를테면 마오
쩌둥(毛澤東) 밑에서 일하는 재단사가 아닌 다음에야, 고객들
에게 전부 똑같은 옷을 입으라고 권하겠는가. 대신 당신은 옷
을 만들 때 손님들의 다양한 체형을 염두에 둘 것이다. 또한 손

님들이 선호하는 옷감, 스타일, 장식 등을 옷에 반영하도록 노력할 것이다. 이런 의미에서 당신은 있는 그대로 드러내 보이기를 원하지 않는 그들을 세상에 **표현**하는 역할을 맡은 것이다. 하지만 당신은 동시에 자신의 직업적 명성을 지키고 싶어 할 것이므로 자신을 표현하는 것이기도 하다. 손님들에게 나팔 바지나 폴리에스테르 티셔츠 따위를 입히고 싶지는 않을 것이다. 당신은 남들이 따라하고 싶어할 만한 스타일을 고안해 현재의 패션계를 조금쯤 바꿔놓고 싶을지도 모른다. 그러나 다시금 강조하지만, 그 '꼭 맞는 것(fit)'이란 세 가지 수준에 걸쳐 있어야 한다. 옷을 입을 사람, 옷감의 디자인, 그리고 당신의 작품을 받아들이거나 거부하거나, 또는 무시할 패션계가 그것이다.

나는 역사가들이 어떻게 일하는지를 설명하는 데 이런 비유가 도움이 된다고 믿고 있다. 고생물학자나 지도학자, 그리고 재단사처럼 역사가는 자신들의 활동에서 세 가지 서로 다른 수준에 걸쳐 좋은 '맞춤'을 발견하려 애쓴다. 그들은 한 사건이나 일련의 사건들을 되돌아볼 때 실제로 남아 있는 것에서 출발하는데, 그것은 대체로 뼈, 몸, 혹은 지형에 해당하는 문헌이다. 그들은 각자 나름의 관점으로 이것을 해석한다. 바로 여기에서 상상력과 심지어 극화시키는 능력이 필요하다. 그러나 궁극적으로 결과물은 관중의 앞에 놓여야 하는데, 여기에서 몇몇 상황 중 하나가 일어날 수 있다. 고객들은 자신의 예상과 결과물이 맞아떨어지기 때문에 그것을 인정한다. 그러나 맞아떨어지지 않는다면 인정하지 않을 수도 있다. 이것은 역사가뿐 아니라 고생물학자, 재단사, 지도제작자 모두가 바라는 바인데, 때로 결과물은 그것을 보는 사람들에게 스스로의 관점을 수정하게 해서 새로운 비판적 사고의 토대를 마련해주거나 심지어 사실 자체에 대한 새로운 시각을 갖게 할 수 있다.

4

몇 년 전 나는 위대한 세계사가인 윌리엄 H. 맥닐에게 내가 조직한 학술회의에 참가한 사회과학자, 물리학자, 생물학자 들에게 역사 저술 방법론을 강연해달라고 요청한 적이 있다. 처음에 맥닐은 특별한 방법이 없다며 한사코 거절했다. 하지만 요청에 못 이겨, 다음과 같이 설명했다.

> 저는 한 문제가 궁금해지면 그와 관련된 자료를 읽어나갑니다. 그러면서 문제를 재정의하게 되지요. 내용을 재정의하는 것은 제가 읽는 것의 흐름을 다시 바꿔놓습니다. 그러다 보면 문제가 한층 더 새롭게 다가오고, 독서의 방향도 달라집니다. 괜찮다는 생각이 들 때까지 이 방법을 반복합니다. 그렇게 저술을 마치고 원고를 출판사에 부치면 끝나는 것이지요.

맥닐의 강연은 동석한 경제학자, 사회학자, 정치학자 들에게 실망을 안겨주었고 일부는 조소를 보내기까지 했다. "그것은 방법론이라고 할 수 없습니다." 그 가운데 몇몇이 소리 높여 주장했다. "선생님의 문제 해결법이라는 것은 간결하지도(parsimonious) 않고, 독립변수와 종속변수 사이의 뚜렷한 구분도 없으며, 연역과 귀납이 혼란스럽게 뒤섞여 있지 않습니까?" 그러나 회의실 뒤편에서 낮은 목소리가 흘러나왔다. "그렇습니다. 맥닐 선생께서 말씀하신 그 방법이 바로 저희가 물리학을 공부하는 방식입니다!"[34]

존 지만은 "실험에 의존해서 이론적인 모델을 증명하는 것은 기계적인 절차가 아니다"고 쓴 바 있다. "증명의 절차는 데이터의 불확실성과 수학적 분석에 불가피하게 수반되는 추상화를 고려했을 때, 이론과 실제 사이에 **적절한 정도의 맞아떨어짐**이 있는지의 여부를 결정해야 하는 물리학자의 전문적인 식견에 달려 있다. 그런 판단을 내릴 수 있을 만한 기술은 체험에서 나오는 것이다."[35] 하지만 만약 그것이 옳다면—만약 과학이 진실로 연역이나 귀납 가운데 어느 하나에도 치우치지 않는 것이라면, 어느 정도 직관과 판단에 의존하는 것이라면, 그리고 만약 최종적인 분석으로 얻은 결과가 연구자와 불가분의 관계라면—우리가 가지고 있는 과학적 방법에 대한 고정관념, 즉 위에 언급한 모든 것들을 부정하는 것이 과학이라는 생각은 바뀌야 한다. 에드워드 O. 윌슨은 "과학자는 ……직선적으로 생각하지 않는다"고 지적한 바 있다. "과학자는 학문을 하는 과정에서 개념, 증거, 타당성, 연관성, 분석 등을 고안해낸다. 그 과정에서 여러 조각으로, 그리고 어떤 특정 순서도 없이 분석한다. ……아마도 매우 드물거나 존재하지 않는 솔직한 자기 고백적인 회상록 정도만이 과학자들이 실제로 출판할 수 있을 만한 결과물을 내기까지 어떻게 작업하는지를 알려줄지 모른다."[36] 요컨대, 그들은 바로 윌리엄 H. 맥닐처럼 사고하는 것이다.

이를 듣고 몇몇 사회과학자는 기분이 상할지 모르지만, 그 점은 다음 장에서 더욱 심도 있게 논의하기로 하자. 여기에서 내가 초점을 맞추고자 하는 것은 맥닐, 지만, 윌슨 등이 이해하고 있었던 역사학과 과학의 추론에서 공통된 것처럼 보이는 특정한 과정이다. 그것은 지도 작성법에서 도출된 **끼워 맞추기**라는 앞서의 개념과 일치한다.

위에서 논의한 것에 대한 오래된 단어로 최근 다시 유행하기 시작한 **합치**(consilience)가 있다. 이 단어는 19세기 케임브리지의 한 과학철학자인 윌리엄 웨웰(William Whewell)이 처음 도입했는데, "〔한〕 주제에 대한 동떨어진 부분들로부터 도출된 결과가 예기치 않게 일치하는 것"[37]을 묘사하기 위해 썼다. 최근 윌슨이 "여러 학문 분야에 있어서 전문가들이 추상적 원칙과 증거에 의거한 증명의 공통된 실체에 대해 의견일치를 이룰 수 있는가"를 묻기 위한 방법으로 이 용어를 부활시켰다. 윌슨은 "인간의 행위는 역사적이고, 역사가 독특한 사건들의 전개라는 것을 말하는 것만으로는 충분치 않다"고 지적하면서 역사를 이런 분야들의 중심에 위치시키고 있다.

어떤 근본적인 것도 별이든, 유기적인 다양성이든, 물리적인 역사의 과정으로부터 인간 역사를 분리할 수는 없다. 천문학, 지질학, 진화생물학은 다른 자연과학들과의 합치로 연결된, 기본적으로 역사적인 학문의 예다. ……만약 1만 개의 인류 역사가 1만 개의 지구와 같은 행성들에서 발견된다면, 그리고 그런

역사의 비교론적인 관점에서 경험론적 실험과 원리가 생겨났
다면, 사학사(史學史)—역사의 경향에 대한 설명—는 이미 자
연과학의 반열에 올랐을 것이다.[38]

불행히도 윌슨이 그 관계를 합치라는 개념에 의지해 살펴보
는 것은 역사론적 과학과 자연과학을 연결하는 것까지에 불과
하다. 나는 웨웰의 '기대하지 않았던 우연'이나, 유용하게 '끼
워 맞추는 것'이라는 개념이 연구를 더 진행하는 데 도움이 되
지 않을까 하고 생각한다.

사실, 그것은 은유의 힘에 달려 있을 것이다. 내가 이제껏 이
야기한 대부분은 역사를 하는 것이 특정한 다른 어떤 것들과
'유사하다'는 전제하에 이루어졌다. 나는 수학과 천문학, 지질
학, 고생물학, 진화생물학과 더불어, 미술과 지도학, 심지어 재
단사에 이르기까지 많은 예를 들었다. 하지만 역사가 그런 학
문을 모방할 수 있다거나 그래야 한다는 생각은 조금도 없다.
1만 개의 인류 역사에 대한 윌슨의 비전은 분명히 현실과 동떨
어져 있다. 그러나 나는 역사가들이 하는 일과 다른 학문의 영
역들에서 일어나는 일을 **비교**함으로써 역사가들이 몇몇 유용
한 것을 이룰 수 있다고 확신한다.

첫째, 역사가는 스스로 존재의 필요성을 더욱 설득력 있게
정당화할 수 있을 것이다. 역사가도 다른 학문을 하는 사람들
만큼 자신의 방법론을 옹호하는 데 능숙해야 한다. 하지만 실
제로는 그렇지 못하다. 1942년 블로크는 이미 섬뜩할 정도의
선견지명을 가지고 다음과 같이 말한 바 있다.

분명, 원자화학에 대한 탐구가 시작되고 우주 공간의 신비를 탐색하는 작업이 시작된 세계 과학의 수준은 자랑할 만한 정도가 되었다. 그러나 약간의 행복을 만들어낼 능력도 없는 초라한 세상이다. 이 초라한 세상에서 능히 한 사람의 전 생애를 바쳐야 할 만큼 역사의 세세한 부분까지 밝히는 지루한 작업을 위해 일해야 하는데, 그것이 기껏 우리가 가진 한 가지 오락을 약간의 진실로 감싸는 것에 그친다면, 그것은 범죄에 가까울 정도로 불합리한 힘의 낭비라고 비난받을 만하다. 다른 방면에서 더 탁월한 능력을 발휘할 사람은 역사에 종사하지 않도록 말리거나, 그렇지 않으면 역사는 지식의 한 형태로서 스스로 정당성을 입증해야 한다.[39]

1961년 카는 이 문제를 더 직접적으로 다루었다. "오늘날 역사철학이 없어도 괜찮은 척하는 역사가는, 마치 도시 근교의 나체촌에서 지나친 자의식과 허세를 가지고 에덴 동산을 재현해내려는 사람과 다를 바 없다."[40] 방법론적 순진함은 방법론적 취약함을 의미할 뿐이다. 비교하는 것은 역사가에게 스스로를 방어할 길을 마련해줄 수 있다.

두 번째, 비교는 다른 학문들이 어떻게 역사학과 관계를 맺는지를 분명히 해줄 수 있다. 주제의 유사성이 반드시 방법론의 유사성까지를 담보하는 것은 아닌데, 이 점은 블로크와 카가 역사가의 방법론이 자연과학자의 그것과 조화될 수 있음을 강조하면서 주장했던 바이다. 그것의 함의는 정적인 모델을 여전히 가치 있는 것으로 여기고 진화를 귀찮은 골칫거리로 간주하는 사회과학은, 역사가가 스스로를 규정하는 데 도움이 될 비유를 이끌어내야 할 대상이 아니라는 점이다.

끝으로, 그런 비교는 역사가의 자신감을 북돋워 줄지도 모른다. 과거를 묘사하는 데 왜 등식이나 그래프, 행렬 혹은 그 외의 공식적인 모델링의 방식을 쓰지 않느냐는 사회과학자의 비난에 역사가는 너무나 자주 혼란에 빠지곤 한다. 역사가가 일반화를 뒤엎고, 인과관계에 순위를 매기는 것을 거부하고, 남들이 모르는 전문용어를 사용하지 않을 때 '과학적'이지 않다고 비난한다. 그러나 거기에 대해 역사가는 이런 식으로 반문함으로써 대응할 수 있다. 동물학자나 식물학자가 새로운 종을 찾아 나설 때 어떻게 작업하는가? 천문학자가 태양계를 만들어낸 원인이나 태양계 안에서 지구의 위치를 어떻게 순위 매길 수 있겠는가? 어째서 그렇게나 많은 '순수'자연과학자가 사회과학자보다 필력이 뛰어날뿐더러 더 많은 독자를 거느리고 있는가?[41] 이런 반문은 비판자들에게는 만족스럽지 않을 수도 있다. 그러나 그것들은 확실히 역사가의 사기를 진작시켜 줄 것이다.

나는 다음 장에서 역사적 사고가 사회과학적 사고와 어떻게 다른지에 초점을 맞출 것이다. 주제의 유사성에도 불구하고, 역사가와 사회과학자가 문제를 접근하는 방식에 적지 않은 차이가 있다는 역설에 대해서 말이다. 그것들은 모두 '과연 독립 변수라는 것이 진정으로 존재할 수 있는가'는 질문과 관련되어 있다.

변수의 상호종속성

최근에 나는 미국의 한 엘리트 대학에서 그 대학만큼이나 명성이 높은 정치학자들이 모인 학술회의에 참가하게 되었다. 학회의 주제는 사례 연구, 즉 어떻게 그것을 할 것인가, 특히 어떻게 의미 있는 일반화를 도출해낼 것인가에 대한 회의였다. 사회과학자들이 모이면 으레 그렇듯 꽤 풍부한 논의가 이루어졌는데, 그 논의의 중심은 종속변수를 독립변수에서 구별해낼 필요에 대한 것이었다. 가장 많이 제기된 질문은 "어떻게 독립변수를 솎아낼 수 있을 것인가?"였다.

나는 과거에도 이와 비슷한 수많은 모임에 참가한 적이 있지만 이런 유의 질문은 늘 대답하기가 난감하다. 그 이유는 부분적으로 '솎아낸다'는 논의를 접할 때면 나의 학문적 동료들이 자꾸 미용사로 보이는 통에 주의가 산만해졌기 때문이다. 그러나 더 중요한 문제는, 역사가는 독립변수와 종속변수라는 개념에 따라 사고하지 않는다는 점이다. 역사가는 변수들이 서로 영향을 주고받는 것을 시간의 흐름에 따라 추적하는 과정에서 변수들의 상호종속성을 가정한다. 그것을 개별적인 범주로 나누는 것은 역사가에게는 별 소용이 없는 작업이다.

그런데 이런 상황에서 무슨 이유에서인지, 나는 순진하게 손을 들고 질문을 했다. "어떻게 (그가 존재한다는 가정하에) 하나님의 존재를 제외하고 독립변수라는 것이 존재할 수 있다는 말입니까? 모든 변수는 다른 변수들에 종속되는 것이 아닐까요?" 나는 당연히 이 지극히 단순한 질문에 대해 즉각적이고 분명한 대답을 기대하고 있었다. 그런데 놀랍게도, 탁자에 둘러앉은 학자들 사이에 짧은 침묵이 흘렀고, 멍하다고 표현할 수밖에 없는 표정으로 상대방을 바라볼 뿐이었다. 그리고 곧 사회자가 입을 열었다. "자, 다음 주제로 넘어가서……."

나의 처음 기분은 이 일을 심각하게 받아들이지 말아야겠다는 것이었다. 어쩌면 내 질문이 **너무나** 유치해서 그런 황당한 질문을 받았을 때 놀란 티를 내지 않고 침묵을 지키는 것이 질문자를 존중해주는 것이었을지도 모른다. 그러나 그 문제를 더 깊이 생각할수록, 그 학문을 하는 사람들의 입장에서는 너무나 기본적인 가정이었으므로 그것을 설명하거나 정당화하는 것이 어려웠으리라는 사실을 깨달았다.[1] 이 점을 더 깊이 생각해보니, 학문하는 방향에 대한 역사가와 정치학자의 이런 구체적인 차이가, 일반적으로 역사학을 사회과학과 구분하는 탐구 방법의 더 본질적인 차이를 반영하는 것이라는 생각이 들었다.

이런 구별은 가장 본질적으로 현실을 바라보는 **환원주의적**

(reductionist) 관점과 **생태주의적**(ecological) 관점의 차이다. 나는 이 장에서 특히 그 차이가 앞 장에서 논의한 바 있는 실험실과 비실험실 과학—실험을 반복 수행할 수 있는 과학과 그렇지 않은 과학—의 차이와 어떻게 관련되는지에 초점을 맞춰 살펴보려 한다. 그 후에 이것이 역사적인 사고와 사회과학적인 사고의 간극, 즉 독립변수에 대한 나의 순진한 질문이 예기치 않게 드러낸 간극이 시사하는 바를 고려해보겠다.

1

내가 보는 환원주의의 개념은 현실을 여러 부분으로 쪼개보았을 때 더 잘 이해할 수 있다는 생각이다. 수학적인 용어를 쓰자면, 다른 모든 변수의 값을 결정할 어떤 변수를 방정식 내에서 찾는 것이다. 아니면 더 광범위하게는, 인과관계의 사슬에서 빼냈을 때 그 결과를 바꿀 요소를 찾는 것이다. 환원주의에서 중요도 순으로 원인의 등급을 매기는 것은 필수적이다. 여기에 민주주의를 도입한다는 것은—한 사건이 많은 선례를 가질 수도 있다고 제안하는 것—감상적인 일로 여겨진다.[2] 최근의 영향력 있는 사회과학 방법론의 표현을 따르면 이렇다.

성공적인 프로젝트란, 적은 것을 가지고 많은 것을 설명하는 것이다. 가장 이상적인 경우, 우리의 목적은 종속변수에 의해 일어나는 셀 수 없이 많은 현상을 단 하나의 설명변수로 설명하는 것이다. 많은 것으로 많은 것을 설명하는 연구 설계는 바람직하지 않다…….[3]

따라서 환원주의는 독립변수라는 것이 실제로 존재하고, 우리가 그것을 알 수 있다는 것을 가정한다.

하지만 생명체의 진화 과정이나 대륙의 이동, 혹은 은하의 형성을 설명하고자 하는 경우 너무나 많은 것들이 다른 것들에 종속되어 있기 때문에 설명의 대상을 함부로 하위 영역으로 쪼갤 수 없다. 종(種)은 선천적인 우월함이나 열등함 때문에 살아남는 것이 아니라, 주변 환경에 잘 적응했기 때문에 살아남는 것이다. 단층선은 지판(地板, tectonic plates)과 그것을 지표면 위로 움직이게 하는 과정의 이해 없이는 설명하기 어렵다. 중력은 어떤 특정 은하계의 모양과 위치가, 아주 조금에 그치는지는 몰라도, 모든 다른 은하계의 존재에 영향을 받는다는 점을 확인시켜준다. 간단히 얘기하면, 천문학, 지질학, 고생물학과 같은 과학은 현실의 생태학적 관점에서 기능한다.[4]

그렇다면 환원주의를 과학 연구의 단 하나뿐인 방법론이라고 하기에는 무리가 따른다. 생태학적 접근법 역시 단순한 요소들의 상술(詳述)을 중요시하지만, 거기에서 멈추지는 않는다. 그것은 각 요소들의 단순 합만으로는 설명되지 않는 성질을 가진 전체 시스템(구조)이 되기까지 어떻게 상호작용하는지를 고려한다. 또 본질적인 부분이 있다는 것을 인정하지만, 동등하게 본질적인 우주 내에 그 요소들을 위치시키려 시도한다. 환원주의적 관점이 배타적인 데 반해, 생태학적 관점은 포용적이다. 하지만 그 누가 포용이 배타적인 태도보다 덜 '과학적'이라고 주장할 수 있다는 말인가. 또는 그런 방법론 가운데 오직 하나에 의존하는 학문이 다른 방법론을 이용하는 학문보다 더 우월하다고 할 수 있을까?[5]

따라서 사회과학 내에서 환원주의를 써야 한다는 압력이 정확히 어디서 오는가를 질문해보는 것은 중요하다. 나는 사회과학이 생태학적 관점보다 환원주의적 관점을 선호하는 것은 미래를 예측할 수 있도록 과거를 일반화하는 것을 가능하게 해주는 유일한 방법이기 때문이라고 생각한다.[6]

2

미래의 문제는 과거에 비해 알려진 것이 너무 없다는 점이다. 미래는 현재라는 특이점의 저편에 놓여 있기 때문에, 우리가 미래에 대해 확실히 알 수 있는 것은 과거로부터의 어떤 연속성이 미래로 확장되어 나갈 것이라는 점과, 거기에서 또 우연성을 만나게 되리라는 점뿐이다. 어떤 연속성은 너무나 강력해서 우연성에 영향을 받지 않을 것이다. 예를 들어 시간은 계속 흐를 것이고, 중력은 우리가 우주로 날아가는 것을 방지해줄 것이며, 사람은 태어나고 나이 들어 죽을 것이다. 그러나 (의식 자체가 우연성이 될 경우) 사람들이 어떤 행동을 할지를 예측하는 것은 훨씬 더 어려운 문제가 된다.

사화과학은 이런 문제에 직면했을 때 너무나 자주 이 점을 부정해왔다. 일반적인 경우 사회과학은 인간 의식과 그로부터 나온 행동은 우리가 찾아낼 수 있고 그 영향을 분석할 수 있는 모종의 규칙―법까지는 아닐지라도―을 따른다는 확신을 가져왔다. 그런 다음에야, 또는 다년간 많은 사회과학자가 가정했듯이, 우리는 인간 행위의 영역에서 자연과학에서 늘 하는

설명과 예측의 일부나마 이루어낼 수 있을 것이다.[7]

이런 접근법의 예는 많지만 여기서는 여섯 가지만 들어보겠다. (1) 경제학과 정치학의 '합리적 선택(rational choice)' 가정은 사람들이 스스로 욕구를 충족하기 위해 최적의 방법을 객관적으로, 그리고 주어진 상황 속에서 정확한 정보를 이용해 찾아낸다는 것이다. (2) 사회학에서의 '구조기능주의(structural functionalism)'는 제도를 특정 사회 구조에 있어서 필수적인 구성 요소라고 보는 것이다. (3) '근대화' 이론은 모든 국가가 비슷한 경제발달 단계를 거친다는 것이다. (4) 마일스의 법칙(Miles's Law)이라고도 하는 "처한 위치에 따라 시각이 달라진다"는 조직학의 주장은 자기보전 본능이 무엇보다 중요한 문제라는, 크고 작은 관료제도하에서의 행태를 설명해준다. (5) 개인의 행동을 어린 시절부터 이어져 내려온 무의식적인 충동과 억압(inhibition)으로 설명하려는 프로이트 심리학이 있다. (6) 국제관계에서의 '현실주의'와 '신현실주의' 이론은 모든 나라가 어떤 상황에서도 스스로의 힘을 강화하려 한다고 주장한다.

이 모든 것은 확실히 그 학문을 실제로 하는 사람들이 보면 당장 항의가 쇄도할 정도로 지나치게 단순화한 감이 없지 않다. 그러나 이것이 '표준화된 사회과학 모델'[8]을 반영하는 정도는 된다고 본다. 여기서 표준화된 사회과학 모델이란 사람들이 복잡한 여러 이유 때문에 특정 행동을 한다는 사실을 무시한 채 한두 가지의 기본적인 '원인'으로 간결하게 설명하고자 함을 말한다. 이런 방법론은, 인간의 행동이 개인적으로나 집단적으로 시간의 흐름에 따라 변할 수 있다는 가능성을 무시하면서 정적인 경향으로 흐를 수 있다. 또 보편적인 적용 가능성을 강조하는 경향이 있기 때문에, (개인의 개성은 말할 것도 없고) 서로 다른 문화가 비슷한 상황에서 상이한 반응을 보일 수 있다는 점을 인정하지 않게 된다.[9] 그리고 지난 한 세기 동안 사회과학의 주된 학문들의 원천이 된 역사학으로부터 사회과학을 분리시켜왔다.[10]

그렇다면 왜 사회과학자는 그토록 문제가 많은 간결성, 안정성, 보편성에 대한 가정들을 세웠는가? 거기에는 구체적인 이유가 있는 것으로 보인다. 만약 그들이 원인의 다원성이나 시간의 흐름, 또는 문화적·개인적 다양성을 인정한다면, 설명이 점점 많아지고 미래 예측은 불가능하지는 않지만 어려워질 것이다.[11] 사회과학자들이 이런 식으로 연구를 진행한다면, 그들은 언제나 기꺼이 계속 확산되는 변수들을 받아들이는 역사가와 다름없어질 것이다.

그러나 역사가는 과거와 미래를 나누는 특이점을 이미 통과한 현상들에만 관심을 가지므로 그와 같이 할 수 있다. 또한 그 특이점은 연속성과 우연성을 결합시켜주는 역할을 한다. 그 누구도 스스로 복제를 시도하는 DNA 분자들처럼, 그 결합을 풀어보이라고 요구하지 않는다. 그리고 어느 누구도 그 분자들이 미래에 어떻게 재결합할 것인지를 묻지 않는다. "역사가의 일은 과거를 탐구하는 것이지, 미래를 아는 것이 아니다"고 R. G. 콜링우드는 주장했다. "그리고 역사가가 아직 일어나지 않은 미래를 예측할 수 있다고 주장할 때, 우리는 그들의 기본적인 역사 개념에 문제가 있다고 확언할 수 있다."[12] 또는 톰 스토파드(Tom Stoppard)의 희곡 〈아카디아(Arcadia)〉에서 여주인공 토마시나(Thomasina)가 이야기한 것처럼, "어떤 것을 억지로 휘저어서 떼어놓을 수는 없다."[13]

그래서 역사가는 사회과학자에 비해 미래 정책에 대해 조언해달라는 부탁을 훨씬 덜 받는다. 대신 역사가는 현실을 더 잘 파악한다는 사실에 위안을 얻는다.

3

우리 대부분은 학생 시절 물리학 첫 시간에 마찰, 공기저항 혹은 그 효과를 계산해내기 어려운 여러 상황은 무시한 채 뉴턴의 역학 법칙을 실험해보라는 지시를 받은 기억이 있다. 또 완전한 진공상태에서 흔들리는 이상적인 진자라든지, 극단적으로 매끈한 가상의 빗면 위를 구르는 공의 운동이라든지, 언제나 같은 속도로 지표면으로 떨어지는 깃털과 돌멩이를 시각화해야 하기도 했다. 우리의 눈은 절대로 그럴 수 없다고 얘기하지만 말이다.

우리는 쉽게 계산하기 위해 이런 가정을 세우는 것을 배웠다. 마찰이나 공기저항의 효과를 측정하고 이것들의 변화가 각각의 반복되는 실험에 줄 영향을 예측하는 것은 너무나 어려운 노릇이다. 따라서 관심의 대상인 물리학의 기본 법칙이 나타날 때까지 '자료를 손보아야' 한다고 배운다. 그 결과가 현실에서 다소 매끄럽지 못하게 나온다고 해도 상관없다. 중요한 것은 그 기저에 깔려 있는 원칙을 이해하는 것이기 때문

이다.[14]

하지만 여기에서 일어나고 있는 일을 보라. '과학적'이라는 것은 우리의 관찰 능력이 실제 보는 것을 부정하도록 권유하는 것을 의미한다. 그것은 우리를 현실과 동떨어진 플라톤적 이상의 영역으로 이끈다. 땅바닥이나 발등에 떨어지는 깃털과 돌멩이는 우리의 기대와는 전혀 다른 결과를 낳는다. 이런 기본적인 과학 기술 중 하나인 계산이, 과학의 기본 목표의 하나인 실제로 일어나는 것에 대한 예측보다 중시되는 것이다. 예상한 바와 같이, 이 과정에서 나오는 예측들은 실제 그대로 일어나는 법이 거의 없다.

위와 비슷한 이유로 사회과학의 예측에서도 유사한 일이 일어났다. 실제 경제와 정치의 역사는 정확하다기보다 부정확한 정보를 근거로 이성적이라기보다는 비이성적인 선택을 하는 사람들의 예로 가득 차 있다.[15] 사회학자들 스스로도 구조기능주의가 사회 안정에 지나치게 집착하며, 사회적 변화를 설명할 수 없다는 점 때문에 그 타당성에 의문을 제기해왔다.[16] 근대화 이론은 워싱턴의 외교정책 목표에 대해 유사과학적(pseudo-scientific) 정당성을 제공하면서 아시아, 아프리카, 라틴 아메리카 등에서 냉전 기간 동안 일어난 일을 지나치게 단순화하려 했다.[17] 조직의 역사는 관료제와 관료들이 스스로의 이익을 영속화하지 않는 방향으로 행동한 많은 예를 보여준다.[18] 프로이트 심리학은, 특히 서로 다른 문화와 시간을 가로질러 적용할 때나 생리학적인 설명과 비교할 때, 인간 행동을 설명하는 데 적절하다고 하기에는 부족한 감이 있다.[19] 그리고 권력에 대한 탐구를 중심으로 발달한 국제관계 이론은 현대의 가장 강력한 두 나라가 20세기의 특정 시점에 왜 권력을 포기했는지 절대로 설명하지 못한다. 1919~1920년의 미국과 1989~1991년의 소련이 그 예다.[20]

사회과학도는 때로 이런 비정상적 경우가 없었던 것 '처럼' 여기라고 교육받는다. 이론 자체를 방어하는 것이 더 중요한 것이다. 따라서 사실들을 '매끈하게 만들거나' 아예 반반하게 만들더라도 전혀 상관이 없다.[21] 그러나 이것이 의미하는 바는 사회과학이―절대로 모든 경우가 아니라, 많은 경우에 그렇다는 것이다―대개 초급 물리학 실험의 수준에 머문다는 것이다. 이것이 바로 사회과학의 예측이 아주 가끔씩만 우리가 곧 맞닥뜨리는 현실과 부합하는 이유이다.

사회과학자가 과거를 설명하는 것과 미래 예측을 모두 할 수 있는 유일한 길은, 반복 실험과 매개변수의 다양화를 꾀할 수 있고, 따라서 인과관계의 위계질서를 세울 수 있는 실험실 과학을 모방하는 것뿐이라고 스스로 결론을 내린 듯하다. 사회과학은 종속변수와 독립변수를 분리해내는 작업을 하기 전까지는 스스로의 일이 끝나지 않았다고 느낀다. 하지만 그렇게 함으로써 그 변수들은 그것이 존재하는 세상에서 떨어져나가는 것이다.[22]

그 결과는 방법론적 진퇴양난(Catch-22:J. 헬러의 작품 제목으로 딜레마, 미궁 등을 뜻함―옮긴이)이다. 사회과학자는 필연적으로 단순한 문제들에 대해 보편적으로 적용 가능한 일반화를 구축하려 애쓴다. 하지만 만약 이런 문제가 더 복잡한 양상을 띤다면, 그들의 이론은 보편적으로 적용할 수 없을 것이다. 따라서 사회과학자가 옳은 경우 너무나 뻔한 것을 재확인할 때가 많다. 반면 명백한 것을 재확인하지 않는 경우에는 너무나 자주 틀린다.[23]

4

하지만 환원주의가 과거를 설명하고 미래를 예측하는 **오직 하나뿐**인 방법인가? 이 질문에 대답하기 위해 자연과학에 대해 이야기해보겠다. 단 여기서는 그 가운데 범위와 스케일 면에서 연구실에서 다루기에는 너무나 방대한 천문학, 지질학, 고생물학에 한해서만 살펴보겠다. 즉, 앞 장에서 말한 증명의 방법으로 **실질적**이라기보다 **가상적** 복제 가능성에 의존하는 과학들을 살펴보겠다.

물론, 은하의 운동이나 대륙의 이동, 종의 진화 방향 등을 알아내는 것은 가능하다. 그러나 이런 예측은 결국 구조의 지식에서 유추한 것이다. 즉, 각 세부들에 초점을 맞추기보다 전체를 이루기 위해 각 부분들이 어떻게 상호작용을 이루어내는가의 관점에서 유추하는 것이다. 상대성 이론, 판구조론, 자연선택설과 같은 이론들은, 한편으로 연속적이고 다른 한편으로는 우연적인 변수들 사이의 관계를 강조한다. 일정성(regularity)과 임의성(randomness)은 그런 이론들 내에서 공존한다. 이 두 특성은 혹성 충돌이나 지진, 치명적인 신종 질병의 발발과 같이 평형 상태를 깨뜨리는 격변을 염두에 둔다.[24] 또한 이 학문들에서는 특정 변수가 다른 변수보다 더 중요하다고 골라내는 과정이 반드시 필요한 것도 아니다. 안드로메다은하나 노르웨이의 해안선, 다윈의 피리새의 경우 무엇이 독립변수가 되어야 한다는 말인가?[25] 이런 영역에서 환원주의는 합에 이르는 과정일 뿐이다. 그것 자체는 목적, 아니 수단조차 될 수 없다.

이런 학문들은, 이미 우리가 보아온 것처럼 구조에서 과정(경로)을 이끌어내거나 현실에 묘사를 끼워 맞춤으로써, 그리고 연역이나 귀납을 공평하게 다룸으로써, 또한 하나의 영역에서 나온 직관을 다른 영역에 적용하는 데 개방적인 입장을 취함으로써—그것을 **합치**라고 한다—작용한다. 그러나 과거에서 의미를 발견하면서도 매우 일반적인 방법으로 미래를 예측할 수 있게 해주는 이 모든 것에는 일정한 방향성이 있다. 그것은 과학이 수행해야 할 역할, 즉 설명하는 것, 예측하는 것, 또한 그 결과의 타당성에 동의를 구해내는 과학으로서의 자격요건을 충족시키고 있다. 그러나 이와 같은 생태학적 접근이 인간 행위의 영역에서도 허용될 수 있을 것인가?

몇몇 사회과학자가 그 가능성을 탐구하기 시작했다. 정치학에서 점점 세를 불려가고 있는 '구성주의(constructivist)' 학파는 사상과 제도의 진화를 강조한다. 알렉산더 웬트(Alexander Wendt)는 자연과학에서와 같이 "왜 하나의 사건이 또 하나의 사건을 초래하는지에 대한 설명과 어떻게…… 여러 사실을 연관지어서 상호간 인과관계를 성립시키는지"에 중점을 둔다고 설명한다.[26] 사회학에서의 '신역사주의(new historicism)'는 시간과 공간에서 분리된 보편적인 일반화의 추구에 의문을 제기한다.[27] '행태주의(behavioralist)' 경제학자들은 경제학에서 특

히 심하게 나타나는 증거보다 모델을 더 중시하는 관습에 도
전한다.[28] 그리고 대체로 알렉산더 조지(Alexander George)의
저작에서 영향받은 국제관계 이론가들은, 생태학적 관점을 장
려하는 한편 환원주의에 반하는 비교 사례 분석 기법을 도입
하기 시작했다.[29]

그럼에도 불구하고, 환원주의는 사회과학 내에서 주도적인
탐구의 방법으로 남아 있다. 그러나 역사가는 여전히 인간사
를 연구하는 데 생태학적 관점을 최대로 옹호하는 편이다. 그
이유를 알기 위해 역사가와 사회과학자가 각각 전통적으로 어
떻게 설명과 일반화의 관계를 이해했는지 더 자세히 살펴볼
필요가 있다.

5

역사가가 이론의 효용성을 부정한다는 주장은 틀린 것이다.
이론은 궁극적으로 일반화이고, 일반화를 뺀다면 역사가는 아
무 할 말이 없기 때문이다. 역사가가 쓰는 단어 자체가 복잡한
사실을 일반화하는 것이고—이를테면 과거, 현재, 미래—그런
단어 없이는 역사학을 하기 어려울 것이다.[30] 그러나 역사가는
보통 **자신들의 이야기 안에 자신들의 일반화**를 묻어둔다. 과거의
과정이 어떻게 현재의 구조를 낳았는가를 보여주기 위한 노력
의 발로로서, 역사가는 목적을 이루는 데 도움이 되는 그 어떤
이론이라도 수용하자는 입장이다. 과거는 무한대로 분할 가능
하기 때문에, 설명을 시도하는 그 어떤 부분에서든 의미를 도
출해내려면 이렇게 하는 수밖에 없다. 그러나 역사가에게 가

장 중요한 과제는 설명이므로 그것에 일반화를 종속시킨다. 역사가는 E. H. 카의 표현처럼, '특정한 것에서의 일반적인 것'에 관심을 둔다.[31] 역사가는 특정한 목적을 위해 일반화를 시도한다. 즉 **특정한 일반화**(particular generalization)를 추구하는 것이다.

반면, 사회과학자는 **일반화 내에 이야기를 묻어두려** 한다. 그들의 가장 중요한 목적은 가설을 확인하거나 반박하는 것이고, 그 목적을 위해서 이야기를 종속시킨다. 뛰어난 사회과학자 세 명은 "분해된 데이터, 혹은 다른 시간대나 다른 지역에서 나온 관찰 결과들은 이론에 대해 새로운 함의를 제공할 수 있을지도 모른다"고 인정한다. "우리는 이런 하위의 함의들에는 관심이 없으나, 만약 그것들이 이론에 부합한다면, 곧 예측한 대로라면 우리에게 어떤 이론의 능력과 적용력에 있어서 자신감을 키우는 데 도움이 될 것이다."[32] 따라서 이론이 먼저이고, 그것을 뒷받침하기 위한 설명은 나중이다. 사회과학자는 일반적인 목적을 위해 특정화를 한다. 즉, **일반화된 특정화**(general particularlization)를 추구하는 것이다.[33]

묻힌 이론과 포괄적인 이론 간의 이와 같은 구분—시간의 제약을 받는 일반화와 어느 때나 다 적용할 수 있는 일반화의 구분—은 몇 가지 중요한 점에서 역사가와 사회과학자가 어떻게 다르게 연구하는지를 보여준다.

역사가는 제한적인, 즉 보편적이지 않은 일반화를 추구한다. 역사가는 자신의 학설이 특정 시간과 장소를 넘어서는 것임을 거의 주장하지 않는다. 따라서 내가 비록《새로 쓰는 냉전의 역사(We Now Know)》에서 스탈린 독재 체제의 구조는 소련의 국경을 넘는 행동을 무감각하게 만들었다고 주장했지만, **모든** 독재 체제에 대해 이것을 주장하려는 것은 아니다. 또한 나는 스탈린이 바로 그렇게 행동했다고 주장했지만, 독재자들이 **늘** 자국에서의 자신들의 행동을 세계적인 차원으로 투사한다고 주장할 생각은 추호도 없다.[34]

그러나 이런 일반화는 그 적용 가능성을 확장하기 위해 반드시 보편적이어야 할 필요는 없다. 역사가는 경향과 유형을 인정할 준비가 되어 있다. 그것은 확실히 모든 경우에 적용할 수 있는 법칙은 아니지만, 그렇다고 아주 쓸모 없는 것도 아니다. 만약 현실에 대한 판단을 오직 법칙에만 근거해서 내려야 한다면, 우리는—그런 법칙이 너무나 소수이기 때문에—대부분의 현실에서 감각을 잃어버릴 것이다. 콜링우드는 "인간 본성에 대한 영구적이고 불변의 법칙"을 세우려는 그 누구에게나 "한 역사적 시대의 일시적인 특성을 인간 생활의 영구적인 조건으로 잘못 인식할" 위험성이 존재한다고 경고한다.[35]

따라서 스탈린에 대한 나의 일반화는 다른 독재 체제나 민주 체제 혹은 그 외의 다른 유형의 정치 체제를 비교하는 데 약간의 기초를 마련할 수는 있다.[36] 그것은 분명히 내가 오래 전에 수용했던 국제정치학의 '현실주의' 이론이 가정하고 있는 바를 재고하게 만들었다. 즉, 민주 체제는 자신들의 정책을 이익 추구에 맞게 조정하는 데 있어 독재 체제보다 더 큰 어려움에 봉착한다는 것이다.[37] 그러나 나의 수정된 가설이, 이를테면 탈냉전 시대의 중국에도 적용 가능한가? 여기에서 나를 비롯해 대부분의 역사가는, 주은라이(周恩來)가 프랑스대혁명에 대한 질문에 대답했다는 "아직 뭐라고 말하기에는 너무 이르다"는 말을 하며 머뭇거릴 것이다.

역사가는 절대적이 아니라 우연적인 인과관계가 옳다고 믿는다. 따라서 역사가는 중국의 미래(혹은 그 밖의 **어떤** 것이라도)가 달려 있는 모든 요소를 설교하기 전에 '경우에 따라 다르다'고 얘기할 것이다. 철학자 마이클 오크쇼트(Michael Oakeshott)가 지적한 바와 같이, 역사가는 모든 것이 어떤 방법으로든 다른 것들과 연결되어 있다는 점에서 현실을 거미줄과 같은 것으로 본다.[38] 그래서 역사가는 진정 독립적인 변수가 있느냐는 의문을 떨쳐버리지 못한다.

그러나 그것은 모든 인과관계의 사슬을 빅뱅에까지 거슬러 올라가야만 할 의무감을 느낀다는 뜻은 아니다. 역사가는 어떤 과정이 과거로 더 멀리 거슬러 올라갈수록, 그 결과로 나온 구조를 설명하는 데 있어서 더 적은 의미를 부여하는 경향이 있다. 만약 수천 년 전 선사 시대의 사람들이 곡식을 경작하고 목축을 하지 않았다면, 스탈린은 농업 집단화를 추진할 수 없었겠지만, 집단화 과정을 연구하는 역사가는 굳이 그 사실을 설명할 필요를 느끼지 않는다.[39] 역사가는 통상적인 인과관계의 연결 고리에서 특별한 것을 구별한다. 이를테면, 1945년 8월 6일 히로시마에서 일어난 일을 설명할 때, 그 명령을 수행하기 위해 공군 내에서 거친 결정 과정들보다 트루먼 대통령의 원자 폭탄 투하 명령을 훨씬 더 중시한다.[40] 즉, 그 일이 없었으면 결과를 크게 바꿔놓았을 '초기 조건에 대한 민감성'의 시점

을 구별해내려고 노력한다.[41] 역사가 트레버 로일(Trevor Royle)
이 주장했듯이, 베들레헴의 예수탄생교회(Church of the Nativity
in Bethlehem)의 열쇠를 둘러싼 다툼이 크림 전쟁(Crimean War)
의 발발로 이어진 방식처럼 말이다(이 열쇠를 가진 자가 성지관
리권을 가졌다. 크게 보아 오스만 투르크 제국의 쇠퇴를 둘러싼 동방
문제가, 직접적으로는 팔레스타인의 성지관리권을 놓고 벌어진 프랑
스와 러시아의 갈등이 크림 전쟁의 원인이 되었다—옮긴이).

그러나 역사가는 선행 사건들을 참고하지 않고도 독립변수
를 골라낼 수 있다는 생각에 함축된, 완벽한 인과관계라는 교
리를 믿지 않는다. 원인은 언제나 선례라는 것이 있게 마련이
다. 따라서 역사가는 그것의 상대적인 중요성을 매길 수는 있
지만, 복잡한 사건들에 대해 하나의 원인을 분리해내려는—혹
은 '솎아내려는'—것은 무책임한 일이라 여길 것이다. 대신 역
사를 다수의 원인과 그것의 상호작용으로 진행되는 것으로 본
다. 역사가에게 특정 변수를 신성시하는 것보다 더 중요한 것
은 상호 연결성이다.[42]

역사가는 모델링보다 시뮬레이션(가상실험)을 선호한다. 사
회과학자는 자신들이 다루는 변수의 수를 줄이려 노력한다.
이는 계산을 더 용이하게 함으로써 예측을 더욱 쉽게 만들어
주기 때문이다. 그러나 만약 복잡한 원인들로 인한 사건이라
면, 단순한 변수를 이용한 예측은 제대로 이루어질 것 같지 않
다.[43] 이 점을 알기 때문에 역사가는 예측을 피하고 싶어하는
데, 이런 경향은 역사가가 '과거를 돌아보는(retrocasting)'데
있어 원하는 만큼의 변수를 마음대로 이용하게 해준다. 그러

나 이는 더 깊은 문제로 이어진다. 즉 이전에 논의한 바 있는, 과거를 절대로 완전히 알 수 없지만 미래보다는 훨씬 알 만하다는 논점이 그것이다.

과거를 설명하는 데는 이야기가 필요하지만—일어난 일을 **가상적으로 그려보는 것**—그것이 반드시 모델링을 의미하지는 않는다. 내가 사용하는 의미의 시뮬레이션은, 과거에 일어난 일 가운데 어떤 특정한 것을 (그대로 복제하는 것이 아니라) 그려보려는 것이다. 모델은 어떤 구조가 과거에 어떻게 작동했는지 뿐만 아니라 미래에는 어떻게 될 것인지를 보여주려 노력한다. 시뮬레이션은 예측이 필요 없지만 모델에는 반드시 있어야 한다. 구조가 복잡해질 때 변수들은 넘쳐나고 예측이 불가능해진다는 바로 그 이유 때문에 모델에서의 간결성이 중요한 것이다. 즉, **구조 자체가 사건들 속에 얽혀 들어가는 것이다.** 따라서 간결성은 사회과학자에게는 구명조끼와도 같다. 그것은 사회과학자들이 복잡성에 익사하지 않도록 해준다.[44] 복잡성 속에서 헤엄치는 역사가에게 간결성은 거의 불필요하다.

역사가는 결과에서 알 수 있는 지식을 토대로 과정을 추적해간다. 최근 정치학자들도 '과정의 추적'이라는 표현을 사용하기 시작했는데, 이것은 이야기를 재발견했음을 시사해준다. 그리고 이때 실제로 비교 사례 분석을 구성하는 데 이야기를 사용한다. 그러나 앤드루 베넷(Andrew Bennett)과 알렉산더 조지가 지적한 바와 같이, 과정의 추적은 "특정한 사례를 설명하기보다 이론을 시험하고 정제하고, 새로운 이론을 개발하며, 주어진 현상에 대한 포괄적인 지식을 창출하기 위해 쓰인다." 과정의 추적은, "역사적인 이야기를 **분석적인** 인과관계의 설명으로 전환하기 때문에……〔그것은〕역사적인 설명과는 상당히 다른 양상을 띠게" 된다.[45] 따라서 과거를 아무리 조심스레 재현해 낸다 해도, 과정의 추적은 여전히 미래를 예측하려 할 것이다. 그러나 역사학적인 설명은 그렇게 할 필요가 없다.

언뜻 보기에 전통적으로 과학은 예측을 낳는 것이라고 기대해왔으므로 처음의 접근법이 더욱 '과학적'이라고 여길지 모르겠다. 그러나 만일 긴 시간대에 걸치거나 다수의 상호 교차하는 변수들로 작업해야 한다면, 과정 초기의 일반적이던 조건들은 그 과정의 끝에 대해서는 거의 아무것도 얘기해주지 못할 것이다. 고생물학자 스티븐 제이 굴드(Stephen Jay Gould)는 자신의 학문을 다음과 같이 적고 있다. "초기의 어떤 사건에 아주 살짝이라도 변화를 가한다면, 진화는 다른 방향으로 폭포수처럼 급진적으로 흘러갈 것이다." 이것은 인간 삶의 역사에—아니면, 그 함축적인 의미에서 본다면 일반적인 역사에—유형이 없다는 것을 말하고자 함은 아니다. "다양한 경로는…… 똑같이 해석 가능하다. 마치 실제로 일어난 경로가 사실이 있은 후에 설명 가능한 것과 마찬가지로 말이다. 그러나 가능한 경로의 다양성이 존재한다는 사실은 궁극적인 결과를 출발점에서 예측할 수는 없다는 것은 말해준다."[46]

따라서 역사가는 단지 특정한 결과의 지식만을 일반화한다. 내가 앞에서 특정한 일반화라고 표현했던 바로 그것이다. 역사가는 남아 있는 구조들로부터 과정을 이끌어낸다. 하지만 어떤 시점에서든 이런 과정에서의 변화가 다른 구조를 낳을 수 있다는 사실을 알기 때문에 미래에 대해서는 되도록 입을 다무는 것이다. 대개 역사가에게는 일반화가 예측을 의미하지는 않기 때문이다. 그러나 사회과학자에게 일반화는 때로 그렇다. 과정의 추적이 곧 결과를 **기대**하는 것을 의미한다. 일반화는 예측과 관련이 있다. 즉, 일반화된 특정화이다. 결국 그것들은 궁극적으로 두 개의 상당히 다른 과제다. 하지만 둘 다 과학적이다.[47]

6
- - - -

이 두 가지 접근법의 구별은 내가 냉전사를 쓰는 데 중요한 부분이었다. 국제관계를 공부하는 많은 학생들과 마찬가지로 나도 케네스 왈츠(Kenneth Waltz)의 '직관에 반하는 전제(최소한 나에게는 그랬다)', 즉 양극 체제가 다극 체제보다 본질적으로 더 안정적이라는 주장에 매우 깊은 인상을 받았다.[48] 이 점을 더 깊이 생각할수록 나는 그 타당성을 더욱 더 인정하게 되었고, 왈츠의 생각은 미국과 소련 사이의 경쟁이 '긴 평화(long peace)'로 발전했다는 나의 논리에 가속을 붙였다.[49] 내가 깨달은 바 이것은 묻힌(잠재된) 이론 혹은 특정한 일반화의 한 예다. 나는 왈츠의 '신현실주의'를 이용해서 특정한 역사적 결과를 설명했던 것이다. 그러나 냉전 전체를 신현실주의적 틀에 맞춰 설명하려고 하지는 않았다.

그러나 왈츠는 그런 야심찬 시도를 했고, 1979년 그 일반화된 특정화를 기반으로 냉전이 어떻게 종식될지를 예측했다. 즉, 소련과 미국 사이의 적대감은 점진적으로 줄어들지만 양극 체제는 유지될 것이라고 주장했다. "초강대국의 반열에 오르는 장벽이 이토록 높고 많은 적이 없었다. 초강대국 클럽은 세계에서 가장 배타적인 모임으로 오랫동안 남아 있을 것이다."[50] 그러나 왈츠의 두 주장은 머지않아 틀렸다는 것이 입증되었다. 1980년대 초 워싱턴과 모스크바 사이의 불신의 정도는 새로이 위험스러운 수준으로 올라섰다. 그러다 1980년대 후반에 양극 체제는 사실상 사라졌다.

여기에서 문제는 왈츠의 환원주의였다. 그의 권력에 대한 정의는 군사력에 가장 중점을 두고 있었다. 또 그가 고집하던 구조(시스템) 수준과 단위(유니트) 수준의 현상에 대한 선명한 구분, 그리고 보편성을 향한 그의 의욕은 사건의 경과를 결정하는 데 시간의 역할을 간과했다.[51] 되돌아보면 냉전사에서 가장 중요한 패턴은 불균형하게 발전하는 능력이었다. 미국과 소련 양쪽 모두 여러 차원에서 경쟁을 시작했다. 물론 군사력도 여기에 들어가지만, 이데올로기, 경제, 심지어 도덕적인 힘도 포함된다. 그런데 미국과 그 동맹국들만 다차원성을 유지하면서, 이를 바탕으로 변화하는 국제사회의 환경에서 경쟁력을 잃지 않았다.[52] 따라서 냉전의 결과를 예측하기 위해서는 이 다양한 종류의 힘과 그 힘이 행사되는 환경을 함께 다룰 이론이 필요했다.

그것이 과연 가능했을까? 나는 그렇다고 생각하지만, 내가 아는 한 그 누구도 이를 시도해본 사람은 없었다. 이 모든 것은 내가 《새로 쓰는 냉전의 역사》에서 냉전의 후반부에 대해 쓴 다음의 회고적인 글을 연상시킨다. 그리고 10년 전 《긴 평화

(The Long Peace)》를 쓸 당시 이런 직관력과 상상력이 있었더라면 좋았을 것이라고 생각한다.

> 무슨 일이 있었는지를 그려보기 위해 위기에 빠진 트리케라톱스(triceratops: 뿔이 세 개 달린 탱크처럼 생긴 공룡—옮긴이)를 상상해보라. 겉으로 봐서는, 그 엄청난 크기나 거친 피부, 빳빳하게 세운 무기, 공격적인 자세 등 아무도 감히 대적할 마음을 품지 못할 정도로 충분히 위협적이었다. 그러나 외모에 속기는 쉬운 법이다. 그 안에서는 소화기, 순환기, 호흡기 모두 서서히 쇠퇴하고 있었고, 결국 작동을 멈춰버렸으니 말이다. 이 공룡이 네 발을 공중에 쳐들고, 여전히 무시무시하지만 이제는 빳빳하게 죽은 채 발견된 날까지도 이 문제에 관한 외부적 징후는 거의 없었다. 이 이야기의 교훈은, 무장은 멋져 보이는 허우대를 만들어낼 수 있지만, 껍데기만으로는 어떤 동물이나 국가의 생존도 보장되지 않는다는 점이다.[53]

이는 분명 은유이기는 하지만 이론은 아니다. 그러나 때로 이론이 은유에서 출발하지 않던가. 내가 아는 정치학자들도 당구공이나 도미노, 행진의 선두에 서는 악대차(bandwagons)나 굴러다니는 통나무, 죄수의 딜레마, 사슴 사냥이나 닭에 대해 많이 이야기한다. 이 얼마나 다양한 은유의 동물원이란 말인가! 따라서 죽은 공룡이 물리학이 아니라, 의학에서 도출된 이론의 재개념화(reconceptualization)의 토대를 마련해서는 안된다는 이유라도 있을까.

7

그 이론은 이와 같을 것이다. 국가의 건강과 궁극적인 생존은 외적 환경과 어떻게 균형을 이루며, 그 속에서 생명을 지탱하는 시스템의 조합을 얼마나 잘 유지하느냐에 달려 있다. 만약 그 가운데 어느 하나라도 균형을 깨뜨리는 것이 있는데 아무런 조치도 취하지 않는다면, 그것은 나머지 전부에 영향을 미칠 수 있다. 이를 고치기 위해서는 전문가의 도움이 필요한 것은 물론이다. 그러나 어떤 전문가도 그 유기체 전체와 그 사례의 역사, 그리고 그것을 둘러싼 생태계를 파악하지 않고서는 성공을 거둘 수 없다. 요컨대, 의사는 국제관계와 그 안에서 활동하는 국가들을 분석하려는 우리에게 일년차 물리학 실험 조교가 줄 수 있는 만큼의 정보를 제공할 수 있는 것이다.[54]

그러나 이것은 우리를 다시 이야기의 문제로 되돌려놓는다. 의사가 환자를 진료하는 데 있어서, 만약 여러 개의 상호 연결된 과정들을 추적해가고, 또 그것을 통해 의사 자신뿐 아니라 환자에게 두루 이익이 되도록 자세히 얘기하지 않는다면, 의사가 하는 일이 과연 무엇이란 말인가. 의사도 일반화를 시도하지만, 오직 제한적인 기반 내에서만 그렇게 한다. 의사들은 당면한 질병의 성격뿐 아니라 자신이 맡은 환자의 특성까지 고려해야 하기 때문이다. 그 어떤 의사도 혈관이나 폐, 신장, 뇌에 미칠 영향을 고려하지 않은 상태에서 심장을 치료하고 싶어하지는 않을 것이다. 전문화의 시대에도 의사에게는 환자의 신체 전부를 고려할 줄 아는 안목이 필요하다. 의사들은 분명 질병이나 건강에 대해 일차원적으로 설명하는 데 만족하거나 단 하나의 치료법만 쓰기를 원하지 않을 것이다. 또한 그들은 치료의 기술에 있어서 적인 동시에 친구인 시간의 역할을 무시하지 않을 것이다.[55]

따라서 의사들은 특정한 일반화의 역설과 늘 씨름하고 있다. 고생물학자는 물론, 진화생물학자, 천문학자, 지도제작자, 역사가도 모두 그렇다. 감히 말하건대, 사실 일상의 대부분에서 우리 모두가 마찬가지다. 이 모든 것을 통해 우리는 다시 같은 문제에 부딪히게 된다. 사회과학에서 일반화된 특정화의 압력은 도대체 어디에서 오는 것일까?

어쩌면 전문화가 프로이트의 '사소한 차이에 대한 나르시시즘'을 낳았을는지도 모른다. 집단들은 때로 다른 집단이 가지지 못한 것으로 스스로를 정의한다.[56] 아마도 그것은 형식과 기능을 혼돈하는 데서 오는지도 모른다. 이론을 논하는 데 있어서, 방법론적 순수성은 때로 "도대체 그것의 목적이 무엇인가?" 하는 단순한 질문보다 더 우선시된다. 어쩌면 그것은 특정한 일반화가 넘쳐나는 '순수'과학이 작용하는 방법에 대한 오해에서 비롯된 것이거나 또는 단지 물리학에 대한 동경일지도 모른다.

어떤 설명을 채택하든 여기에서의 쟁점은 '과학적'이라는 의미의 핵심이 과연 무엇인지를 밝히는 것이다. 그것은 분명히 존 지만이 쓴 바 있듯이, "이성적 견해에 대한 동의를 가능한 가장 넓은 영역에서 확보하는 것"이다.[57] 뿐만 아니라 나는 그 동의를 이 세상과 연결시키는 것이라고 생각한다. 당신이 동의를 얻어낼 수 있는 유일한 방법이 그것을 현실과 분리하는 것뿐이라면, 즉 그것이 전달하는 내용보다 일반화를 더 중요하게 여긴다면, 그것은 17~18세기 과학혁명 이전의 사고를 답습하는 것으로밖에는 보이지 않는다. 즉, 눈에 뻔히 보이는 반대 증거들이 있는데도 아리스토텔레스나 갈렌, 프톨레마이오스의 연구가 정설로 여겨지던 시대 말이다. 나의 전 예일 대학 동료인 로저스 스미스(Rogers Smith)가 표현한 바와 같이, "우아함을 얻기 위해 그럴 필요까지는 없다."[58]

오늘날 대부분의 자연과학자는 그럴 필요에 대해 코웃음을 칠 것이다. 그 점에 있어서는 역사가도 마찬가지다. 그렇다면 사회과학자는 어떨까? 종속변수와 독립변수를 구별할 수 있다고 고집하는 것이 일부 사회과학 분야에서는 일관성 있는 탐구 방법이라기보다 정체성을 세우기 위한 근대 과학 발전 이전 방식의 검증 과정이 되지 않았나 하는 생각이 든다. 그것은 스스로의 자격을 증명해 보이기 위해서나 정설에 자신을 맞추기 위해, 또는 현실보다 권위를 더 숭상하기 위한 일들 가운데 하나처럼 보인다.[59] 하지만 그 기술이 위에서 얘기한 그 이상을 이루어낼 수 있는가? 만약 그럴 수 없다면 '솎아내는 작업'은 그것을 더 잘 활용할 수 있는 분야에서만 써야 온당할 것이다. 미용사처럼 말이다.

카오스와 복잡성

나는 4장을 끝마치면서 역사가의 방법론이 사회과학보다는 일부 자연과학의 방법론에 더 가깝다고 제언했다. 그것은 사회과학자 중 대다수가 독립변수를 규정하려는 집착 속에서 그만 이론의 기본 조건을 망각하고 말기 때문이다. 이론은 현실과 맞아야 한다. 사회과학자는 미래를 예측하겠다는 목적으로 복잡한 현상을 단순화해버리는데, 그러면서 과거에 대해서도 지나치게 단순화하고 만다.

과거를 지나치게 단순화하는 경향 때문에 대체로 사회과학자는 역사가와 반대편에 위치한다. 물론 몇몇 사회과학자는 특히 나의 의견에 동의하지 않을 것이다. 한편, 방법론 면에서 사회과학은 이른바 순수자연과학과도 빗나가고 있다. 자연과학은 결과물을 입증할 때 재현 가능한 실험에만 의존하지 않는다. 즉 시간의 흐름을 재생하고, 절차에 맞춰 변수들을 조작하고, 그러고 나서 당연히 독립변수와 종속변수를 구별하는

데에만 의존하지 않는다는 것이다. 천문학, 지질학, 고생물학, 진화생물학, 의학 등은 한정된 실험실에서 연구하기에는 부적합하다. 이 분야의 연구도 장구한 시간축을 따라 복잡하게 얽힌 상호종속변수(interdependent variables)를 가지고 이루어진다. 이 점이 역사학과 닮았다. 그런데 독립변수와 종속변수를 가려내는 것만큼 단순 명쾌하진 않지만, 이 분야들도 그 나름의 방식으로 미래에 대해 무엇인가를 말해준다.

역사가도 그와 같은 일을 할 수 있을까? 물음에 답하기 위해 먼저, 역사학과 오늘날 실재하는 자연과학 간의 관계를 자세히 규명할 필요가 있다. 우선, 한 세기 전 독립변수의 발견을 추구했던 한 역사가의 사례를 들어 그가 도달한 바에 대해 논의하겠다.

1

이제부터 말하려는 역사가는, 역사가의 오랜 벗인 헨리 애덤스(Henry Adams)이다. 그의 비범한 자서전 《헨리 애덤스의 교육(The Education of Henry Adams)》에는 독립변수를 추구했던 노력이 시간순으로 기록되어 있다. 그의 자서전은 1907년에 완성되었지만, 1918년에야 유작으로 출판되었다. 여기에서 애덤스는 평생 동안 과거를 이해하고 미래를 예측하는 데 토대가 될 단일하고 '위대한 일반 법칙'을 찾으려 노력한 사람이라고 스스로를 묘사하고 있다. 또한 놀랄 만치 현대적인 언어로 역사가의 임무를 말하고 있다. 역사가의 임무를 삼각측량에 비유한다면, "가능한 긴 밑변을 토대로 자신이 볼 수 있는 가장 먼 곳까지의 거리를 재는 것이다. 이를 통해 역사가는 자신의 의식 지평을 초월해 감지하게 된다."[1]

정말로 그렇게 생각했을까? 애덤스의 생애로 볼 때, 늘 그랬다고는 보기 어렵다. 애덤스는 '분석가(쪼개는 사람, splitter)'이면서 동시에 '종합가(뭉치는 사람, lumper)'였다. 제퍼슨과 매디슨 정권 시대를 다룬 걸작 속에서는 처절할 정도로 상세한 역사 기술로써 분석의 달인임을 보여주었다. 반면, 역사를 성모 마리아(Virgin)와 발전기(Dynamo)의 두 시대로 나눌 만큼 그 어느 역사가보다 과감하게 종합적이었다.[2] 더욱이 그는 이런 자신의 양면성을 조합할 줄 알았다. 역사학에서 독립변수를 찾는 것이 얼마나 어려운지, 순수과학이 역사학과 어떤 관련이 있기에 독립변수의 도입이 가능한지, 이런 것들에 대한 애덤스의 견해는 오늘날의 거의 모든 역사가들보다 뛰어났다.

애덤스는 '원자론이라든가, 에너지 보존과 상호상관법칙, 역학 이론에 토대를 둔 우주론, 기체분자운동론, 다윈의 적자생존론' 등 19세기 과학의 급속한 발전에 크게 감명받았다. 애덤스가 찾아내려 한 그 '위대한 일반 법칙'이란, 애덤스 자신은 직접적으로나 은유적으로도 분명히 밝히지 않았지만, 과학의 일반 법칙에 대응하는 역사학의 일반 법칙을 말한다. 그는 자기장(磁氣場)에 관한 물리학적 연구를 역사학에 끌어들일 수 없을지도 고민했다. 역사 공간 속에 존재하는 눈에 보이지 않는 자기력선 같은 것을 찾아내, 과거에 대한 일관성을 찾고 그것을 바탕으로 미래의 모습을 스케치하겠다는 것이었다.[3]

그러나 애덤스는 미래로 가는 길목에서 흥미로운 일과 직면하게 되는데, 바로 카오스의 수용이다. 그의 결론은, 현실과 들어맞는 유일한 '거대 종합 이론'이란, 과거에 대한 설명을 통해 미래를 예측하려는 입장에서 보면 별 도움이 안 되는 법칙이라는 것이다.

애덤스의 이런 결론은 프랑스의 수학자 앙리 푸앵카레(Henry Poincaré)의 연구에서 영향을 받은 것이었다. 푸앵카레는 상호작용하는 세 물체의 운동과 그것을 기술할 방정식에 관해 당시로서는 최첨단의 연구를 하고 있었다. 그의 연구는 이런 종류의 '동력학적' 시스템에서는 독립변수와 종속변수 간 명확한 관계가 존재하지 않는다는 것과 변수들이 모두 상호종속되어 있다는 것을 보여주었다. 애덤스는 푸앵카레의 다음과 같은 말을 인용했다. "사람들의 탐구 수단이 점점 궁극을 파고들어가는 것은 사실이지만, 우리는 복잡한 환경 속에 내재하는 단순함을 찾고, 그 다음에는 단순함 밑에 깔린 복잡성을 찾아야 한다. 궁극의 것에 집착하지 말고 이 일을 반복해야 한다." 애덤스는 이 말을 두고 이렇게 얘기하고 있다. "이 말은 수학자에게 영구히 축복이 될지 모르지만, 역사가들을 공포에 질리게 한다."[4]

푸앵카레의 견해는 그 후 반세기 동안 그리 주목받지 못했다. 그의 견해에는 많은 복잡한 방정식의 해법이나 운동 경로를 시각화할 방법이 없었기 때문이다.[5] 그러나 컴퓨터가 발달한 지금은 상황이 다르다. 푸앵카레의 견해가 카오스와 복잡성(복잡계)이라는 '새로운' 과학의 분야로서 출현한 것이다. 그리고 이 새로운 과학은 비록 역사의 본질을 발견케 하지는 못하더라도, 애덤스의 옛 과업을 회생시킬 수는 있다고 믿는다.
또한 적어도 새로운 과학이 역사적 경로(과정)의 비결정성을
특징지어 줄 대안적 언어를 제공할 것이라고 생각한다. 역사
의 비결정적 경로에는 **상호종속변수**로 기술해야 할 현상들이 집
중되어 있다. 이런 것들을 단순인과관계(simple causation)에 상
대되는 말로서 복잡인과관계(complex causation)라고 할 수 있
을 것이다.

2

단순인과관계는 이해하기 쉽다. 한 변수의 변화가 나머지 변
수의 변화를 초래하는 식이다. x가 y를 거치면 언제나 z라는
결과를 낳는다. 그래서 시스템의 행태가 완벽하게 결정되어
있다. 그 좋은 예로, 옥스포드에서 런던까지 갈 때 하나는 시속
70마일로, 또 하나는 시속 100마일로 달릴 때의 차이를 보자.
이때 이동 시간이 얼마나 절감되는지, 또는 휘발유를 얼마나
더 소비하는지 등은 가속 페달과 바닥이 이루는 각도라는 단
일한 독립변수에 의해 결정된다. 적어도, 혼란스런 요인이 없
다고 가정한 이상적인 세상에서는 인과관계도 단순하다.

그러나 세상은 이상적이지 않다. M-40 자동차도로에 돌발
적인 요인이 없다고 보기 힘들기 때문에, 옥스포드에서 런던
까지 차를 몰고 가는 시간을 미리 안다는 것은 사실상 불가능
하다. 한 예로 100마일로 달리면 70마일로 달릴 때보다 경찰차
가 다가와 정지명령을 내릴 가능성이 더 높고, 교통사고가 날
위험도 커진다. 이런 일이 당신에게 일어난다면—또는 M-40

도로를 타고 가려는 수많은 운전자 중 한 명에게 발생한다면, 게다가 느림보 화물트럭의 화물칸 뒷문이 느슨해져서 마마이트(Marmite:빵에 발라먹는 냄새가 고약한 잼 같은 것, 또는 고기수프로 쓰는 이스트―옮긴이) 같은 끔찍한 물질이 도로에 굴러다니기까지 한다면―어쩌겠는가? 시간이나 연료 절약은 고사하고, 강의시간이나 취업 면접시간에 맞추겠다는 희망마저 날아가버릴 것이다. 바로 이런 경우가 복잡인과관계 속으로 빠져드는 예다.

경찰차나 구급차의 신호를 보고 속력을 늦추리란 점에서는 모든 운전자가 같을 것이다. 그러나 모든 운전자가 같은 비율로 속력을 늦추지는 않는다. 삽시간에 수십 킬로미터에 걸쳐 교통체증이 일어날 것이다. 교통체증은 돌발 사건의 직접적인 결과라기보다 수만 명의 운전자가 브레이크 페달을 밟고 떼는데 제각기 조금씩 다른 결정을 내리기 때문이다. 이런 수만 명 운전자의 개별적인 결정은 다른 운전자들의 행동과 서로 영향을 주고받으며 이루어진다.

정리하자면, 동일 시스템 내에 예측 가능한 현상과 예측 불가능한 현상이 함께 일어나는 것이다. 교통체증 속에서 운전자의 행동은 제법 예측이 가능하다. 대부분이 경찰차나 구급차를 보면 속력을 늦춘다. 거의 대다수가 앞차의 브레이크 등이 켜지면 자기도 브레이크를 밟을 것이고, 미국인치고 마마이트 냄새를 맡고 속이 메스껍지 않을 사람은 없을 것이다. 반면, 운전자들의 개별 반응이 합쳐져 만들어지는 총체적 행태는 예측이 불가능하다. 즉, 미시적인 개별 반응에서 비롯한 거시적인 총체적 효과는 예측이 불가능한 것이다.

그것은 미시적인 개별 반응들이 모두 같은 양상으로 일어나는 것은 아니기 때문이다. 운전자의 집중력은 밤잠을 설쳤다든지 이동전화를 하고 있을 경우 달라진다. 또한 다같이 정신 똑바로 차리고 있다 하더라도, 개인마다 시야도 다르고 반사 능력도 다르기 때문에 반응은 다르게 나타난다. 더 파고 들어가 보면, 운전자의 반사 능력은 반응에 필요한 전기화학적 충격 신호가 수많은 신경세포의 접합부를 가로질러 전달되는 속도의 영향을 받는다. 이렇게 개별 운전자가 가진 여러 경우의 수에다 교통체증 속에 있는 운전자의 수를 곱하면 어떻게 되겠는가. 상호종속변수의 개수가 통제 불가능한 정도, 즉 무한대에 이르게 되는 것이다. 그물망처럼 얽힌 수많은 변수 중 어느 것이 더 중요하고 덜 중요하고 따위는 존재하지 않는다.

그러나 지금 얘기하는 교통 시스템 내의 미시적 수준의 행태는 대부분 특성상 **선형**(線形)적이다. 입출력의 관계, 그리고 자극과 반응의 관계가 예측 가능하다. 이를테면, 운전자가 빨간 불을 보고 브레이크를 밟는 것은 선형성과 그에 따른 일반 법칙에 해당한다. 사실, 이것이 없다면 단순히 모든 것을 서술하는 과업은 우리를 질리게 할 것이다. 밤에 잠을 얼마나 설쳤는지, 이동전화를 하고 있는지, 반사 능력이 어떤지, 신경계통의 충격 신호가 어떤지 등 개별 운전자에 대해 한도 끝도 없이 시시콜콜 설명해야 하지 않겠는가. 4장에서 얘기했던 나폴레옹의 속옷을 기술하는 일은 이와 비교하면 양호한 것이다. 우리는 **특정한 일반화**를 써서 이런 상황을 비켜갈 수 있다. 어떤 사항들에 대해서는 과감한 가정이 필요한데, 그렇지 않으면 수렁에 빠지고 만다. 그런 절차 없이 과거를 묘사하겠다는 희망은 가질 수 없고, 유일한 대안이란 결국 과거를 복제해내는 것인데, 그것은 명백히 불가능한 일이다.

그러나 분명 앞에서 제시한 교통체증 속 M-40 도로 같은 거시적 수준에서 시스템 전체의 행태는 **비선형**(非線形)적이다. 입력과 출력, 즉 자극과 반응 간에 어떤 관계가 있긴 하지만, 너무나 많은 변수들이 서로 복잡하게 얽혀 상호종속되어 있기 때문에 미리 그 결과를 계산해내기란 불가능하다. 톰 스토파드가 〈아카디아〉에서 주인공의 입을 통해 이야기하는 바에 따르면, 수학이란 먼저 답이라고 생각하는 것을 방정식에 대입해보고, 어느 정도 차이가 나는지 맞춰보고, 좀더 답에 가까울 것 같은 것을 넣어보고, 또 맞춰보는 것의 반복이라고 한다. 이런 반복은 "홍역의 유행, 평균 강우량의 추이, 솜 가격의 변동과 같이 자기 숫자를 먹어대는 모든 시스템에서 일어납니다. 그것은 시스템에 내재하는 자연적인 현상이라 할 수 있습니다. 무서운 일이지요."[6] 그러므로 **일반화된 특정화**, 즉 교통체증의 일반 이론을 M-40의 특수한 상황에 응용하는 따위는, 사람들이 절실히 원하는 답을 얻기에 적합하지 못한 방법 같다. 사람들이 알고 싶은 것은 얼마나 더 이 교통체증 속에 묶여 있어야 하느냐일 것이다.[7]

푸앵카레의 통찰력이 위대했다는 것은 선형적 관계와 비선형적 관계가 공존할 수 있다는 것을 보여줬다는 점이다. 동일한 시스템이라도 그 안에서 단순성과 복잡성이 동시에 발생할

수 있다. 애덤스는 이것이 역사학과 어떤 관계가 있는지 살펴
보다가, 그만 두 손을 들어버렸다. 이 도깨비 같은 상황을 자기
가 아는 과학 언어로 특징지을 방도가 없었기 때문이다. 애덤
스는 푸앵카레의 작업이 후일 과학이 새로이 나아갈 길을 제
시했다는 점을 예견하지 못했다. 푸앵카레가 제시한 새로운
길이란, 예측 가능한 것과 예측 불가능한 것을 구별하는 것, 복
잡한 것을 단순한 것으로 축소하지 않는 것, 그리고 변수 간의
상호종속성을 인정하고 즐기기까지 하는 것이다. 결국, 과학
이란 역사와 대단히 닮은 것이었다.

3

카오스와 복잡성이 현실 세계의 비결정성을 이미 인정하고 있
다면, 어떤 면에서는 새로울 것이 없다. 사실 예측 가능성이란,
아이작 뉴턴(Isaac Newton) 이후 물리학의 전통적인 특징이었
고, 애덤스가 역사 공간 속으로 끌어들이려 했던 방법이기도
하다. 사회과학이 자기 분야의 존재 가치를 입증하기 위해 미
래에 대한 예측 가능성 쪽으로 도달하려 물리학을 흉내내는
동안, 정작 물리학자들은 낡은 방식에서 탈출하고 있었다. 윌
리엄 H. 맥닐은 그 과정을 이렇게 기술하고 있다. "뉴턴이 창
조한 세상이라는 기계는, 그 유서 깊은 정확성으로 태양과 달
과 행성, 심지어 혜성의 미래와 과거의 움직임마저 기술해내
는 놀라운 성능을 지녔다. 하지만 예기치 못하게 진화적, 역사
적, 그리고 가끔은 혼돈적인 세계 속으로 분해되었다."[8] 말하
자면, 사회과학자가 잠들어 있는 한밤중에 방법론이라는 배가

지나간 것이다.

푸앵카레 방정식에 공포를 느낀 애덤스가 아인슈타인이나 하이젠베르크를 만났다면 어땠을까? 시간과 공간이 상대적이라는 것을 알았다면? 그러니까, 현상이 관찰자에 영향을 받는다는 걸 알았다면 말이다. 역사가를 비롯한 어느 누구도 세상사의 확정성을 믿기 어려웠을 것이다. 글자 그대로 인간이 보는 것이, 그래서 인간이 생각하는 것이 인간이 발을 딛고 서 있는 곳에 따라 변하고 말기 때문이다. 결국, 물리학은 미래를 측량하기 위한 기반이 되지 못했다. 미래를 푸는 기초인 과거의 정보조차 제대로 측량할 방법이 없었기 때문이다.

연속성도 의심의 대상에서 예외일 수 없었다. 옛 과학은, 변화란 모름지기 점진적이며, 그 자체가 하나의 시스템이라는 견해를 가지고 있었다.[9] 하지만 애덤스는 역사가 급작스러운 변동과 파격적 사건으로 가득 차 있다는 사실을 잘 알고 있었다. 그래서 이 명제의 진위를 의심하긴 했지만 더 탐구하지는 않았다.[10] 그러나 20세기 자연과학은 이 명제에 대해서도 의심하게 되었다. 전자(電子)가 순간적으로 한 궤도에서 다른 궤도로 불연속적으로 에너지 준위를 바꾸는 현실의 목격, 토머스 쿤(Thomas Kuhn)이 가르쳐준 과학혁명으로 인한 '패러다임의 전환',[11] 스티븐 제이 굴드와 닐스 엘드리지(Niles Eldridge)의 종의 진화에 있어서 '단속평형(punctuated equilibrium)'에 대한 연구,[12] 그리고 가장 극적인 것으로 소행성 충돌과 종의 멸망에 관한 루이스 알바레즈(Luis Alvarez)를 비롯한 여러 사람의 결과물 등이 모두 연속성을 의심하는 배경이 되었다.[13]

비단 물리학뿐 아니라, 화학, 지질학, 동물학, 고생물학, 심지어 천문학에서도 일어난 이 모든 변화가 일깨워준 것은 바로 푸앵카레가 옳았다는 것이다. 이 세상은 어떤 것은 예측 가능하지만 또 어떤 것은 그렇지 못하며, 규칙성이 있긴 하나 확연한 불규칙성과 함께 존재하고, 단순성과 복잡성이 공존한다는 것이 바로 푸앵카레의 견해였던 것이다. 카오스와 복잡성 이론이 등장하기 시작한 1970년대 이전에도 이미 옛 과학의 관점이었던 시간과 공간의 절대성이라든지, 관찰의 객관성이라든지, 예측 가능한 변화율과 그에 따른 독립변수와 종속변수의 확연한 구별 따위는 자연과학 분야에서 낡은 사고로 취급되고 있었다. 프톨레마이오스의 우주 모델(Ptolemaic model of the universe)이 뉴턴 시대에 구시대적 유물로 받아들여지던 것과 마찬가지로 말이다.[14]

카오스와 복잡성 이론은 다음의 세 가지 측면에서 이런 통찰력의 확장을 가져왔다. 우선, 예측 가능한 상태가 예측 불가능한 상태로 옮겨가는 데 따른 환경적 효과를 지적했다. 둘째, 예측 불가능한 상태에서도 모종의 패턴이 여전히 존재함을 보여주었다. 셋째, 이런 패턴들은 자발적으로 나타나는 것이지 누가 거기에 그려 넣은 것이 아니라는 것을 보여주었다. 이런 결과들은 모두 선형적 관계와 비선형적 관계의 차이에 대한 이해를 향상시켜준다. 즉, 질서를 가진 시스템이 무질서하거나 또는 그 외의 모습으로 전이하는 경로를 보여준다. 이런 결과는 늘 그와 같은 문제와 씨름해야 하는 역사가에게 유용한 의미를 갖는다.

　　카오스와 복잡성은 역사가에게 또 다른 중요한 의미를 제공한다. 컴퓨터가 발전하기 이전이라면 극도로 난해한 수학으로나 표현했음직한 예측 가능한 현상과 예측 불가능한 현상 사이의 시각적 묘사를 이것이 제공해준다는 점이다.

　　결론적으로, 카오스와 복잡성 이론은 역사가에게 새로운 종류의 문자를 가져다주었으며, 역사 공간 속의 경로를 묘사할 일련의 새로운 용어를 가져다주었다.[15] 이 점은 분명히 하고 싶다. 이런 것은 단지 은유일 뿐이다. 자연과학에서 말하는 경로가 인류 역사의 경로와 동일한 것은 아니다. 그러나 애덤스도 역사적 경로를 묘사하기 위해 은유에 의존했다. 즉, 성모 마리아와 발전기의 이미지로 종교적 의식에서 세속적 의식으로 전환한 인간 의식의 흐름을 상징한 것이다. 이런 것을 상기해 볼 때 카오스적 경로와 역사적 경로 간의 은유적 관련은 흥미진진하다.

　　헨리 애덤스가 카오스와 복잡성, 컴퓨터라는 도구를 가졌다면 무슨 일을 해냈을까? 이 질문에서 몇 가지 심오한 시사점을 얻게 된다. 나는 다음에 소개하는 시사점들을 통해 역사가가 어떤 식으로 상호종속변수들을 다루는지에 대한 내 논점을 밝히려 한다.

4

초기 조건에 대한 민감성. 미국의 기상학자인 에드워드 로렌츠(Edward Lorentz)는 1960년대에 원시적인 컴퓨터로 날씨 패턴의 모델링을 시작했다. 그는 12개의 입력변수를 설정한 뒤, 며

칠 동안 프로그램을 돌려 시뮬레이션해보았다. 그러면서 예보의 정확성을 높여줄 선형성을 갖는 입출력 관계를 얻을 것으로 기대했다. 그러나 그가 얻은 것은 시뮬레이션 시작 때 입력한 초기 데이터상의 미세한 차이, 이를테면 소수점 셋째에서 여섯째 자릿수 정도에서나 나타나는 작은 오차에 의해 최종 값이 큰 폭으로 변동한다는 사실뿐이었다. 결국 그는 이 정도의 정확성으로는 실제 날씨를 예보할 수 없으므로 기상 예보의 난점은 없어지지 않을 것이라고 결론을 내렸다. 어쨌든 이론상으로는, 베이징에서 나비 한 마리가 날갯짓을 하면 볼티모어를 강타할 허리케인이 일어나 수 있었기 때문이다.[16]

여기에서 역사가는 유명한 '클레오파트라의 코'에 대한 역사적 가정을 떠올릴 것이다. 즉, 클레오파트라의 코가 조금만 다르게 생겼더라도, 율리우스 카이사르와 마르쿠스 안토니우스가 매력을 느끼지 못했을 것이고, 따라서 세계사도 다르게 진행되었을 것이라는 뜻이다. 데이비드 해킷 피셔는 이 가정에 반대 의견을 제시했다. 그는 "클레오파트라의 다른 해부학적 부위가 혈기왕성한 두 로마인에게 매력적으로 보였을 수도 있다"고 지적했다.[17] 사실, 역사가는 사소한 사건이 어떻게 거대한 결과를 낳을 수 있는지를 본격적으로 기술하는 데 필요한 농담 수준 이상의 좋은 근거를 갖지 못했다. 그러나 이런 문제들이 역사 공간의 곳곳에 널려 있다는 것은 인정하고 있었다.

이 문제에 대한 쟁점은 대략 이렇다. 사소한 사건들 중에서 거대한 사건을 불러일으킬 만한 사건을 어떻게 알아낼 수 있는가? 클레오파트라의 코가 제국의 흥망을 결정지었다면, 클레오파트라의 팔꿈치는 왜 그렇지 못했을까? 수백만 개의 모래가 떨어져도 끄떡없던 모래더미가 단 한 알에 붕괴되는 것은 어떻게 설명할 것인가?[18] 로렌츠의 컴퓨터 모델은 이 문제들에 대해 다음과 같은 해답을 주고 있다. 즉, 복잡계에서는 임계변수(critical variables)를 미리 구별해낼 수 없으며, 과거의 자취 속에서만 찾아낼 수 있는데, 그것도 충분히 어려운 작업이라는 것이다.

복잡하다(complex)는 것은 시스템의 크기와 무관하다. M-40 시스템이 복잡계인 것은 대단히 많은 변수들이 시스템 내부에서 서로 상호작용하고 있기 때문이다. 이 책을 읽는 영국 옥스퍼드 지방의 주민들은 그곳 날씨가 복잡성을 띤다는 것을 금방 알아챌 것이다. 반면, 지구의 궤도를 벗어난 우주선의 이동은 비교적 단순하기 때문에 지구를 출발해 화성에 도착하는 시간을 예측하는 것이 옥스포드를 출발해 런던에 도착하는 시간을 예측하는 것보다 도리어 쉽다. 그리고 옥스퍼드에서는 일기예보가 어떻든 우산을 챙겨 나가는 것이 현명하다.[19]

변수의 수가 적은 시스템은 모델링이 유효하지만, 변수의 수가 많은 시스템은 그렇지 않다. 변수의 수가 많은 시스템의 동작을 설명하는 유일한 방법은 시뮬레이션을 하는 것이다. 시뮬레이션이란, 시스템의 시간적 동작 경로, 즉 그 역사를 되짚어간다는 뜻이다. 자연과학자는 이런 사실을 확실하게 인식해왔다. 비단 기상예측에서만 인식했던 것이 아니다. 자연과학자는 모래사태가 어느 순간에 일어나는지, 겨울에 내리는 눈의 결정 모양이 어떤지, 언제 지진이 일어나는지 등과 같은 문제를 풀기가 굉장히 어렵다는 것을 알고 있다.[20] 고생물학자 굴드는 이런 성질을 고찰한 끝에, 시뮬레이션의 언어로 생명의 역사를 다시 써 내려갔다. 그는 적자생존이라는 낡은 개념의 문제점을 지적하고, 생명의 역사에서 우연성의 역할이 결정적이었음을 주장했다. 그가 말하는 우연성이란, 각 생명체가 호의적인 진화상의 활동 범위에 운 좋게 맞아떨어졌다는 것을 뜻한다. 테이프를 재생하듯 과거의 과정을 재실행할 수 있다 하더라도, 언제나 다른 결과를 얻을 수밖에 없다. 그렇기 때문에 유일하게 역사적 고찰만이 실제로 일어난 일을 설명할 수 있는 것이다. "적합한 방법은 역사적 서술이지, 우리가 생각해온 그런 (재실행이 가능한) 실험이 아니다"고 굴드는 주장했다.[21]

이를 사회과학적 언어로 '경로종속성(path dependency)'이라 한다. 경로종속성이란, 동작 과정의 초기에 일어난 사소한 사건이 궁극에 가서는 거대한 차이를 불러올 수 있는 성질을 말한다.[22] 예를 들어, 경제학자 폴 데이비드(Paul David)와 브라이언 아서(Brian Arthur)는 기술의 진보가 철저한 정보에 입각한 합리적 기술 선택에 의해 이루어졌다기보다 역사적 우연에서 비롯되었음을 입증했다. 즉, 기술의 우수성보다는 대중의 인기를 선점한 기술이 살아남았다. 유명한 예가 타자 자판의 쿼티(QWERTY) 배열 방식이다. 지금은 배열 방식이 모두 쿼티로 통일되었지만, 이 방식이 기술적으로 가장 우수한 최적의 방식으로 보이지는 않는다.[23] 정치학자 로버트 퍼트남(Robert Putnam)은 이탈리아 정치를 살펴보면서, 어떤 지방은 지방정부가 잘 운영되는 반면, 다른 지방은 그렇지 못한 것에 의문을 품었다. 그는 역사적 배경, 즉 한 도시국가가 5세기 이전 또는 그 이전에 강한 시민의식을 가졌는지에서 최적의 설명을 찾아 냈다.[24] 정치, 경제, 사회학 등에서 '구성주의', '행태주의', '역사주의(historicism)'란 용어를 사용하기 시작했는데, 이는 경로 종속성의 중요성을 반증한다. 이 용어들은 역사를 진지하게 여기는 이론적 도구로서의 역할을 한다.[25]

그러나 굴드가 제기한 바와 같이, 전술한 견해들은 미래 예측이 아주 어렵다는 점을 시사한다. 이들이 다루려는 복잡계에서는 과거를 테이프 돌리듯 재실행하더라도 두 번 다시 같은 결과를 얻을 수 없기 때문이다. 그래서 미래를 예측하기 위해 과거를 단순화하겠다는 환원주의는 복잡계에서는 쓸모가 없으며, 우리는 여기서 다시 옛날 식의 서술적 역사로 돌아가야 하는 것이다. 그렇다면 **초기 조건에 대한 민감성**이라는 과학 개념이 역사가에게 가져다주는 의미는 무엇인가? 그것은 이야기라는 것이 대부분의 사회과학자가―또한 대부분의 역사가 조차―인정했던 것보다도 더 세련된 연구 도구로서 새로이 인정받아야 한다는 것이다.

5

프랙탈(fractals). 나는 루이스 리처드슨의 잘 알려진 질문을 앞에서 이미 언급한 바 있다. 영국 해안선의 길이가 얼마인가? 물론, 계산할 때 최소단위를 어떻게 잡느냐에 따라 다르다는 것이 이 질문의 해답이다. 이를테면, 마일을 단위로 측정할 것인가, 또는 킬로미터, 미터, 피트, 인치, 센티미터로 잴 것인가 하는 측정의 차이가 서로 다른 결과를 산출해낼 것이기 때문이다. 이런 문제는 아마도 분자나 원자 문제를 다루는 수준까지 확장될 것이다.[26] (프랙탈은 언제나 부분이 전체를 닮는 자기유사성 또는 단순한 구조가 계속 반복되면서 복잡한 전체 구조를 이루고 있는 형상을 말한다—옮긴이)

그러나 예일 대의 다재다능한 수학자 베노이트 만델브로트(Benoit Mandelbrot)는 측정의 불확실성에 대한 논의를 한 차원 끌어올렸다. 만델브로트는 해안선 측정 문제에서 단일한 답을 줄 수 있는 다른 종류의 측정 구조가 존재함을 보여주었다. 이 구조는 자체적인 불규칙성의 정도와 관계가 있다. 만델브로트는 이런 대안적 측정 구조에서 길이와 차원을 재정의하는 것을 '프랙탈' 기하학(fractal geometry)이라고 이름붙였다. 자연에 프랙탈기하학을 적용하면 규모를 초월한 자기유사성이라는 놀라운 현상이 나타난다. 거칠고 매끄러운 정도나 복잡성과 단순성의 정도는 미시적으로 관찰하든 거시적으로 관찰하든 또는 그 중간 규모에서 관찰하든, 규모에 관계없이 불변한다.

컬리플라워(꽃양배추)를 계속해서 점점 작은 조각으로 쪼개보면, 유사한 모양으로 쪼개지는 것을 알 수 있다. 이런 성질은, 혈관, 전기방전, 도로의 균열 등을 확대하여 들여다볼 때도 나타난다. 가깝거나 먼 지평의 산맥에서도 볼 수 있는 현상이다. 10킬로미터 상공에서 내려다보는 갈라진 하천 바닥의 패턴이 나무 밑에서 올려다보는 나뭇가지의 갈라짐 패턴을 닮았다는 것을 알 수 있다. 요약하면, 이런 시스템은 관찰 범위의

: 프랙탈. 위의 두 개는 컴퓨터에서 만든 것이고, 아래 두 개는 자연적인 프랙탈이다.

규모와관계없이 같은 패턴을 유지하려는 성질을 갖는다.[27]

   톰 스토파드의 연극 〈아카디아〉는 두 개의 시간 구조를 갖고 있는데, 그중 하나인 19세기의 주인공 토마시나의 입을 통해 나오는 프랙탈의 개념은 이렇다. "만물이 형상 속에 간직해 온 숫자의 비밀을 포기하고 자신의 그림을 오로지 수를 통해서만 드러내는 방법"이다. 20세기의 등장인물 중 하나인 한나는 그때 사과나무 잎을 뜯어내고 있었다.

한나: 그러니까, 어느 한 가지 모양만 계속 컴퓨터로 반복해서 돌려서는 이 이파리를 그릴 수 없다는 거니?

발렌틴: 아니, 그릴 수 있어. 할 수 있어. ……알고리즘을 알고서 만 번 정도 돌린다면, 한 번 돌 때마다 스크린 어딘가에 점이 찍힐 테니까. 물론, 그 다음 점이 어디에 찍힐지는 알 수 없

지만 말이야. 하지만 여러 번 돌아서 점들이 꽤 많이 찍히면, 나뭇잎과 똑같은 모양을 보게 될 거야. 그건 점들이 모두 이 나뭇잎 모양 안에 있기 때문이지. 실제 이파리**라기보다는** 어떤 수학적 대상이긴 하지만 말이야. 어쨌든 그릴 수 있어. 예측 불가능한 것과 예정되었던 것들이 함께 펼쳐지면서 현재의 모든 것을 만들어내는 것이지.[28]

이 말이 역사가에게 주는 시사점은 무엇일까? 논의를 시작하기에 앞서, E. H. 카의 말을 하나 인용하겠다. "산의 모양이 시각에 따라 달라 보인다고 해서, 보편적인 모양이 아예 없다거나 모양의 개수가 무한대라고 얘기할 수는 없다."[29] 카는 이런 견해를 바탕으로 상대주의를 반박했다. 상대주의란 역사에 객관성은 존재하지 않으며, 따라서 어느 역사가의 해석이든 다 타당성이 있다는 주장이다. 카의 원래 의도가 어떻든 이 말이 내게 주는 시사점은 이렇다. 카는 본능적으로 (프랙탈의 개념이 보편화되기 전에) 프랙탈기하학의 개념을 이해했고, 그것과 역사의 관련성을 보았다는 것이다. 이 점에 있어서는 꼭 카만 그랬던 것은 아니다.

앞서 소개한 매콜리, 애덤스, 맥닐의 위대한 역사서의 경우도 그랬다. 즉, 범위를 좁히고 늘리면서 미시적인 시각과 거시적인 시각을 묶어주는 자기유사성에 대한 인식을 하고 있었다.[30] 미셸 푸코(Michel Foucault)는 전 생애에 걸쳐, 담론, 가족, 도시, 제도, 주, 국가, 문화 등 모든 스케일에 있어서 권위라는 것이 상당히 비슷한 패턴을 유지한다는 것을 증명해 보이려 했다.[31] 독재에 대한 연구는 최고통치자의 거시적인 독재 행위 패턴이 지역적, 미시적으로 유사한 패턴을 낳으며 내려가고, 심지어 인근 국가에서도 나타난다는 것을 보여준다. 예를 들어, 빅토르 클렘페러(Victor Klemperer)의 인상적인 일기장을 읽어보면 히틀러의 반유대주의가 나치 독일 사회의 모든 단계에 걸쳐 지극히 평범한 일상에까지 확장되어감을 알 수 있다.[32]

한편, 프랙탈은 역사가에게 자기유사성이 다른 방향으로 가는 움직임에 대한 은유도 제공한다. 그 움직임은 아래에서 자발적으로 나타난 행동이 점진적으로 최고 수준의 패턴을 간직하면서 올라가는 행태다. 이를테면, 20세기 후반에 일어난 권위주의에 대한 반항은 컴퓨터 사용의 확산과 인터넷,[33] 그리고 대중문화에서 달리 설명할 방법이 없는 몇몇 현상과 함께 그 범주에 포함된다. 예를 들어, 엘비스 프레슬리가 아직까지 주기적으로 나타난다거나 비틀즈의 한 멤버가 기사 작위를 받았다는 것이 그런 예다.

6
- - - -

자기조직화(Self-organization). 오랫동안 '순수'과학자와 사회과학자 모두를 괴롭혀왔던 현상이다. 물리학자는 전통적으로 열역학 제2법칙이 보편타당한 법칙이라고 생각해왔다. 열역학 제2법칙이란, 우주 만물이 엔트로피가 증가하는 방향, 즉 열죽음(heat death)을 향해 움직인다는 것을 이른다. 그러나 이 원리는 몇몇 생명체의 진화가 복잡성을 지향하는 추세와는 잘 맞지 않는 것 같다.[34] 또한 사회과학자의 경우, 시장이나 세계

국가 체제와 같은 현저히 무정부적 현상에 직면하면서 어떻게 그런 구조 내에서 협력이 진전될 수 있는지를 설명하는 데 유사한 어려움에 부딪혔다.[35]

그러나 카오스 이론가는 물리 세계에서 시스템이 카오스 상태에 있을 때에도 놀라울 정도로 규칙적인 패턴이 존재한다는 것을 보여주었다. 전형적인 예가 목성의 대적점(Great Red Spot)이다. 인류가 목성 표면을 보게 된 이후, 이 대적점은 험난한 환경에도 지속적으로 모양과 크기를 유지해왔다. 비선형방정식의 수치적인 해답에 위상공간(phase space)이라는 적절한 표현 방식을 주어 컴퓨터 화면에 그 경로를 시각화할 경우, '기이한 끌개(strange attractors)'를 볼 수 있는데, 이 끌개는 예측 불가능한 물리적 과정을 예측 가능한 구조가 갖는 한정된 영역 속에 머무르게끔 한다.[36] 복잡계를 연구하는 사람들은 컴퓨터 모델링을 통해 물리적 개체가 몇 가지 기본 규칙에 따라 상호작용하는 시뮬레이션에서 자발적으로 조직적 행태가 나타난다는 것을 보여주었다.[37]

이런 현상 때문에 복잡적응계(complex adaptive systems)에 대한 관심도 높아지고 있다.[38] 철새나 물고기 떼가 회귀 시기를 어떻게 알아낼까? 주식시장의 호황과 불황을 어떻게 설명할 것인가? 대제국이 서서히 성장하여 영향력을 행사하고 돌연 해체되는 이유는 무엇인가? 그리고 그와 관련하여 냉전 체제가 긴 평화로 이어지는 과정은 어떠했는가?[39]

물론, 역사가는 오랫동안 집단, 제도, 개인의 상호작용에 관심을 가져왔다. 전통적 사회과학은 독립변수를 찾는 데 주안

점을 두었기 때문에 역사가에게 상호작용적 관계를 이해하는
데 필요한 학문적 도구를 거의 제공하지 못했다. 이에 반해, 자
연과학은 오늘날 흥미로운 견해를 창출해내고 있어 역사학과
사회과학 모두에 그 혜택을 나눠줄 수 있을 것이다. 그중 두 가
지는 특별히 언급할 가치가 있다.

그중 하나는, 광범위한 현상에 걸쳐 일어나는 복잡성의 밑
바탕에 놀랄 만큼 단순한 패턴이 존재한다는 사실과 관계가
있다. 이것이야말로 어디서나 존재하는 승수법칙(power-law)
이다. 이 아이디어는 사건의 빈도가 강도에 반비례한다는 것이
다. 추상적으로 들리겠지만, 지진을 예로 들어보자. 캘리포
니아에서는 지진이 매일 수백 회나 일어난다는 것이 입증되었
다. 그러나 이 지진의 대다수는 느끼지 못할 정도로 약해서 리
히터 지진 규모로 따져 강도 3 이하에 불과하다. 사람들이 느
낄 정도는 되지만 별 피해는 주지 않는, 강도 4 또는 5의 지진
은 다행히 빈도가 상대적으로 낮다. 진짜로 큰 피해를 줄 만한
지진이 가장 드물게 일어난다는 사실은 아주 다행한 일일 것이
다. 이런 패턴은 수학적으로 표현할 수 있을 만큼 일관성을
갖는다. 지진의 방출 에너지를 2배로 늘리면, 그 빈도는 대략 4
분의 1배로 줄어든다.[40]

재미있는 것은, 멸종이나 산불에서 주식시장 붕괴와 전쟁
사상자 숫자에 이르기까지 광범위한 현상에 걸쳐서 승수법칙
이 마치 프랙탈처럼 적용된다는 것이다. 물리학, 생물학, 인문
학적 현상의 다양성 아래에 그것의 기초를 이루는 어떤 공통
적인 구조가 있음이 명백하다. 아마 애덤스가 이런 사실을 알

았다면, 승수법칙을 그의 '위대한 일반 법칙'으로 삼았을 것이다. 승수법칙이 잘 적용되는 예들의 공통점은, 이들 문제들이 평형 상태에 있지 않다는 점이다. 시스템이 초기 조건에 대한 민감성과 규모와 상관없는(규모를 초월한) 자기유사성의 두 가지 성질을 모두 가지고 있는 경우를 가리켜 임계성(臨界性)이라고 한다. 임계성 때문에 한 상태에서 다른 상태로 급작스러운 전이가 일어날 가능성이 존재하며, 다만 그 가능성은 전이 발생시 사건의 강도에 반비례한다.[41]

역사 공간 속에서도 임계성의 추적이 가능할까? 물론 과거에 대한 고찰을 통해 찾을 수 있다. 임계성의 추적은, 역사가들이 제국의 흥망, 전쟁의 발발과 종전, 사상과 기술의 확산, 질병과 기근의 발생, 다른 사람들에게 영향을 주었던 '위대한' 인물의 출몰 등을 추적할 때 이미 하고 있는 일로서 별로 새로울 게 없다.[42] 그러나 임계성의 예측은 추적과는 또 다른 문제다. '예측'이 무엇을 의미하느냐에 따라 역사 공간 속에서 임계성의 예측을 할 수 있느냐의 여부가 달려 있다.

만일 그 예측이라는 것이 강도와 빈도 간 승수법칙의 적용에 따른 관계를 예측하는 것이라면, 매우 거칠지만 역사가가 예측이란 것을 할 수 있을 것이다. 즉 계산 가능한 어떤 인자의 증감에 따라, 강도가 강할수록 빈도가 낮아지는 식의 예측을 할 수 있을 것이다. 그러나 특정한 상황이 언제 최고 강도의 상태, 이를테면 파멸적인 전쟁이라든가 치떨리는 혁명이 일어날 것이냐를 점치라고 한다면, 단언컨대 거의 불가능한 일이다. 서로 얽힌 변수들은 오직 과거의 자취 속에서만 재구성할 수 있기 때문이다. 그러나 과연 누가 그 격변 속에서 생존하고 오히려 득을 볼 것인가 하는 문제는 어느 정도 예측이 가능하다. 자기조직화에 관한 자연과학자의 연구에서 이에 관한 중요한 견해를 얻을 수 있기 때문이다.

그 견해란, 살아남는 것들은 예기치 못한 환경에 지나치지 않을 정도로만 재빠르게 적응하는 유기체의 경향을 갖는다는 것이다. 이런 점에서 통제된 환경은 좋은 것이 아니다. 왜냐하면, 통제자가 통제의 성공을 믿고 자만하여 자기 방식 속에 갇히게 되고, 결국 통제가 붕괴되는 상황을 극복해내지 못하기 때문이다. 통제란 궁극적으로 붕괴되고 마는 것이다. 그렇다고 해서 전혀 예측 불가능한 환경은 공고화와 회복을 설명할 여지를 주지 않는다. 그러므로 자연 세계에는 통합과 해체 과정의 균형이 존재한다. 말하자면, 이런 균형은 카오스의 경계이고, 이곳에서는 특히 자기조직화를 통한 혁신이 정규적으로 일어난다.[43]

이와 비슷한 논리를 사회학, 정치학, 경제학적 공간에 적용한다고 해도 비약은 아니다. 맥닐은 헨리 애덤스가 살아 있었다면 매료되었을 만한 한 관찰을 통해, 다음과 같은 결론을 내리고 있다. **"새롭고 놀랄 만한 집단적 행동 양상은 자발적으로 증가하는 복잡성처럼 보이는 것 때문에 나타난다. 또한 물리학적, 화학적, 생물학적, 또는 상징적 수준에서도 나타난다. 이것이야말로 인류가 세계에 대해 아는 것, 또는 안다고 생각하는 모든 것을 관류하는 가장 주된 통합적 주제다."[44]**

7

미첼 월드롭(M. Mitchell Waldrop)은 그의 유용한 저서 《복잡성 (Complexity)》에서, 몇 년 전 미국 산타페(Santa Fe)에서 개최된 물리학자와 경제학자 간 회의에 관해 기술하고 있다. 이 회의는 우리 시대 지성사의 한 전환점이라 할 수 있다. 한 세기 전 애덤스가 푸앵카레를 만난 것에 필적할 만하다.

> 오버헤드 스크린을 통해 공리 · 정리 · 증명이 진행되자, 물리학자들은 (경제학자들의) 수학적 위용에 놀라움을 금치 못했다. 놀라는 정도가 아니라 전율을 느낄 정도였다. 한 젊은 물리학자가 회의 중 못 믿겠다는 표정으로 고개를 가로 저었던 것을 회상하며 말을 꺼냈다. "좀 지나칠 정도이다. 화려한 수학적 형식화로 현기증이 날 지경이지만, 나무를 보기 위해 숲을 보지 못한 것 같은 생각이 든다. 수학 공부에 너무 많은 시간을 낭비한 나머지, 자기네 모델의 목적이 무엇인지, 자기들이 무엇을 하고 있는지, 그리고 간혹 기본적인 가정들의 타당성은 보지 못하는 것 같다. 많은 경우, 진정으로 필요한 것은 몇 가지 상식이다." [45]

기억하라. 이것은 한 물리학자가 경제학자에 대해 얘기한 것이다. 이 일화가 시사하는 바는 어느 정도 중요성을 갖는다. 자연과학이 20세기 동안 급격하게 변화했는데도 사회과학자는 자기네 연구의 바탕을 19세기와 그 이전 시기의 과학에 두려 하고 있다는 것이다. [46]

그렇다면 역사가의 위상은 어디인가? 역사가는 사회과학적 모델을 역사학 연구의 표준으로 직접 받아들인 바가 없다. 개인적인 신념이지만 이 사실은 역사가들을, 철저하게 반동적인 자세를 고수한 덕분에 혁신의 최첨단과 만나는 기묘한 위치에 갖다놓고 있다. 역사가 자신들은 어떤 특별한 시도를 하지 않았는데도—사실 대부분의 경우 무슨 일이 일어나고 있는지도 모르는 사이에—카오스와 복잡성, 그리고 임계성까지 포괄하는 새로운 과학을 적어도 은유적인 표현으로 자연스럽게 사용해왔음을 알게 된다. 우리는 몰리에르의 연극에 나오는, 자기도 모르는 사이에 평생 동안 산문을 읊고 살았음을 깨닫고 놀란 부르주아 신사와 같은 처지인 것이다.[47]

애덤스가 하려던 과학과 역사를 연결짓는 일은 지금에서야 타당성을 갖는 것 같다. 그리고 어떤 면에서 그것은 과학자의 연구와 역사가의 연구 모두에 위배되지 않는다. 복잡적응계의 예에서 볼 수 있는 바와 같이, 과학자와 역사가는 서로 주고받는 지적 자극으로부터 혜택을 얻게 될 것이다. 특히 역사가는 과학자들이 지금에서야 찾아낸 최고로 세련된 탐구 방식에 대해 이미 많은 것을 알고 있기 때문이다. 그 세련된 방식이란 바로 '이야기'다. 그리고 단언컨대, 낡은 과학 관점의 마지막 고수자인 사회과학자는 이 새로운 환경에 적응해야 할 것이다. 그래야만 앞으로도 사회과학이 과학이라고 조금이나마 인정받을 것이다.[48] 몇몇 사회과학 분야는, 말 그대로 카오스의 경계에 서 있다.

역사가는, 한쪽은 자연과학을 또 다른 쪽은 사회과학을 잇는 다리 역할을 하기에 좋은 위치에 서 있다. 그러나 먼저 역사가는 거대한 학제간 연구의 세계(Great Interdisciplinary Chain of Being)에서 역사학이 차지하고 있는 전략적 위치를 인식해야 한다. 이런 역사가가 드물다는 점에 대해 맥닐은 다음과 같이 지적하고 있다.

> 우리 직업은 수학적 단호함으로 성공을 맛본 분야를 비롯한 다른 학문들과 더불어, 문제와 한계점을 공유해 나가면서 진정 만학의 황제가 될 순간을 맞고 있다. 역사가가 인간 행동에 주의를 집중하는 한—오늘날의 생태사가들은 그들의 연구 영역을 이 범위 바깥으로 확장하고 있기도 하다—역사가는 이미 인식되었거나 인식 가능한 우주의 가장 미묘하고 복잡한 차원을 다룰 것이라고 정당하게 주장할 수 있을 것이다.[49]

역사가는 이런 깨달음을 내부보다 외부를 지향함으로써 얻을 수 있다. 역사가는 방법론적 열등감으로 고뇌할 이유가 없다. '물리학에 대한 동경(physics envy)'이란 것은 역사가의 문제일 수 없다. 적어도 은유적인 측면에서 역사가는 이미 일종의 물리학을 잘 해왔기 때문이다.

인과관계, 우연성, 반사실적 사유

4장과 5장에서는 독립변수를 향한 사회과학의 추구가 달성될 수 없다는 사실을 논증하려 했다. 사회과학이 '순수'과학에서 모방한 그 방법론은 이미 순수과학 자체에서는 낡은 것으로 취급되고 있기 때문이다. 20세기의 사회과학자들이 뉴턴 식의 선형적이고 예측 가능성을 띤 세계관을 수용한 것이다. 그 동안 자연과학은 뉴턴 식의 세계관을 버리고 있었는데도 말이다. 사회과학자가 잠든 한밤중에 방법론적 전환이라는 배가 지나갔다고 말한 것은 이 때문이다.

이와 반대로, 역사가는 전혀 추세의 영향을 받지 않은 채 방법론적으로 자기네들의 섬 안에 행복하게 안주해왔다. 대다수 역사가가 그런 추세조차 몰랐기 때문이다. 수평선을 세심히 바라보는 것을 마다하지 않던 마르크 블로크나 E. H. 카와 같은 소수의 역사가만이 다음의 역설을 알게 되었다. 인간사라고는 전혀 다루지 않는 '순수'과학이라는 배가 역사가를 향해 다가온 반면, 정작 사회의 과학을 만들겠다고 떠들어대던 배는 역사가의 시야에서 멀어져갔다는 역설을 목격한 것이다. 그러나 블로크는 미처 이런 주장을 확대해 나가기도 전에 1944년 프랑스에서 게슈타포의 손에 죽고 말았다.[1] 카는《역사란 무엇인가》의 개정판에서 이런 주장을 해보겠다는 희망을 가졌다. 그러나 그 역시 이 과업과 관련된 단편적인 메모만을 남긴 채 1982년 세상을 떠났다.[2]

그 이후로는 별다른 변화의 조짐이 없었다. 오늘날에도 사회과학과 '순수'자연과학은 과학의 정체성에 대해 매우 다른 시각을 갖고 있으며,[3] 역사가는 자기들이 과학을 하고 있는지, 하고 있다면 어떤 종류의 과학을 하고 있는지에 대해 생각조차 하지 않는다.[4] J. R. R. 톨킨(J. R. R. Tolkien)의 《반지의 제왕》에 나오는 호빗처럼, 대다수 역사가는 자기 만족에 빠져 주위의 일에는 별 관심이 없다. 내 생각에 불과할 수도 있지만 말이다.

그러나 이제 사회과학자가 정당하게 역사가에게 던질 질문에 답할 때가 왔다. 정말로 역사에 종속변수만이 존재한다면, 그 변수들 간 인과관계를 어떻게 구성하고 검증할 것인가? 모든 것이 서로 종속관계에 있다면, 과연 사건의 원인을 알아낸다는 것이 가능한가? 이런 문제의 당혹스러움은 자연과학자에게도 마찬가지일 것이다. 역사가는 이에 대한 해답을 본능적으로 직감하고 있으나, 명쾌하게 제시하는 경우는 드물다. 학생들이 인과관계에 대해 질문할 때, 역사가는 이렇게 대답하곤 한다. "물어봐야 해줄 말이 없다. 우선 학위논문이나 끝마

쳐라. 그걸 제대로 하면 대답해주겠다."

나는 서문에서 이런 역사가의 태도를 반(反)퐁피두센터적 미학이라고 기술했다. 즉, 역사가는 건물 배관을 밖으로 드러내 보이고 싶어하지 않는다. 그러나 이와 같은 일에 주의를 기울이지 않기 때문에 역사가는 제자들뿐 아니라 스스로도 곧잘 혼란스럽게 만든다. 역사가는 과학을 하지 않는다고 핀잔을 주는 사회과학자들 앞에서 웅얼거린다. 또한 역사란 픽션(허구)에 지나지 않는다고 주장하는 포스트모더니스트 앞에서는 투덜거릴 뿐이다. 역사가는 사회과학자나 포스트모더니스트의 이런 주장에 효과적인 대답을 하지 않는다. 그래서 마치 호빗처럼 스스로를 무방비 상태로 만드는 것이다. 뿐만 아니라 역사가의 방법론이 자신들이 생각했던 것보다 세련되었다는 뒤늦은 자각에서 비롯되는 특별한 만족을 얻을—아마 용서될 수 있는 자축의 기회일 수도 있는—좋은 기회마저 잃고 있다. 윌리엄 맥닐의 표현을 빌리자면, "역사가의 역사 쓰기는 역사학을 위한 인식론보다 더 훌륭한 것이다."[5]

1

인과관계와 그 검증에 관한 논의를 시작하기 위해서는, 먼저 카와 블로크가 주검을 예로 들어 논의했던 것부터 이야기하는 것이 좋겠다.[6] 카의 주검에 대한 논의는 역사 연구 방법론을 공부하는 학생들 사이에서는 유명한 이야기다. 주검은 밤중에 담배를 사기 위해 길을 건너려다 교통사고로 재수 없이 죽은 로빈슨이다. 사고 운전자 존스는 술에 취한 채 브레이크에 결함이 있는 자동차를 몰고 시야를 가리는 사각의 길모퉁이를 돌고 있었다. 카는 이 예를 통해 자신이 규정한 '합리적 인과관계(rational causation)'와 '우발적 인과관계(accidental causation)'를 구별하려 했다.

> 음주운전을 막고, 좀더 엄격한 브레이크 고장 진단을 권장하며, 도로 상태를 개선하는 것이 교통사고 사망자 수를 줄이는 데 기여한다는 명제는 일리가 있다. 그러나 흡연을 금지하여 교통사고 사망자 수를 줄일 수 있다는 명제는 전혀 말이 되지 않는다.

카는 이어서 이렇게 설명하고 있다. "합리적 원인은 유익한 일반 명제를 이끌어주며, 이렇게 얻은 일반 명제로부터 교훈을 얻는다. 우발적 원인은 아무런 교훈도, 결론도 주지 못한다." 카의 주장은, 역사가의 관심이 합리적 원인에 국한되어야 하며, 우발적 원인은 과거와 현재를 이해하는 데 아무런 의미를 주지 못한다는 것이다.[7]

카의 주장은, 독자는 물론 카 자신조차 혼란스럽게 만든다. 카가 사용하는 '사고(事故)'라는 용어는 원인의 범주에 속할 수도 있고, 특정한 결과의 범주에 속할 수도 있다. 이 문제는 일단 제쳐놓자. 더 심각한 문제는 '합리적 원인'과 '우발적 원인'의 구분이 모호하다는 점이다. 알코올 중독자 존스가 유별나게 험악하게 운전하는 특정한 밤에, 로빈슨이 하필 이 특별한 도로를 건넌 이유는 다름 아닌 니코틴 중독 때문이다. 이것은 누가 봐도 합리적이다. 그러나 카의 구분이 맞는다고 가정한다면, 니코틴 중독을 배제한 일련의 합리적 원인들이 결합되어 우발적인 결과를 만들었다. 이것은 모순이다. 그러므로 카의 구분은 자신이 든 예에서조차 모호하다.

우발적 원인이 역사에서 무'의미'하다는 카의 주장은 더더욱 설득력이 떨어진다. 나중에 카 스스로도 레닌의 치명적인 뇌졸중은 우발적 원인이었는데도 소련의 역사를 바꾸게 되었다는 점을 설명해보라는 요구에 이를 인정할 수밖에 없었다.[8] 카가 말하고자 했던 것은 아마 역사가가 그런 우발적 사건을 예측할 수 없을 거라는 점이었을 것이다. 그러나 여기서도 다른 문제가 제기된다. 일단 역사가가 그런 예측을 꼭 시도해야 하는가 하는 점이다. 카는 그래야 한다고 생각했던 듯하다. 그의 주장 중, '합리적' 원인을 규정하는 주된 이유는 '유익한 일반 명제와 그에 따른 교훈'을 제공하며, 이것을 기반으로 '결론'을 얻게 되기 때문이라는 말이 있다. 그러나 그는 여기서 다음과 같은 문제를 회피한다. 누가 그런 교훈을 가르칠 것이며, 역사가가 교훈을 제대로 이해하는지를 어떻게 아는가 하는 점이다. 이것은 카 자신이 그 교훈을 잘못 이해하는 경우가 잦았던 것을 생각해보면 혼란스러운 맹점이 아닐 수 없다.[9]

그래서 나는 주검과 그 죽음의 원인에 관한 마르크 블로크의 방식을 더 선호한다. 블로크의 예시는 절벽에서 떨어져 죽은 한 사내의 경우이다. 블로크가 지적한 바에 따르면, 우선 이 결과를 낳기 위해서 많은 사건이 선행되어야 했다. 사내가 죽으려면 절벽에서 미끄러져야 하고, 그보다 먼저 그가 걷던 길이 절벽의 가장자리에 나 있어야 하고, 또 그 이전에 지질학적 과정을 통해 산이 솟아야 하고, 중력의 법칙이 성립해야 한다. 블로크가 한 이야기는 아니지만 무엇보다 빅뱅이 선행되어야 한다. 그러나 그 사고의 원인을 물어보면 누구나 '실족(失足)'이라고 대답할 것이다. 블로크의 설명에 따르면, 그것은 실족이라는 특정한 선행 사건이 다른 선행 사건들과 몇 가지 면에서 구별되기 때문이라고 한다. "가장 나중에 일어난 사건이고 ……일상적인 사건 순서에서 가장 특이한 사건이며, 결국 이 최대의 특수성 때문에 가장 피하기 쉬웠음직한 선행 사건인 것처럼 보인다."[10]

블로크는 곧 진짜로 사망했기 때문에, 위와 같은 가정적 사망의 예시를 더 이상 자세히 논하지 못했다. 그 결과, 인과관계에 대한 블로크의 생각은 카의 생각에 비해 유명세를 타지 못했다. 그러나 단편적인 형태로나마, 블로크의 생각은 세련성과 일관성, 유용성에서 카의 수준을 능가했다. 내가 블로크를 제대로 읽었다면, 블로크는 원인과 결과를 연결하는 다음의 세 가지 구분 방식을 제시했기 때문이다. 첫째, 근인(近因), 중간 원인, 원인(遠因)을 구분했다. 둘째, 특이 원인과 일반 원인을 구분했다. 셋째, 사실적 사유와 반(反)사실적 사유(counterfactual, 또는 반사실적 원인 분석)를 구분했다. 나는 각 항의 구분 방식이 카오스와 복잡성이라는 '새로운' 과학과 어떤 관계가 있는지 (적어도 은유적으로라도) 더 얘기해보려 한다.

2

근인, 중간 원인, 원인의 구분. 역사의 서술은 시간의 진행을 따르지만, 서술 작업을 준비할 때 역사가는 시간 진행의 역방향으로 움직인다.[11] 거시적 현상이든 미시적 현상이든, 어떤 특정 현상에서 시작해 선행 사건을 추적한다. 혹은 앞서 말한 내 표현대로라면, 구조에서 출발하여 구조를 만들어낸 과정을 도출하는 것이다. 블로크가 예시한 등산가의 실족이라는 원인을 가장 중요한 원인으로 묶인하면서 역사가는 도출된 과정 중 구조에 가장 근접한 과정을 무엇보다도 중시한다. 그렇다고 역사가의 작업이 여기서 끝나는 것은 아니다.

예를 들어 일본의 진주만 폭격을 설명할 때, 일본 전투기가 항공모함에서 이륙하는 장면부터 시작하는 것은 이치에 맞지 않다. 어떻게 일본의 항공모함이 하와이 영해에 진입하게 되었는지가 궁금해지기 때문이다. 궁금증을 풀려면, 일본 정부가 미국과의 모험적 전쟁을 택한 이유를 설명해주어야 한다. 그러려면 미국의 대일(對日)석유금수조치에 대한 논의가 있어야 하고, 석유금수조치는 일본이 프랑스령 인도차이나를 접수한 데 따른 대응조치였음을 이야기해야 한다. 물론 일본의 인도차이나 접수는 프랑스가 나치 독일에 패배한 덕분이었고, 아울러 자국의 중국 대륙 정복 좌절에 따른 대안이기도 했다. 나아가 이 모든 일을 설명하려면 1930년대에 일어난 권위주의와 군국주의에 대한 주목이 필요하다. 이 시기의 권위주의와 군국주의는 대공황과 관련이 있으며, 제1차 세계대전의 전후 처리가 불공평했다는 당시의 인식에도 기인한다. 계속해서 파고 들어갈 수도 있다. 수억 년 전에 소용돌이치는 연기구름에 휩싸인 채 일본열도 최초의 섬이 막 태평양이 되려던 바다 위로 솟아오른 것까지 거슬러 올라갈 수도 있다. 그러나 역사가는 그렇게까지 멀리 거슬러 올라가지는 않는다.

역사 속 사건의 원인을 추적하는 데 어디서 멈춰야 한다는 딱 부러지는 규정은 없다. 그러나 **적절성 체감의 원리**(principle of diminishing relevance)라 부를 만한 것은 있다. 원인과 결과를 갈라놓는 시간 간격이 클수록 원인으로서의 적절성이 적어진다는 원리다. 이 말이 '부적절하다'는 뜻이 아님에 유의하라. 한때 카가 '우발적' 원인을 원인의 범주에서 아예 제외시킨 것과는 다르다.[12] 물론 일본열도가 바다 위로 솟지 않았다면, 일본 정부의 미국 공격 결정도 없었을 것이다. 산의 지질학적 융기가 없었다면, 블로크가 예시한 등산가의 암벽 추락이 있었을 리 만무한 것과 같은 이치다. 그러나 이런 원인들은 그 인과관계가 너무나 멀어서 별 의미를 갖지 못한다. 이는 두 눈이 얼굴 전면에 있어 인류가 입체적인 시각을 갖게 되고, 엄지손가락이 물체를 잡기 쉽게 다른 손가락과 반대 방향으로 진화한 덕분에 일본 전투 조종사들이 승리했다고 설명하는 것이나 마찬가지다. 역사가에게 적절한 원인은 결과와 좀더 직접적으로 연결되는 것이어야 한다. 그렇지 못한 원인은 대체로 무시해 버린다.[13]

그렇다면 근인도 아니고 원인도 아닌, 중간 원인은 어떻게 다룰 것인가? 이 경우에도 적절성 체감의 원리가 성립하긴 하지만, '중간성'이 차지하는 영역이 충분히 커서 무시할 수 없

을 때가 있다. 이 경우에는, 낮은 수준의 적절성과 높은 수준의
적절성을 분간하기 위한 또 다른 기준이 필요하다. 진주만 폭
격의 사례로 이야기하면, 신토(神道:일본의 전통종교—옮긴이)
의 출현이나 도쿠가와의 집권, 메이지유신 같은 경우는 낮은
수준의 적절성을 가진 원인이다. 반면 대공황이라든지, 군국
주의의 발호, 중국 및 인도차이나 침략은 높은 수준의 적절성
을 갖는 원인이라 할 수 있다. 이제 이런 종류의 판단을 할 때
고려해야 할 것들을 소개하겠다.

3

이런 경우에 중요한 역할을 하는 것이 블로크의 두 번째 인과
관계 구분 방식, 즉 **특이 원인**과 **일반 원인**의 구분이다. 그가 예
시한 등산가의 암벽 추락 사고의 원인이 등산로가 절벽의 가
장자리에 위치한 것, 산의 융기, 중력 때문인 것은 분명하지만,
그렇다고 암벽을 등반하는 모든 사람이 추락하지는 않는다.
이때 등산로의 위치, 산의 존재, 중력 등이 사고의 일반 원인에
해당한다. 일반 원인은 암벽 추락 사고 발생의 **필요 조건**이지
만, 사고 발생을 설명할 수 있는 **충분 조건**은 되지 못한다. 그렇
기 때문에 등산가의 실족에 초점을 맞춰야 하는 것이다.

　인과관계상의 필요 조건과 충분 조건의 구분과 사회과학자
가 즐겨 쓰는 독립변수와 종속변수의 구분은 그 의미가 다르
다.[14] 인과관계상의 충분 조건은 필요 조건에 종속되어 있다.
다시 말해서 등산로에서 발을 헛디디는 것이 풀밭 한가운데에
서 발을 헛디디는 것보다 더 위험하다. 발을 헛디딘 장소의 규

명 없이 실족 자체만 얘기하는 것은 일본 항공모함의 하와이 출정을 이야기할 때 그 배경을 규명하지 않는 것과 마찬가지로 말이 되지 않는다. 원인이 되는 사건은 언제나 그 맥락이 있으며, 따라서 원인을 알려면 반드시 맥락을 이해해야 한다.

서론이 길었지만, 여기서 충분 조건이 필요 조건에 종속된 것을 가리켜 '맥락(context)'이라고 정의하겠다. 블로크의 언어로 바꿔 말하면, 특이 원인이 일반 원인에 종속된 것을 이른다. 맥락은 결과가 되는 사건을 직접 **일으키지는** 않지만, 결과의 폭을 확실하게 결정해주기 때문이다. 실족에 대한 예에서 방금 언급했듯이, 풀밭에서 실족했을 때 가장 심한 경우인 발목이 부러지는 것과 절벽에서 실족했을 때 가장 경미한 경우인 목이 부러지는 것의 차이를 만들어주는 것이 바로 맥락이다.

블로크는 특이 원인을 이해함으로써, 후일 카오스 이론이 말하는 '초기 조건에 대한 민감성'을 이미 예견했던 것 같다. 모호하기는 하지만 카 역시 '우발적 원인'에 대한 이야기를 하면서 이와 비슷한 생각을 염두에 두었던 것으로 보인다. 둘 다 '나비효과(butterfly effects)'—베이징에서 나비 한 마리가 날갯짓을 하면 다른 어딘가에 엄청난 파괴가 일어난다는[15]—라는 말이 세상에 나오기 이전에 세상을 떠났으니, 최근 미국 대통령 선거 결과를 좌우한 플로리다의 나비투표용지(butterfly ballot, 2000년 조지 부시 Jr.와 알 고어 사이의 미국 대통령 선거 결과를 결정지은 플로리다의 투표용지—옮긴이)에 대한 이야기는 더더욱 생각할 수 없었을 것이다. 그런데도 대다수 역사가들처럼, 블로크와 카는 본능적으로 그런 현상을 알고서 특징을 묘사할 방법을 파악했던 것 같다.

하지만 역사 속에서 초기 조건에 대한 민감성이나 특이 원 인이 발생한 순간을 어떻게 잡아낼 수 있을까? 블로크나 카가 해답을 주지 못했지만, 물리학의 연구 결과에서 그 해답을 읽 어낼 수 있다. 물리학에서는 상전이(相轉移)를 규명하려는 노 력 속에서 이와 같은 문제 풀이가 이루어진다. 상전이란, 안정 된 상태에서 불안정한 상태로 변화하는 임계적 상황을 말한 다. 이를테면 물이 끓거나 어는 상황이라든지, 모래더미가 무 너지기 시작하는 상황, 단층선이 갈라지기 시작하는 상황 등 이다.[16] 진화생물학에도 이와 아주 비슷한 상황이 존재하는데, 기후 환경의 급변이나 신종 육식동물의 생태계 유입, 유행병 의 발생 등이 그 예다. 이렇게 유발된 불안정 상황은 예측할 수 없는 새로운 패턴의 안정 상태를 창출한다.[17] 에드워드 로렌츠 가 초기 조건에 대한 민감성을 처음 발견한 것과 같은 컴퓨터 프로그램에서는 특정한 입력 수치의 미세한 오차로 인해 출력 이 큰 폭으로 차이가 나고, 결국 예측 불가능한 프로그램이 실 행되는 순간을 상전이라 할 수 있다.[18]

역사 속에 상전이 같은 것이 있을까? 역사가 클레이튼 로버 츠(Clayton Roberts)는 상전이라는 용어는 쓰지 않았지만 그와 같은 것이 있다고 믿었던 것 같다. 로버츠의 글을 인용해보자 면, "역사가가 궁극의 원인을 찾아 시간을 거슬러 올라갈 때 본능적으로 추적을 멈추는 경계점이 있다. 이 경계점이란, 역 사가가 설명하고자 하는 사태의 변동이 막 넘쳐나는 지점을 이른다."[19] 좀 서툴기는 하지만 로버츠의 이 표현은, 고생물학에서 쓰는 좀더 세련된 용어인 **단속평형**의 역사학적 버전이라 하겠다. 단속평형의 의미는, 생물의 진화가 지속적으로 매끈하게 진행되는 것이 아니라 급격하고 불안정한 변동과 '구두점 찍듯이(punctuated)' 나타나는 긴 안정기가 불연속적으로 진행된다는 것이다. 이런 급변이 새로운 종의 출현을 불러오는데, 새로운 종의 기원을 역추적하는 고생물학자는 선행 구두점에서 작업을 멈춘다. 다시 말해, 최초의 생명체 출현이나 빅뱅까지 거슬러 올라가지 않는다는 뜻이다.[20]

말하자면, 로버츠는 단속평형 같은 개념을 역사가의 말로 시사한 것으로 보인다. 역사 연구는 어떤 특정 사건을 출발점으로 삼는다. 일본의 진주만 공격이어도 좋고, 로버츠가 제시한 것을 예로 들면 청교도혁명 당시의 잉글랜드내전(English Civil War)이어도 좋다. 역사 연구는 이런 특정 사건을 기점으로 시간을 역추적해 나가면서, 원인보다는 근인에 더 큰 의미를 둔다. 물론, 먼 과거로 거슬러 올라갈수록, 그럴싸한 원인이 더 많이 찾아진다. 하지만 메이지유신이나 프로테스탄트 종교개혁의 역사를 다시 쓰겠다는 의도가 아니라면—두 눈이 얼굴 전면에 있어 인류가 입체적인 시각을 갖게 되고, 엄지손가락과 다른 손가락이 물건을 집을 수 있게 진화한 시점으로 돌아갈 의도가 아니라면—특이 원인을 일반 원인과 구별해낼 시금석이 있어야 한다. 로버츠의 제안에 따르면 역사가에게 이런 시금석은 '돌이킬 수 없는 지점(point of no return)'이다. 돌이킬 수 없는 지점이란, 과거의 평형 상태가 급격하고 불안정한 변동 때문에 더 이상 평형을 이루지 못하는 상태가 되는 순간

로버츠의 주장에 의하면 잉글랜드내전의 '돌이킬 수 없는 지점'은 1637년 찰스 1세가 스코틀랜드 장로교회에 새 성공회 기도서를 강요한 때다.[21] 대부분의 역사가는 태평양전쟁의 돌이킬 수 없는 지점으로 1941년 8월 미국의 대일석유금수조치를 든다.[22] 어쨌든, 종교개혁과 그에 수반된 결과들이 없었다면 스코틀랜드 장로교회에 대한 성공회 기도서 강요도 없었을 것이고, 일본이 메이지유신으로 근대화하지 않았던들 진주만 공격도 없었을 것이다. 변수의 상호종속성이 모든 경우에 적용되듯이, 특이 원인이 일반 원인에 종속되는 규칙도 이 모든 경우에 적용된다. 이것이 역사가의 첫 번째 인과관계 테스트인 적절성 체감의 원리며, 역사가가 어느 특정 원인을 다른 원인보다 강조할 수 있는 면허증을 부여해준다.

이렇듯 특정 구조 안으로 수렴되는 역사적 과정을 추적할 때 찾는 것은, 특이하고 비정상적이며 예측 불가능한 경로를 취하는 시점이다. 즉, 역사가가 찾으려는 것은 상전이며, 평형의 양태를 띤 구두점이며, 또한 일반 원인을 반영하지만 그것만으로는 예측 불가능한 특이 원인이다.[23] 《시학(詩學)》에 나타난 아리스토텔레스의 정의를 빌리면, 이런 순간은 "사태가 기대했던 것과 반대 방향으로 변화하는 때이지만, 이런 변화는 상호간에 얽힌 인과관계 속에서 일어난다."[24] 그렇더라도 사건 발생 이전의 원래 기대가 무엇이었는지 알 수 있는 방도는 없을까?

이 물음에 대한 해답이, 인과관계의 세 번째 구분 방식에 해당하는 **반사실적 사유**이다. 블로크의 주장에 의하면, "역사가는 가장 피하기 쉬웠음직한 선행 사건을 찾아야 한다." 그는 뒤이어 이렇게 설명한다. "이런 작업은 의식의 대담한 실행을 통해 이루어진다. 이 실행으로 역사가의 의식은 사건 전야로 이동하여 해당 사건의 발생 가능성을 저울질한다." 블로크가 말하는 바, 현재 시점을 과거의 어느 순간에다 맞춰놓으면, 사건 발생 시점은 '지나간 시대에서 바라보는 미래'[25]가 되는 것이다.

블로크는 이 말 속에서 물리학이 실험실에서 행하는 실험을 역사학에 대응시키고 있는 것 같다. 화학자나 물리학자가 시험관이나 원심분리기, 또는 안개 상자 등으로 하는 것과 비슷한 절차를 역사가는 상상으로 밟아나간다. 역사가는 과거를 재음미하면서, 그리고 조건을 바꿔가면서 어떤 조건이 달라졌을 때 다른 결과가 나올 수 있는지를 알려고 한다. 이런 절차가 반사실적 사유를 통해 이루어지는 것이다.

여기서 주의할 점은, 5장에서 말한 바대로 실험실 안에서 이루어지는 과학과 실험실 밖에서 이루어지는 과학의 차이다. 다시 얘기하지만, 역사가는 결코 역사를 실제로 재현해낼 수 없다. 천문학, 지질학, 고생물학, 진화생물학 등이 시간을 재현할 수 없는 것과 같은 이치다. 하지만 이들 실험실 밖에서 이루어지는 과학은 그에 상응하는 실험을 주로 의식 속에서 행한다고 주장한 바 있다. 즉, 상상의 공간이 곧 실험실인 것이다. 블로크가 주장했던 것은 역사학도 마찬가지라는 것이다. 여기서 반사실적 사유가 도입된다. 니알 퍼거슨(Niall Ferguson)의 말을 빌리면, 반사실적 사유란 자연과학이 행하는 실험실에서의 실험을 역사학에 시뮬레이션이라는 형태로 대응시킨 것이라 할 수 있다.[26]

E. H. 카가 살아 있었다면 이것을 달갑게 여기지 않았을지도 모른다. 그는 절대적 필연이란 있을 수 없다는 것을 인정하면서도 다음과 같은 물음을 던지고 있다. "역사가의 인과의 순서가, 우리가 적절치 않다고 생각하는 다른 인과의 순서 때문에 무너지거나 왜곡된다면, 어떻게 일관된 인과의 순서를 찾아낼 수 있으며, 역사의 의미를 찾을 수 있단 말인가?" 그에 따르면 반사실적 사유는, 역사가 바뀌었으면 좋았을 것이라 생각하는 세력, 말하자면 볼셰비키혁명을 반대했던 세력의 희망 사항 같은 것에 불과하다.[27]

그러나 이 말은 카가 역사의 인과관계에 있어서 일반적 문제와 특수한 원인을 혼동한 또 다른 예다. 그의 말대로 역사의 '의미'라는 것이 일관된 인과의 순서를 세워야 가능하고, 동시에 절대적 필연이란 있을 수 없다고 치자. 그렇다면 가정적 경로를 고려하여 왜 그 경로를 취하지 않았는지를 설명하는 것이 아니라 다른 방식으로 통일성이 나타나는 양태를 보겠다는 이야기인데, 그것은 대단히 어려운 일이다. 따라서 카의 말은 모순적이다. 역사는 예정된 것이거나 그렇지 않은 것 중 하나일 텐데, 만일 예정되어 있지 않은 것이라면, 역사의 일부분은 분명히 다른 양상으로 진행될 수도 있었을 것이다.

분명한 것은, 반사실적 사유를 하는 데는 원칙이 있어야 한다. 화학실험에서 중요한 화합물을 알아내려 할 때, 부글부글 끓어오르는 냄비에다 도롱뇽 눈, 개구리 발가락 등 손에 잡히는 것을 모두 집어넣고 무슨 일이 일어날지를 관찰하지는 않는다. 대신 다른 조건은 똑같이 유지하면서 단계적으로 한 가지 변수만 바꾸어 그 효과를 관찰한다. 역사학의 반사실적 사유도 이와 아주 비슷하다.[28]

다시 일본의 진주만 공격으로 돌아가보자. 일본이 프랑스령이던 인도차이나를 접수한 후에도 미국이 대일석유금수조치를 내리지 않았더라면 어떻게 되었을까 하는 것은 더할 나위 없이 적절한 질문이다. 그러나 다음의 질문은 적절치 않다. 루즈벨트 행정부가 다른 전략과 정책 결정을 연계시켜 자유프랑스군을 인도차이나에 진주시키고, 필리핀에 미군을 집중 배치하며, 소련과 독일의 전쟁을 중재하여 스탈린으로 하여금 병력을 동쪽으로 빼돌려 일본에 위협을 가했다면 어땠을까 하는 것 말이다. 다시 말해, 그 당시 미국이 미리 취할 수 있는 수단을 모두 동원해보는 것은, 모든 일이 가능하지만 동시에 어떤 특정한 결과를 얻는 것은 불가능한 마녀의 마법의 약 조제와 같은 역사학이 되는 것이다.

또한 한 가지 변수를 바꿀 때, 시대적으로 일어날 수 없는 가정을 하는 것도 적절치 않다. 예를 들어, 1941년에 원자폭탄이나 첩보위성이 있었다면 결과가 어떻게 달라졌을지 숙고하는 것은 유용한 작업이 되지 못한다. 당시 그런 기술이 개발되지 않았기 때문이다.[29] 일본인이 갑자기 모두 성공회(영국국교회) 신자가 되었다든지, 루즈벨트 행정부의 수뇌부가 갑자기 가라

오케를 좋아하게 되었다든지 하는 가정도 마찬가지로 쓸모가 없다. 그런 생각은 저질 공상과학소설에나 쓸모가 있는 것이다. 뭐, 아주 가끔은 괜찮은 공상과학소설에서도 눈에 띄긴 한다.[30] 어쨌든 이런 종류의 가정은 실현 가능성이 없으므로 역사학이 될 수 없다. 당시의 정책결정자들이 선택 가능한 사항이 아니기 때문이다.[31]

위에서 본 바와 같이 반사실적 사유는 매우 엄격한 훈련이 필요하다. 여러 가지 반사실적 가정을 한꺼번에 냄비 속에 넣으면 안 된다. 그래봤자 어느 한 가지 효과도 낼 수 없는 상황이 된다. 또한 단일변수를 잡을 때 시대에 상응하는 기술과 문화의 영역을 벗어나서는 안 된다. 이런 단서 조항만 제대로 지킨다면, 반사실적 사유는 인과의 순서를 만드는 데 유용하다. 아주 훌륭한 예로, **만일** 미국의 석유금수조치가 없었다면 일본이 진주만을 공격하지 않았을 것이라든지, 또는 일본이 프랑스령 인도차이나를 침략하지 않았다면 미국이 석유금수조치를 취하지 않았을 것이라든지 하는 주장이 역사가가 취할 정당한 태도이다.

그러므로 역사가는 인과관계를 만들 때 반사실적 사유를 늘 곁에 두고 이용한다. 근인, 중간 원인, 원인을 구분하거나, 특이 원인을 일반 원인과 구분하는 것만큼 즐겨 사용한다. 하지만 아직도 꺼림칙한 물음이 남아 있다. 역사가가 역사적 사건의 인과관계를 확고히 구성했다고 말할 수 있을 때가 언제인가 하는 물음이다.

물론 정답은 "그런 시기는 존재하지 않는다"이다.[32] 역사적 문헌이 완벽하게 남아 있는 것도 아니고, 일단 모든 사건이 다 문헌에 기록되는 것도 아니며, 문헌기록자의 기억력도 그 신빙성이 의심스럽기 때문이다. 기억력을 신뢰할 만하다고 해도, 그가 모든 관점을 커버하여 사건의 전부를 목격했을 리는 만무하다. 따라서 후세 역사가는 실제 발생한 전체 스토리를 얻을 수 없다. 이를테면, 워털루 전투가 있던 날 나폴레옹이 입은 속옷 때문에 몹시 가려움증을 느껴서 이 위대한 인물이 전투에 집중할 수 없었을지도 모르는 일이다. 하지만 이런 종류의 것은 문헌에 남지 않기 때문에 후세의 역사가는 알기가 쉽지 않다. 나폴레옹이 그것을 말하기가 너무 창피해서 그의 당번병에게조차 안 알렸을지도 모른다.

그러나 반사실적으로 추리해서 나폴레옹이 그의 당번병에게 너무 가려워서 패배했다고 말했고 당번병이 이것을 일지에 기록했다고 치자. 아무리 잘 알려진, 그리고 이론의 여지가 없는 역사적 사건이라 할지라도, 새로운 증거가 발견될 경우 그 원인에 대한 역사적 재평가가 뒤따를 가능성은 언제든 열려 있다. 더불어 현대의 새로운 시각이 역사가의 인식을 바꿀 가능성도 있다.[33] 그러니까, 그 불쾌한 의복의 옷자락이라도 남아 있다면, 현미경 분석으로 고약한 벼룩의 흔적을 찾아낼 수도 있다. 다시 말해, 과거에서 새로운 답이 나오지 않는다 하더라도, 현대의 변화된 시각을 바탕으로 과거를 향해 새로운 질문을 던질 수 있으며, 이 때문에 과거가 무척 다르게 보일 수 있다. 레프 톨스토이는《전쟁과 평화》의 끝에 다음의 불만을 털어놓고 있다. "인류의 행복에 대한 생각은, 해가 바뀌거나 글쓴이가 바뀔 때마다 달라진다. 언제는 좋다고 했다가 또 십 년 후에는 나쁘다고 했다가……. 그와 아주 동일하게, 역사 속에서도〔우리 인간은〕선과 악에 관한 매우 대립적인 견해들을 찾아볼 수 있다."[34]

하지만 그렇다고 역사의 인과관계를 결정할 토대가 전무하다는 말은 아니다. 다만 역사가가 가진 토대라는 것은 잠정적일 뿐이다. R. G. 콜링우드는 이렇게 주장하고 있다.

역사란 세대가 바뀔 때마다 그 나름대로 다시 써야 하는 것이다. 신세대 역사가는 오래된 문제에 새로운 해답을 내는 데 만족하지 말고 문제 자체를 바꿔야 한다. 역사적 문제의식이란 답보할 수 없는 강물과 같아서, 설혹 일정 기간 단일 주제를 연구하는 동일한 역사가라 할지라도, 오래된 문제를 다시 끄집어내면 그 문제가 예전과 다름을 깨닫는다.[35]

그러나 이와 같이 역사가의 토대가 잠정적이라고 해서 특이한 것은 아니다. '순수'과학 중 가장 엄격한 과학 분야조차 그 토대가 잠정적인 경우가 눈에 띄기 때문이다. 존 지만이 쓴 글에 의하면, 현대과학은 **진화적**이다. 현대과학은 "지식을 습득하는 유기체의 끊임없는 계보의 상속자로서, 지구 생물의 기원에까지 손을 뻗치고 있다. ……그것은 전체로서의 관례가 시간이 지나면 필연코 변하고 만다는 점을 인정하고 있다."[36]

조이스 애플비(Joyce Appleby)와 린 헌트(Lynn Hunt), 마거릿 제이콥(Margaret Jacob)도 이런 말을 했다. "과학은 역사적으로, 그리고 사회적으로 그 방법적 틀이 변화하지만 여전히 유효하다."[37] 그러므로 역사가는 최선을 다할 뿐이며, 다른 분야와 마찬가지로 역사 연구의 결과물도 언제나 수정될 수밖에 없는 것이다.

위와 같은 조건하에서 역사가의 결과물을 평가하는 기준은, **묘사가 설명하려는 사실과 얼마나 들어맞느냐**는 것이다. 3장에서 나는 '맞춤'이라는 개념을 논의했으며, 지도 제작, 고생물학, 좀더 일상적으로는 의복 재단의 분야에까지 그 유추적 적용을 예시한 바 있다. 이미 주장한 바와 같이, 예시한 어느 분야에서도 사실의 완벽한 묘사를 기대하지 않는다. 왜냐하면, 사실과 묘사 간 일대일 대응이 만들어내는 것은, 결국 호르헤 루이스 보르헤스가 말한 무용지물의 일대일 지도요, 스티븐 스필버그 혼자 좋아할 탐욕스러운 벨로시랩터요, 의복 재단에 비유하자면 알몸 그 자체에 불과하기 때문이다.[38] 뿐만 아니라 현실적으로 묘사라는 것은 그 목적에 따라 다르게 나타나는 것이다. 세계지도는 읍내에서 길 찾는 데 쓸모가 없으니, 이는 대학박물관에 전시된 공룡 모형이 유치원 수업에 적합지 않은 것과 같은 이치다. 맞춤옷을 가지고도 비유할 수 있지만, 독자들에게 숙제로 남겨두겠다. 나의 요지는 묘사와 사실 사이에는 어떤 경계가 존재한다는 것이며, 이 점을 언제나 존중해야 한다는 것이다.

이야기는 대다수 역사가가 사용하는 묘사 형식이다.[39] 이미 말한 바와 같이 이야기는 과거 속에서 스며나오는 것들을 **시뮬레이션**해보는 것이다. 이야기란 의식 속에 있는 가상의 실험실에서 조립한 것으로 역사가가 설명하려는 온갖 구조 안으로 수렴되는 역사적 과정을 재구성하는 것이다. 이야기의 목적은 달라도 방법은 다르지 않다. 모든 이야기의 방법은 "이 사건이 어떻게 일어날 수 있었는가?" 하는 역사가의 자문으로 시작해서, 묘사와 사실 사이의 가장 가까운 맞춤을 찾아내는 역사가의 자답으로 이어지기 때문이다.[40] 그러나 그 과정에 몇 가지 추가적인 방법적 절차가 필요하다.

첫째, **원인이 아니라 결과의 간결성을 선호해야 한다.** 즉, 우리가 찾아내는 원인들은 반드시 특정한 결과 안으로 수렴되어야 한다는 뜻이다. 다시 진주만의 예로 돌아가보자. 이를 논리적으로 설명하려면, 〔먼저 진주만 공격이라는 결과 자체는 엄격하게 고정해놓고〕 일본의 군국주의, 석유 의존도, 고도의 과학기술 등이 미국의 태평양 방면 방위의 취약성, 일본에 대한 경제보복의 가중, 외교적 타협의 실패 등과 어떻게 결합해 진주만 공격이라는 결과를 낳았는지를 보여야 하는 것이다. 반면, 아주 비논리적인 설명의 예를 들면, 〔반대로 진주만 공격 자체를 하나의 원인으로 엄격히 고정해놓고〕 진주만 공격이 이후 전쟁의 과정과 결과, 나아가 전후의 미일관계를 결정지었다고 결론짓는 따위의 것이다. 역사가는 결과의 간결성을 추구한다는 점에서 원인을 적시(摘示)하는 데 간결성을 중시하는 사회과학자와 구별된다. 사회과학자는 '과잉결정된(overdeter-mined)' 사건, 즉 다수의 원인을 갖는 사건은 설명하기에 부적합하다고 본다.[41] 그러나 사회과학자가 이렇게 보는 내막은 그들의 목표가 과거를 설명하는 것을 넘어 미래를 예측하는 데 있기 때문이다. 그래서 사회과학자에게는 원인의 과잉단순화가 필수 사항이 되는 것이다. 그러나 역사가는 다르다. 역사가에게는 다중 인과관계만이 타당한 설명 도구가 되며, 그렇게 설명하려고 노력하는 것만이 역사가가 유일하게 타당하다고 생각하는 것이다.

둘째, **일반화를 이야기의 하위에 두는 것이다.** 시뮬레이션은 어떤 단일 시스템이 아니다. 시뮬레이션은 과거에 일어난 일의 묘사일 뿐 앞으로 일어날 일에 대해서는 별로 말해주는 것이 없다. 이것이 역사가가 나폴레옹의 벼룩까지 또는 그것을 넘어서는 수준까지 자세하고 구체적으로 수식하고 묘사하는 이유이다. 그렇다고 역사가가 일반화 작업을 하지 않는다는 뜻은 아니다. 일반화는 늘 사용하고 있다. 그러나 역사가는 일반화를 이야기 속에 포용하지, 이야기를 일반화 속에 포용하지는 않는다. 어떤 인과 사슬이든 그것을 묶고 있는 연결 고리의 개수는 무한대이다. 예를 들어, 벼룩들이 제각각 어디서 왔고, 어떻게 황제의 속옷에 달라붙었으며, 또 어떻게 옥체를 괴롭혔는지? 일본 전투기 조종사들이 제각각 어떻게 나는 법을 배웠는지, 각각의 비행기 엔진이 어떻게 작동했는지, 중대한 날(진주만 공격의 날-옮긴이)에 그들(일본 해군 조종사들-옮긴이)은 어떤 속옷을 입고 있었는지? 이 중에는 알 수 없는 범주에 드는 것도 있고, 알 필요가 없는 범주에 드는 것도 있다. 그런데 다행히 이 두 범주는 상당 부분 겹친다. 역사가가 사용하는 작은 수준의 일반화(micro-generalization)라는 것은 증거들의 이런 간극을 메워 이야기를 진행하는 데 그 목적이 있다. 말하자면, 작은 수준의 일반화는 사실을 묘사하는 데 쓰이는 것이다. 역사가는 거대한 수준의 일반화(macro-generalization)에 거부감을 느낀다. 거대한 수준의 일반화는 원인을 과잉단순화하여 이야기를 파괴하고, 묘사를 사실에서 분리해버리기 때문이다. 5장에서 쓴 말로 표현하자면, 역사가는 **특정한 일반화**를 사용하는 것이지, **일반화된 특정화**를 사용하는 것이 아니다.

셋째, **시간 초월적 논리(timeless logic)와 시간 속박적 논리(time-bound logic)의 구분이다.** 역사학에서는 지극히 상식에 속하는 것들은 별도의 연구가 필요 없다. 전문적인 역사가가 아니더라도 원인이 결과를 선행해야 한다든지, 상관관계가 반드시 인과관계일 필요가 없다는 것 정도는 이해할 수 있다. 이런 것들은 적어도 우리가 사는 우주에 대한 보편타당한 명제다.[42] 연구가 필요한 부분은 시간과 공간과 문화적인 면에서의 거리 때문에 상식처럼 보이지 않는 상식이다. 블로크에 따르면, 역사는 "한때 상식이었으나 이제 더 이상 그것을 공유하지 않는 우리에게 괴이하게 느껴지는 의식 상태"들로 가득 차 있다. 우리가 늘 경계해야 할 것은, "우리가 사는 짧은 순간에 얻은 관찰 결과를 영원한 것으로 격상시키는 것이다."[43] 현재형과 과거형의 차이를 분류하는 일은 단순히 시제를 바꾸는 것 이상의 의미를 갖는다. 이 작업이야말로 묘사를 사실에 더욱 가깝게 맞추기 위한 중요한 작업인 것이다.

넷째, **귀납과 연역의 통합적 사용이다.** 역사가는 소설가가 아니기 때문에 자신의 이야기를 현존하는 증거와 가능한 밀착하여 동여매야 한다. 이것이 일종의 귀납적 과정이다. 그러나 이야기의 목적을 염두에 두고 증거를 찾아 나서기 전에는 증거의 적절성 여부를 알 길이 없다. 이것은 일종의 연역적 계산이 되는 것이다. 이렇게 이야기를 지어내고 나면 부족한 부분을 알 수 있고 그때 다시 귀납을 쓴다. 그러나 새로운 증거 역시 수정된 이야기 안에 들어맞아야 하므로 다시 연역을 쓴다. 이와 같은 식을 되풀이하여, 앞서 인용한 바 있는 윌리엄 맥닐의 말대로, 마침내 "괜찮다고 느껴지면, 그제야 탈고하여 출판사에 원고를 우송한다."[44] 인과관계 구성을 추구하는 역사가에게 귀납과 연역의 구분이 별 의미를 갖지 못하는 이유가 여기에 있다. 따라서 귀납과 연역 과정을 포괄하는 '맞추다'는 동사가 훨씬 적확한 용어이다. 누가 입을 것인지, 무엇을 입힐 것인지, 그렇게 왔다갔다 반복하여, 마침내 최적의 맞춤옷을 얻어내는 것, 이것은 재단사만의 업무가 아닌 것이다.

마지막으로, **복제(replicability)에 관한 것이다.** 이야기, 시뮬레이션, 또는 묘사가 과연 사실과 밀착되었는지 사용자의 공감을 얻어야 한다. 온갖 세세한 것에 대한 공감을 말하는 것이 아니다. 증거가 모호한 부분은 역사가들 사이에 의견일치가 이루어지지 않을 수도 있다. 이것은 마치 공룡 모형의 가죽 색깔이나 깃털의 유무에 대해 고생물학자들 사이에 의견일치가 이루어지지 않는 것과 같다. 그러나 증거가 모호하지 않으면서도 결과가 복제 불가능한 경우—즉 문헌이 뒷받침해주지 않을 경우나 논리에 결함이 있는 경우—에는 공감을 얻을 수 없다.[45] 역사든 과학이든 심지어 법에서도 공감에 이르는 절대적 기준은 존재하지 않는다. 그렇지만 그에 근접하는 기준은 존재한다. 그런 근접한 기준은 과거의 선례에서 온 것이다. 이런 선례는 묘사를 사실에 적용하려는 반복적인 노력과 그 노력으로 얻은 합의를 통해, 즉 근사(近似)적 맞춤을 얻는 관건이 무엇인지에 대한 합의를 통해 이루어진다.[46]

6

인과관계와 우연성이라는 어려운 문제에 대해 한 가지만 더 짚고 논의를 끝내고자 한다. 방법적 똘레랑스를 위한 변명이라고나 할까. 나는 언젠가 모 주요 국제관계저널에 논문을 한 편 내려다가 거절당한 적이 있다. 이유는 패러다임 다원주의에 탐닉해 있다는 것이었다. 심사위원에게서 온 통보에 이렇게 씌어 있었다. "게재할 수 없습니다. 논문에는 주제당 한 패러다임만 있어야 합니다."

오랜 시간 숙고한 끝에 당시 논문 심사가 근시안적이었다고 결론지은 것은 놀랄 일이 아니다. 그 결론의 근거로서, 윌리엄 웨웰이 한 세기 반 전에 주장한 것을 인용해보겠다. "멀리 떨어져 있고 서로 무관한 곳에서부터 제각각 출현한 여러 규칙이 동일한 지점을 향해 [도약적으로] 튀어오르는" 상황이 생기는 것은, 오로지 **"바로 그 지점**에 진리가 있기 때문이다."[47] 19세기는 확정성을 무척 신뢰하던 시대였으므로 **오로지**라는 말이나 어쩌면 **진리**라는 말조차 어패가 있어 보인다. 그러나 웨웰의 의도를 이해하고 있다면, 즉 다원적 패러다임의 수렴을 통해 묘사와 사실을 근사적으로 맞춰줄 방법론을 얻는다는 의도를 알고 있다면, 다시 말해 '동일한 지점으로의 도약'이 내가 말하는 '끼워 맞추기'의 유추라고 인정한다면, 그때 비로소 이 주장의 맥락을 볼 수 있게 된다. 스티븐 제이 굴드와 에드워드 O. 윌슨 같은 과학자가 웨웰을 재발견했다는 사실은 흥미롭다.[48] 하지만 역사가라고 웨웰을 재발견하지 말라는 법이 있는가?

이 말을 하는 이유는 역사학이 사회과학보다 자연과학에 근접해지는 관점이기 때문이다. 역사가는 지식을 구성해 나가는 다양한 방법을 향해 열려 있으며, 또한 열려 있어야 한다. 거대한 수준의 일반화 대신 작은 수준의 일반화를 신뢰한다는 사실 때문에, 역사가에게는 넓은 범위의 방법적 스펙트럼을 채용할 길이 열려 있는 것이다. 역사가는 한 가지 이야기를 하는 동안에도 랑케(Leopold von Ranke : 19세기 독일의 대표적인 역사가. 사실을 있는 그대로 밝히는 것이 역사라는 실증주의적 입장을 대변했다—옮긴이)가 되었다가, 때로 마르크스, 프로이트, 베버도 되고, 심지어 포스트모더니스트 등 무엇이든 될 수 있다. 묘사의 양식이 우리가 설명하려는 사실과 더욱 잘 들어맞는 한 무엇이든 될 수 있다는 뜻이다. 역사가는 얼마든지 묘사하며, 기억을 불러일으키고, 수량화하고, 수식하고, 추상적인 것을 구체화할 수 있다. 이런 기술을 통해 우리가 얻고자 하는 '맞춤'을 개선해 나갈 수 있으면 되는 것이다. 한마디로, 효과가 있는 것은 무엇이든 써봐야 한다.

물론, 이런 방식은 실용적이며, 일관성이 없고, 때로 혼잡스럽기도 하다. 그러나 이 방식이 훌륭한 과학이라고 믿는다. 우리가 무엇을 배울 수 있느냐가 지식 습득의 방법적 순수성보다 늘 더 중요한 위치를 차지해야 하기 때문이다.

마음을 소유한 분자

역사학의 방법론이 사회과학의 방법론보다 적어도 몇몇 자연과학의 방법론에 더 가깝다는 나의 주장에 분명히 이의 제기가 있을 수 있다. 그것은 이른바 '순수'과학은 자기 성찰과 피드백(feedback)을 할 수 있고, 정보를 교환하는 실체인 **인간**을 다루지 않는다는 것이다.

이런 반대 의견이 문제 삼는 것은, 고릴라나 기린이 가진 의식도 아니고, 게르빌루스 쥐의 의식도 아니며, 제라늄의 의식은 더더욱 아니다. 물론 침팬지가 계산을 하고 회색앵무새가 생각한다는 입증되지 않은 주장이 있지만, 인간을 제외한 종에서 자기 인식이 관찰되었다는 소리는 들어본 적이 없다. 자기 인식이란, 한 개체로서 자신이 처한 상황을 스스로 인식함으로써 특정하게 반응하며 다른 개체와 의사소통하는 능력을 말한다.[1]

짐승도 환경에 반응하여 행동하지만, 그 반응이 개체별로 많이 다르지는 않다. 짐승의 반응은 무리별로 나타나므로, 대단히 예측 가능한 편에 속한다. 포식자를 만난 물고기, 새, 사슴 무리의 반응은 유사성을 띠며, 집단적이고, 지극히 즉각적이다.[2] 빙 둘러서서 (또는 주위를 빙빙 날거나 헤엄치면서) 문제를 토론하는 일은 없다. 그러나 인간의 행동은 훨씬 복잡하다. 자기 성찰의 능력에 힘입어 유사한 환경에도 개체별로 매우 다르게 반응할 수 있기 때문이다. 즉각적인 합의란 있을 수 없다. 그러므로 인간 행동에 대한 결과 예측은 대부분 불가능하며, 설사 가능하더라도 아주 어려운 일이다.

사회과학이란 이런 인간 행동의 난점을 다루기 위한 학문이지만, 지금까지의 문제 해결 방식은 물고기, 새, 사슴 등의 연구로부터 따온 예측 가능성을 인간에 억지로 끼워 맞추는 식이었다.[3] 요즘 유행하는 방법론으로 합리적 선택 이론이 있다. 합리적 선택 이론은 인간의 집단행동을 일반화하기 위한 방법으로 그 가정은 다음과 같다. 인간은 합리성과 자율성에 입각하여 '효용을 극대화'하는 방향으로 의사를 결정한다. 그런데 '효용'이란 것이 개인, 관습, 국가, 문화에 따라 달라서 그것을 '극대화'하는 방식이 같지 않을 수도 있고, 또는 의사결정자들 간에 의견 교환이 이루어져 한쪽의 방식이 이웃의 방식에 영향을 줄 수도 있을 텐데, 이 복잡성은 합리적 선택 이론가들의 관심을 별로 끌지 못하는 것 같다. 사실, 이 이론가들 사이에서는 '합리성'에 대한 합의된 정의도 찾아볼 수 없다.[4]

결국, 합리적 선택 이론은 독립변수를 향한 또 다른 추구란 말인가? 사회과학 중 가장 환원주의적이라는 경제학에 뿌리를

둔 합리적 선택 이론은 독립변수에 대한 추구를 강하게 시사
하고 있다. 합리적 선택 이론은 모체인 경제학을 닮다 보니 미
래를 예측하려는 노력의 일환으로 복잡성의 가지를 쳐서 단순
한 것으로 만들어버린다. 또한 이 이론은 평형점을 추구하는
경향이 있는데, 그 이유는 예일 대의 정치학자인 도널드 그린
(Donald Green)과 이언 샤피로(Ian Shapiro)의 말 속에서 찾을
수 있다. "만일 평형점을 발견할 수 없다면 법칙성을 띤 명제,
즉 예측적인 결론을 향한 출발점이 되는 명제를 만들 수 없
다."[5] 이것으로 보아, 합리적 선택 이론은 과학적 방법에 대한
가정에서 뉴턴적인 패러다임을 갖고 있다. 20세기 자연과학적
성과에서도 영향을 받지 않은 이 이론이 역사학의 영향을 받
았을 리 만무하다는 것은 놀랄 일이 아니다.

　합리적 선택 이론가들이 특히 간과한 것이 있다. 특정 환경
하에서 한 개인의 행동은 수백만 명의 **합리성 기준**과 그에 따른
행동까지 **바꿀 수** 있다는 것이다. 즉 이 이론을 따를 경우, 석
가 · 예수 · 마호메트, 알렉산더 · 나폴레옹 · 히틀러, 그리고
링컨 · 처칠 · 마거릿 대처와 같은 인물들의 출현을 설명할 방
도가 없다. 즉, 이 이론을 가지고는 대처 여사를 비롯해 앞선
세대가 '위인'이라 칭한 특출한 인물들을 다룰 수 없다. 그래
서 대부분의 경우 역사가는 합리적 선택 이론뿐만 아니라 사
회과학 이론, 때로는 과학의 개념 자체가 설명 도구로 적합하
지 않다고 본다.[6]

　그러나 그것만으로 전기(傳記) 집필이라는 매우 독특한 분야
에서조차 과학의 개념 자체를 부적합한 설명 도구로 단정짓기

에는 이른 감이 있다. 물론, **탐구 대상**을 놓고 본다면, 여기에 분명한 경계선이 있어서 자연과학과 사회과학 및 역사학의 영역을 갈라놓고 있다. 그러니까 후자는 인간을 다루지만, 전자는 인간을 다루지 않는다는 것을 의미한다. 하지만 **탐구 방법**으로 들어가면 이런 경계선은 흐릿해진다. 즉, 카오스와 복잡성이라는 '새로운' 과학은 역사를 닮은 생생한 비유와 의미가 통하는 어휘를 가지고 있어서—사실 대개의 사회과학 어휘들보다 의미가 잘 통한다—이 과학을 통해 최소한 은유적으로라도 인간 행동의 특이성을 설명할 수 있다고 본다. '마음을 소유한 분자'라고 카오스 식으로 직역해놓으면 되는 식이다. 역사가라면 이런 가능성을 타진해보아야 하며, 따라서 역사가인 나는 이 글에서 그것을 가늠해보고자 한다.

1

최근에 본 기발한 영화로 스파이크 존즈(Spike Jonze)의 〈존 말코비치 되기〉가 있다. 영화의 줄거리는, 존 말코비치라는 배우의 뇌 속으로 연결되는 통로를 발견해 그것을 사업으로 키우는 벤처사업가에 대한 허구적 이야기다. 이 사업가와 그의 고객들은 말코비치가 바라보는 무엇이든지 볼 수 있고, 그가 느끼는 무엇이든지 감지할 수 있다. 비평가들은 이 영화를 포스트모더니즘의 패러디로 해석했으나, 나는 전기 쓰기에 대한 조언이라는 인상을 받았다. 내가 전기 집필을 준비중이기 때문인 듯하지만(개디스는 현재 조지 F. 케넌의 공식 전기작가로서 사후 출판을 전제로 그의 전기를 쓰고 있다—옮긴이), 특히 역사 쓰기의 한 장르로서 전기에 필요한 자존과 겸허의 기묘한 조합에 관한 논평인 것 같았다.

전기작가는 타인의 눈으로 세상을 바라봐야 한다. 말하자면, 타인의 마음을 받아들이는 것이다. 이를 위해 전기작가는 자기를 억눌러야 한다. 이것이 이루어지지 않으면, 대상 인물의 생각보다 작가 자신의 생각을 쓰게 되고 만다. 그러나 시간이 지나면 전기작가는 인물로부터 떨어져 자신의 정체성을 되찾아야 한다. 이것이 이루어지지 않을 경우, 해석의 깊이와 비교의 관점이 생기지 않는다. 영화 〈존 말코비치 되기〉로 말하자면, 말코비치 머릿속에 있을 때 느끼던 시간이 소멸될 때 웜홀을 통해 빨려나와 뉴저지 턴파이크(유료 고속도로)의 교외에 떨어지는 것에 해당한다. 전기작가 입장에서는 인물의 몰입으로 인한 유혹에 저항하고, 스스로의 결론에 도달하는 길이기도 하다. 영화에서든 전기작가의 경우든, 정체성을 다시 회복하는 것은 경착륙(硬着陸)이라 할 만큼 쉽지 않은 일이다.

문제는, 영화와 달리 실제 세계에서는 타인의 마음에 들어가 볼 수 없다는 것이다. 과거의 풍경 속에 직접 들어갈 수 없는 것과 같은 이치다. 그 사람이 살아 있어 외과적(外科的)으로는 속을 들여다볼 수 있다 하더라도 마음을 들여다볼 수는 없다.[7] 사실 프로이트의 주장에 따르면, 우리 마음속에는 자기조차 들여다볼 수 없는 부분이 있어서 정신분석이라는 힘든 발굴 작업이 필요하다. 그런데도 전기작가는 어떻게 자기와 관계도 먼, 게다가 오래 전에 타계한 인물의 마음속에서 일어난 일을 안다고 말할 수 있는가? 역사가로서의 전기작가는 어떻게 율리우스 카이사르, 에카테리나 대제, 블라디미르 일리치 레닌, 심지어 존 레논으로 '변신'할 수 있는 것일까?

당연한 이야기지만, 이에 대한 답은 어떻게 역사 쓰기가 가능한지와 적지 않은 관련을 갖고 있다. 과거의 과정으로 인해 현존하는 구조, 즉 문헌, 이미지, 기억 같은 것들이 형성되었다. 그 덕에 역사가는 마음속에서, 그리고는 워드 프로세서를 통해 과거의 일을 재구성할 수 있는 것이다. 전기작가도 묘사를 사실에 끼워 맞춘다는 점에서는 다른 역사가와 같지만 그 방법이 독특하다. 개인의 행적을 단순히 시간 순서로 서술하는 것만으로는 충분하지 않다. 전기작가는 대상 인물이 왜 그런 일을 했는지 설명하고 싶어하는데, 그러려면 그 인물 자신조차 미처 몰랐을 일련의 정신적 과정을 추적해야 한다. 인물의 행동, 의식, 잠재의식 사이의 틈을 메워야 하므로 전기 쓰기는 하나의 대담한 모험이 될 수밖에 없다. 한편으로 이것은 전기작가를 겸허하게 만드는 요인이기도 하다.

한편 전기작가는 고생물학자에 비견할 수도 있다. 전기작가는 가지고 있는 화석을 근거로 될 수 있는 한 풍부하게 살을 재구성하기 때문이다. 그러나 유사성보다 차이점이 더 크다. 가령, 박물관에 전시된 메갈로사우루스의 모형은 하나의 정적(靜的)인 묘사인데, 전기작가는 이것만으로 흡족해 하지 않는다. 전기작가는 뼈에다 살을 붙이는 것은 물론 동작을 불어넣어야 한다. 저속도촬영사진(time-lapse photographies) 같은 것이다. 전기작가가 가진 자료는 여러 장의 스냅사진이라 할 수 있지만, 배열을 이루는 전후관계와 그 사이의 틈을 메워주는 의미

부여는 개별 스냅사진들이 보여주는 것만큼 중요하다. 결국, 전기작가가 하는 일은 삶 전체의 재현이지 어떤 특정 순간의 재현이 아니다.

전기작가와 고생물학자 간의 차이점이 또 있다. 바로 특수성을 기록한다는 점이다. 동물을 재구성하는 것은 보통 그 종 전체를 대표하기 위한 것이다. 이와 달리, 인생을 재구성하는 것은 대개 다른 사람들의 인생이 아니라 그 개인의 인생을 표현하기 위한 것이다.[8] 전기작가가 한 개인의 삶으로 그가 속한 계급이나 부류 전체를 묘사한다고 말하는 경우는 보기 힘들다. 고생물학을 비롯한 '순수'과학의 여러 분야와는 대조적으로 전기작가의 기본 주제, 즉 설명하고자 하는 대상 인물은 특수할 수밖에 없다.

물론 전기작가도 인간의 집단 행동에 대한 사회과학적 결과, 특히 심리학이나 사회학의 결과에서 도움을 얻을 수 있고, 또 그래야 한다. 그것은 고생물학자가 아득한 시대의 지구 환경에 대한 지식에서 많은 도움을 얻는 것과 마찬가지다. 그러나 집단이란 전기 쓰기의 시작점일 뿐이다. 전기 쓰기는 태생적으로 일반화에 저항하며, 실로 일반화를 전복시켜버리기 때문이다. 특출한 인물을 미리 결정된 틀에 끼워 맞추는 것, 예를 들어 에릭 에릭슨(Erik Erikson)이 루터와 간디의 전기를 쓴 후 비난받은 것도 그 때문이다. 그것은 사람들을 유리 상자 속에 들이밀어 채우는 행위다. 이런 시도 속에서 인물이 계급이나 부류를 대표하게 되는 것이다.[9]

그러므로 역사 쓰기라는 더 큰 영역을 닮은 전기 쓰기는 연역적인 동시에 귀납적인 작업이다. 시간과 공간을 따라 확장되는 인간 행동 속에는 패턴이 존재하기 때문에, 전기작가는 다루려는 인물에 대한 필수적인 질문을 찾아낼 수 있다. 이때 연역이 필요하다. 그러나 이 패턴만 가지고는 해답을 결정할 수 없다. 모든 것을 작가가 미리 결정해놓는다면, 문제가 너무 쉬워져 진정 찾고자 하는 해답을 찾을 수 없기 때문이다. 전기에서 특별한 경험의 증거는 우리가 집단적인 경험을 통해 알고 있는 사실을 다스려야 한다. 이때 필요한 방법이 귀납이다.

말코비치 테스트를 통과하는 첫 단계는 일반성과 특수성 간 균형을 잡는 것이며, 그 균형은 역사 쓰기의 다른 분야보다 훨씬 더 정밀해야 한다. 전기 쓰기에서 귀납은 주로 개인이 남겨놓은 현존하는 구조를 기반으로 이루어지기 때문이다. 그리고 연역은 인간의 일반적 경험에 의존하는 것으로, 여기에서 그 개인을 이해하는 데 도움을 얻을 수 있다. 전기 쓰기는 연역과 귀납 두 방법 모두를 요구하되, 유별날 정도로 섬세한 균형감각이 필요하다. 한발 자전거 타기와 조금은 닮았다고나 할까. 시야를 늘 넓게 유지하되, 바퀴가 지면과 맞닿는 특정 지점에 신경을 곤두세워야 하는 것이다.

2

전기의 핵심은 인물의 가장 주관적인 성질, 즉 **성격**(character)이라고 부르는 것이다. 이것을 정의하면, 인물의 행동 속에 나타나는 패턴 중 평생 지속되는 패턴만 골라 모은 집합이라 하겠다. 이것은 개인을 다른 상황들에서도 비슷한 방식으로 행동하게 만드는 요소이다. 인물의 행동 속에 그런 것이 없는 경우, 즉 행동이 양면적이거나 모순으로 가득한 경우에도 전기작가는 모순성의 지속 자체를 하나의 일관성으로 보려 한다.

그런데도 지금까지 전기작가가 인물의 성격을 인식하는 방법에 대한 그다지 좋은 설명이 없었다. 사람들의 인생은 온갖 패턴으로 가득한데, 도대체 그중 무엇이 성격을 구성한다는 것인가? 답하기에 앞서, 잠시 전기작가가 어떻게 일하는지를 살펴보자. 전기작가는 보통 인물의 출생, 유년기, 청소년기 등 미시 수준에서부터 일을 시작한다. 이 시기에 성격이 형성된다고 보기 때문이다. 그 다음에 거시 수준으로 올라가, 전기의 주제가 되는 해당 인물의 성년 이후 행적을 기록한다. 전기 쓰기는 인생과 닮아서 삶의 영역을 확장해가는 경로를 따르며, 노년에 접어들면 다시 축소되는 경로를 따른다. 전기작가는 개성의 요소 중 인생 전체를 통해 유지되는 것 또는 그에 가까운 것을 성격으로 간주한다.

카오스와 복잡계의 이론으로 말한다면 전기작가의 이 활동은 무엇이겠는가? 바로 어떤 규모에서나 나타나는 자기유사성을 향한 추구라 할 것이다. 이때의 규모는 확장되었다 축소되는 개인의 삶의 영역이다. 전기작가는 마치 프랙탈기하학의 전문가처럼 미시적 관찰 수준에서 거시적 관찰 수준으로 올라갔다가 다시 내려오는 과정 전반에 걸쳐 끈질기게 살아남는 패턴을 보려 한다. 플루타르코스는 약 2,000년 전에 이렇게 썼다. "걸출한 위업이 반드시…… 인물의 좋고 나쁨을 드러내주는 것은 아니다. 사실 가끔은 평상적인 행동이라든지 자투리 말이나 농담 하나가, 수천의 희생과 대규모 군대 이동과 도시 전체의 포위를 수반하는 전투보다 인물의 성격을 더욱 잘 드러내주기도 한다."[10]

따라서 전기작가가 유사성을 찾을 때 관찰 틀이 되는 스케일이 꼭 시간 순서를 따를 필요는 없다. 스탈린의 경우를 예로 들어보자. 1929년과 1940년 사이에 일어난 다음의 예는 날짜 순서로 정리한 것이 아니라 테러의 오름차순으로 정리한 것이다. 스탈린이 크렘린 궁에서 기르던 앵무새 이야기부터 시작하겠다. 독재자 스탈린은 파이프를 입에 문 채 생각에 잠겨 오랜 시간 방 안을 왔다갔다하다가 가끔 바닥에 침을 뱉는 습관이 있었다. 하루는 앵무새가 스탈린의 침 뱉는 모습을 흉내내려 하자, 그는 즉시 새장으로 달려가 파이프로 앵무새의 머리를 부숴버렸다. 매우 미시적인 수준의 사건이라 당연히 독자들은 이렇게 되물을 것이다. 그래서 어쨌다는 거냐?

그러나 다음의 이야기를 읽고 나면 알 것이다. 스탈린이 크림 반도에 휴가를 갔을 때, 개가 짖어대는 바람에 잠을 설친 적이 있다. 어느 맹인 농부가 키우던 맹인 안내견이었다. 그 개는 총살되었고, 농부는 굴라크(Gulag : 악명 높은 소련의 강제노동 수용소—옮긴이)에 수용되었다. 다음은 독립적 마인드를 지닌 스탈린의 두 번째 부인이 자신과 대립하자, 스스로 목숨을 끊게 했다. 또 트로츠키(Leon Trotsky : 러시아혁명의 지도자이자 스탈린과 권력 투쟁을 벌인 인물—옮긴이)가 자신과 대립하자, 추방된 뒤 지구 반대편에 살던(암살 당시 트로츠키는 멕시코에 있었다—옮긴이) 그를 암살했다. 뿐만 아니라 트로츠키의 동지들을 닥치는 대로 죽였으며, 트로츠키와 아무 관계 없는 수십만의 목숨도 앗아갔다. 또한 국민이 농업 집단화에 저항하며 자신과 대립하자, 집단화의 산물인 기아, 유배, 투옥 등을 통해 무려 1,400만 명을 죽음으로 몰아넣었다.[11]

스탈린의 예에서도 역시 모든 규모에서의 자기유사성이 존재한다. 다만 이 경우 규모에 대응하는 것이 죽은 생명의 숫자이다. 이것은 테러의 프랙탈기하학이다. 스탈린의 성격이 시간과 공간을 초월해 확장된 것은 자명한 것이지만, 더 놀라운 것은 규모를 초월한 확장이다. 사실 그의 행동은 대소사를 막론하고 거의 동일한 양상을 띠었다. 플루타르코스가 덧붙여 이르기를, "화가는 인물의 얼굴과 눈의 표정으로 인물의 닮은 꼴을 그려낸다. 여기에 인물의 성격이 드러나기 때문이다."[12] 전기작가도 이런 예민함을 갖추어야 한다.

그렇다면, 과연 프랙탈이 전기작가들에게 성격 규정을 위한 과학적 기술(記述) 도구를 마련해줄까? 거기까지 논의할 의향은 없다. 전기작가가 인물의 성격을 측정하는 데 쓰는 '측정 구조'는, 정확성과 재현 가능성에 있어서 과학자의 측정 구조에 미치지 못한다. 즉, 하천의 패턴, 산비탈, 혈관, 컬리플라워 잎자루, 영국 해안선에 대한 척도 등에 견줄 수 없다. 그렇지만 프랙탈은 전기 쓰기에 대해 새로운 것을 시사해준다. 전기작가가 평소 접하기 어려운 것, 다시 말해 시간과 공간만으로 이루어진 익숙한 차원을 넘어선 스케일을 다룰 수 있게 해준다.

어느 면에서 역사가는 오래 전부터 이것을 알고 있었다. '뼈에다 살을 붙이듯' 역사적 인물을 묘사한다고 스스로 이야기하는 것, 이것이 바로 2차원을 뛰어넘는 의미를 갖는다. 그렇다면 그 세 번째 차원이란 정확히 무엇인가? 그것이야말로 단순히 인물의 시공간적 추적을 뛰어넘는, 타인의 마음속으로 들어가 보는 또 다른 차원의 행보이다. 지금까지 전기작가나 전기비평가는 이에 관해 불명확했다. 얼마 전까지만 해도 스스로 뭘 말하려는지 알고는 있지만, 그것을 표현하기 위한 언어가 없었고, 또 시각화할 방법도 없었다. 성격이란 개념은 옛날 물리, 생물, 사회과학 틀에서는 비과학적 개념이었을지 모른다. 그러나 현대과학의 새로운 틀 속에서는 비과학적인 개념이라고 단정할 수 없다.

3

역사 속의 특별한 인물이 역사가의 주목을 받게 되는 최우선 요인은 무엇일까? 그것은 물론 **명성**이다. 명성이란 현존하는 구조로서, 역사가가 그 수렴 경로에 각별한 의의를 부여하는 구조를 말한다. 왕조 창업, 대륙 발견, 종교 창시, 정복 사업, 예술 창작, 한 국가의 전 국민을 말살한 행위 또는 말살하려는 시도 등 이 모든 것이 역사가에게는 의미 있는 과거의 경로이다. 이 경로들의 수렴 결과가 살아남아 현대인의 의식, 즉 믿음, 제도, 기술, 시, 연극, 그림, 소설, 교향곡, 기억, 유령 같은 것을 만들었기 때문이다.

　그러나 중요도의 기준은 변하기 마련이다. 이 기준은 과거를 측정하는, 즉 과거의 지도를 그리는 방식과 깊은 관련을 갖기 때문이다.[13] 히틀러는 이런 중요도 테스트를 늘 충족시키는 케이스의 사례일 것이다. 히틀러 생전에도 명백한 사실이었고, 히틀러가 스스로를 평가함에도 의심의 여지가 없는 것이었다.[14] 그러나 빅토르 클렘페러는 어떠한가? 그는 드레스덴 (Dresden)의 숨은 문헌학자로 수년 전까지만 해도 그 이름을 들어본 사람이 드물었다. 그러나 지금은 그를 논하지 않고는 나치 제3제국의 역사를 써 내려가기가 힘들 정도이다. 클렘페러가 이렇게까지 역사가의 관심을 끌게 된 것은, 일련의 믿어지지 않는 주변 상황 덕분이다. 유대인 신분이었다는 것, 자기가 쓴 일기를 완벽하게 보관했다는 것, 그리고 살아남았다는 것이다.[15]

역사는 동시대인에게는 중요하지 않아 보였지만 후대에 중요하게 된 인물들로 가득 차 있다. 이 인물들이 역사가에게 중요하게 된 것은, 모종의 경로를 통해 어떤 구조가 살아남았기 때문이다. 예를 들어, 왕정복고기의 런던을 다룬 리자 피카드 (Liza Picard)의 역사서에는 찰스 2세보다 사무엘 피프스(Samuel Pepys)에 대한 언급이 훨씬 많다. 클렘페러의 사례에서처럼 여기서도 중요한 역할을 한 것은 바로 피프스의 일기였다.[16] 아마도 매사추세츠 주 앰허스트에서 은둔생활을 하던 한 여인이 19세기 미국 시문학 최고의 별이 되리라고 생각한 사람은 아무도 없었을 것이다. 그러나 에밀리 디킨슨(Emily Dickinson)이 남긴 시들은 그녀를 그렇게 만들었다. 또 다른 예로, 1963년 11월 달라스의 어느 날 아침, 우연히 점심 도시락과 소총을 함께 들고 나선 한 젊은 사회낙오자(존 F. 케네디 대통령을 암살한 리 하비 오스월드—옮긴이)를 들 수 있다. 그가 역사 속에서 지워

지지 않을 위치를 차지하게 된 것은 그의 표적(존 F. 케네디 대통령—옮긴이)은 살아남지 못하고, 그 표적의 깨어진 두개골과 정치적 유산이 남아 구조가 되었기 때문이다.

그런데도 역사가들은 역사적 인물들이 유명해진 이유를 규명하려는 노력을 거의 하지 않는다. 사람들은 대부분 자기의 전기가 쓰일 기회를 전혀 맞지 못한 채 인생을 마감하고 만다. 어떤 상황에서 무슨 일인가가 돌연히 발생하여 그것을 바꿔보려 하지만, 예측 불가능성 때문에 이 과정을 일반화하려는 노력은 수포로 돌아가고 만다. 역사가는 그저 운이라고, 또는 남들보다 불운한 사람들에 대해서는 운명이라고 넘겨버리기 일쑤이다.

하지만 규모를 초월한 자기유사성으로 성격을 더 세련되게 정의한 것처럼 새로운 과학의 개념을 하나 더, 그러니까 초기 조건에 대한 민감성으로 역사적 돌출을 설명하면 어떨까? 그래서 감히 다음의 가설을 세워본다. 역사가가 특정 개인을 대중과 구별하는 민감한 순간이 적어도 하나는 존재한다. 여기서 민감한 순간이란, 경로의 시점에 생긴 작은 변동이 종점에서 큰 차이를 불러일으키는 순간을 말한다.

물론, 이 가설은 여러 원인이 얽혀 상호작용하는 역사적 대사건에는 적용되지 않는다. 제국의 성쇠 같은 문제에 직면하면, 지나친 과잉결정 때문에 초기 조건을 제대로 찾아내기 어려운 반복의 문제가 생긴다. 여러 조건이 시도 때도 없이 발생하는 데다가 되풀이되고, 또 서로 겹쳐 있기 때문이다. 클레오파트라의 코 하나만으로 이집트나 로마의 성쇠가 결정되었다고 보기 어렵다는 말이다.

그렇지만 역사적 인물의 출현을 설명하고자 할 때는 초기 조건에 대한 민감성을 잘 적용할 수 있으리라 본다. 적확한 표현은 아니지만, 역사가는 이 문제를 그 인물이 적시적소에 있었는가 하는 문제로 간주하기도 한다. 클레오파트라도 적시적소에 있었던 것은 분명하다. 그러나 이것만으로는 충분하지 않으며, 이와 더불어 적절한 것을 남겨놓았는가 하는 것도 전기 쓰기의 중요한 선행 요건이 된다. 왜냐하면 평범한 사람의 삶도 비상한 자료가 운 좋게 살아남지 않는 한 그것에 대해 쓰기가 어렵기 때문이다. 그러므로 기록의 생산과 보전은 중요한 과정이다. 그것은 마치 공룡이 습지 속 어딘가에 가라앉아 보전된 덕에, 먼 시대를 살았던 생명체의 일반 상황을 알 수 있게 되는 것과 같다.

그러나 비상한 자료를 남기는 문제를 떠나서 이 사람의 전기를 써줄 만한 가치가 있다고 생각하게 만드는 요인은 무엇일까? 적시적소만으로는 부족하지 않을까? 그렇다면 장애를 극복한 행적일까? 이것도 만족스러운 답이 아니다. 많은 저명 인사들이 탄탄대로를 달렸기 때문이다. 지위나 부를 상속받은 것 역시 만족스러운 답이 아니다. 역사 속에는 지위와 부를 동시에 얻고도 전기가 씌어지는 영예를 얻지 못한 사람이 많기 때문이다. 역사가들이 오랜 세월 동안 걸출함에 대해 씨름했지만 방향이 적절치 못했던 것 같다.

역사가는 명성이 나타나는 상황을 더 짚어볼 필요가 있다. 초기 조건에 대한 민감성을 도입해 생각할 때, 명성이 나타나는 상황이란, 특정 개인의 행위가 중요한 효과를 가질 수 있도록 충분히 과소결정(underdetermination)되어 있는 순간이라고 볼 수 있기 때문이다. 이런 상황은 우리 주변에서 늘 볼 수 있다. 이를테면, 암살 같은 것이다. 암살은 언제든지 일어날 수 있는 사건이다. 히틀러의 목숨을 노렸다 실패한 암살 기도의 경우, 목적을 가지고 시도한 만큼 어느 정도 예측 가능한 것이었다. 이와 대조적으로 케네디의 암살은 뚜렷한 목적이 없었기 때문에 더 충격적인 비극으로 남아 있는 것이다.

하지만 대개 인물이 주목받아 명성이 생기는 상황은 소위 기회의 창(windows of opportunity)의 존재 여부와 연관되어 있다. 산업혁명은 칼 마르크스라는 사람에게 기회의 창을 제공해주었다. 산업혁명이 있었기 때문에 칼 마르크스는 자본주의를 규정하고 비난하는 데 충분한 설득력을 갖고 대중의 지지를 얻을 수 있었던 것이다. 아마 50년 전이나 50년 후에《자본론》을 썼다면 그만한 지지를 얻지 못했을 것이다. 페리클레스나 피트 부자처럼 큰 전쟁을 이끈 지도자들 역시 그들의 집권을 뒷받침한 전쟁이 없었다면 그리 주목받지 못했을지도 모른다〔그리스의 지도자 페리클레스의 경우 펠로폰네소스 전쟁. 영국의 수상이었던 피트 부자의 경우, 대(大)피트는 7년전쟁, 그의 차남이었던 소(小)피트는 나폴레옹전쟁─옮긴이〕. 등극을 열망하면서도 기회가 없어 그저 가능성에 그치고 만 이름 없는 나폴레옹이 얼마나 많았을까? 또 오사마 빈 라덴은 얼마나 많았을까?[17]

이미 언급한 바와 같이, 과학의 초기 조건에 대한 민감성은 거의 틀림없이 상전이의 결과로 나타난다. 상전이란 물질의 성질이 변하는 상황이다. 이것이 우리가 말하는 역사 속 기회의 창인가? 이 과학 언어의 도움을 얻는다면, 과거에 초기 조건의 민감한 순간들이 나타난 이유를 묻는 역사가의 사고를 날카롭게 할 수 있지 않을까? 아마도 가능할 것이다. 그러나 미래에 있을 순간을 결정하라고 하면, 그것은 거의 불가능하다. 과학자도 상전이의 일반적 성질을 정리하여 말할 수는 있어도, 앞으로 일어날 사건의 정확한 경로를 예측해내기는 어렵기 때문이다.[18] 과학자도 단지 과거에 일어난 것을 재현해볼 따름이다. 역사학에서도 이것이 기대할 수 있는 최선이다.

4

그러나 과학자와 달리 전기작가를 비롯한 대부분의 역사가가 피해 갈 수 없는 작업이 있다. 도덕적 심판의 작업이다. '순수' 과학을 하는 사람들이 분자의 도덕성을 논하는 일은 절대 없다. 색, 향, 매혹과 같은 이름으로 분류되는 쿼크(quarks:양성자, 중성자와 같은 소립자를 구성하고 있다고 생각되는 기본적인 입자-옮긴이)조차 선하다든지 악하다는 평가는 받아본 적이 없다. 그러나 내가 아는 역사책치고, 존경과 혐오를 양극으로 하는 도덕의 스펙트럼상에서 인물의 위치가 어디쯤이라는 평가 없이 씌어진 책은 없다. 명시적이든 암시적이든, 또는 의식적이든 잠재적이든 반드시 이런 평가를 거친다. 역사를 도덕의 언어로 사고하는 것은 피할 수 없는 작업이다. 또한 피해 가려 해서도 안 된다.

그것은 다른 피조물과 달리 인간은 도덕적 동물이기 때문이다. 옳은 것과 그른 것에 관한 의식 없이 어떤 사회도 제대로 돌아가지 않는다. 히틀러조차 홀로코스트가 비도덕적이었다는 것을 알고 있었다. 몰랐다면 은폐하려 하지 않았을 것이다.[19] 인간에게서 도덕의식의 작용을 배제하려는 것은 인간의 특성을 부인하는 것과 다름없다. 그러려면 차라리 물고기, 새, 사슴의 역사를 쓰지, 인간의 역사는 쓰지 않는 것이 낫다.

그렇다면 역사가의 물음은 도덕적 심판을 해야 하느냐가 아니라, 도덕적 심판을 어떻게 책임 있게 하느냐가 될 것이다. 그러니까, 역사전문가와 비전문가를 포괄한 독자들에게 우리가 내린 도덕적 심판이 설득력을 갖도록 하는 방법을 찾아야 한다는 뜻이다. 지금은 과거보다 이런 작업이 더 어려워졌다. 나는 개인적으로 그 이유를 포스트모더니스트적 직관의 등장 때문이라고 생각한다. 이 생각을 따르면, 행동을 평가하는 토대 그 자체는 행동의 가공품에 불과하다. 옛날에야 디디고 설 강력한 토대가 있었지만 지금은 더 이상 그런 토대가 없다.[20]

그렇다고 역사 연구의 결과는 어쩔 수 없이 우리가 누구이고 어디에 있었는지를 반영하므로 더 타당한 결과 따위는 있을 수 없다는 주장이 성립하는 것은 아니다. 이를 입증하기 위해 자연과학적 **방법**으로 한 번 더 돌아가보자. 비록 탐구의 **대상**은 확연하게 다르지만 말이다.

지금까지 여러 번 거론한 영국 해안선 문제를 논의의 시작점으로 삼겠다. 루이스 리처드슨과 베노이트 만델브로트가 일깨워준 것은 그 정확한 길이를 알아낼 방법이 없다는 사실이었다. 해답이 척도에 따라 다르기 때문이다. 하지만 아울러 나는 이렇게 주장했다. 포스트모더니스트적 사고로 얻을 수 있는 결론은 가장 바보 같은 결론, 즉 영국이란 섬은 실재하지 않는 다든지, 그래서 초대형 유조선이 그곳을 가로질러 무사히 항해 할 수 있다든지 하는 따위의 것이다. 앞으로 이 초대형 유조선 을 **폴 드 망**(Paul de Man) 호 또는 **자크 데리다**(Jacques Derrida) 호라고 부르기로 하자(폴 드 망과 자크 데리다는 둘 다 난해하기로 유명한 포스트모더니스트 철학자이다—옮긴이).

이 예로 내가 누차 얘기한 요지를 강조하려 한다. 즉, 역사가 는 묘사와 사실에 동등한 지위를 부여해야 한다. 묘사를 부정 하는 것은 눈과 귀로 얻지 못하는 모든 정보를 박탈하는 것이 다. 포스트모더니스트 선박이 지도, 나침반, 컴퓨터, 무선통신 장비, 레이더 없이 항해를 하겠다고 고집하는 것과 같다. 그러 나 사실을 부정하는 것은 묘사를 묘사 대상으로부터 떼어내는 것이다. 장비에 따라 얻는 답이 다르다고 해서 바다에 아무것 도 없다고 믿는 것과 같다. 어느 쪽이든 바위에 부딪히기 십상 이다.

여기에서 말코비치 식 방법이 전기작가에게 절실해진다. 인 물의 마음은 전기작가가 꼭 들어가 보아야 하는 곳으로서, 임 의로 바꿀 수 없는 사실인 것이다. 비유하자면, 어느 배가 항해 하든 항해 장비가 무엇이든 바위와 암초는 엄연히 존재한다. 실재한다는 것은 반박의 여지가 없으며, 전기작가는 좋든 싫 든 인물의 실재를 받아들여야만 한다. 하지만 부정적인 것을 감춘다거나 후광을 덧칠하는 일을 해서는 안 된다.

인물의 실재를 인정하는 것은 감정이입 없이는 불가능하다.

감정이입(empathy)은 감정의 공유(sympathy)와는 다른 것이다. 타인의 마음속으로 들어가기 위해서는 전기작가의 마음이 타인의 생각을 향해 열려 있어야 한다. 즉, 타인의 희망과 두려움, 믿음과 꿈, 옳고 그름의 의식, 세계관과 그들의 위치 등을 향해 열려 있어야 한다. R. G. 콜링우드가 주장한 바, "대상 인물의 체험을 역사가의 마음속에서 되살려내지 않는 한, 역사는 과학적으로 씌어질 수 없다."[21] 물론, 대상 인물의 생각과 작가의 생각은 같을 수 없다. 어떤 것은 전기작가를 매혹시키지만, 또 어떤 것은 경악하게 할 수도 있다. 그래도 전기작가는 그 마음 안에 새겨진 것을 재구성해내야만 한다. 인물의 행동을 이해할 유일한 방법이기 때문이다. 물론 칼리굴라(Caligula: 재위 37~41, 로마의 악명 높은 폭군─옮긴이)의 전기라 해도 그만한 자율은 허락해주어야 한다.[22]

그러고 나서 탈출할 시점이 온다. 〈존 말코비치 되기〉에서처럼 뉴저지 턴파이크에 버려지기를 기다리는 것이 아니라, 스스로 도약하여 빠져나와야 한다. 물론 인물의 마음속에서 체험한 것의 묘사를 가지고 나와야 한다. 이제 전기 속 인물을 마음에 드는 메트릭(metric: 길이를 정의하는 방식. 동일한 집합이라도 구조를 어떻게 부여하느냐에 따라 메트릭이 다를 수 있다─옮긴이)을 써서 자유로이 측정할 수 있다. 간접 체험한 사실을 묘사하고 나면, 완전히 작가의 방식에 따른다. 즉, 이제 전기작가는 나름의 자율에 따르면 되는 것이다. 중요한 것은, 이런 묘사는 감정이입을 통해 작가가 쓰고자 하는 사실과 익숙해진 후에야 **비로소** 가능한 것이다.

역사가치고 이런 작업을 똑같은 방식으로 수행하는 사람은 없기 때문에, 전기 쓰기는 물론이고 역사의 모든 분야에서 객관성의 유일한 기준은 존재하지 않는다. 표트르 대제(Peter the Great : 1672~1725, 재위 1682~1725, 급격한 서유럽화와 근대화를 추진하고, 대대적인 정복 사업을 벌였다. 수도를 상트 페테르부르크로 옮긴 러시아의 황제로서 후대에 큰 영향을 미쳤다—옮긴이)에 대해 역사가들 간에 의견일치를 이루지 못하는 것은, 마치 영국 해안선 길이에 대한 정답이 없는 것과 마찬가지다. 그러나 표트르 대제와 영국 해안이 과거와 현재에 존재한다는 것, 그리고 전자가 한때 후자를 따라 항해했다는 사실은 확실한 의견일치를 보았다. 그렇다면 이렇게 알고 있는 것과 주장할 수 있는 것 사이의 간격은 어떻게 메울 것인가?

생각건대, 이 문제는 결국 묘사를 사실에 '끼워 맞추는' 문제로 귀결된다. 과거 역사에 대한 평가가 역사가가 살고 있는 현재를 반영하는 것은 어쩔 수 없는 일이다. 현재의 관심이 가변적인 만큼, 평가도 반드시 변하기 때문이다. 역사는 과거에 몰랐거나 무시되었던 메트릭을 가지고 끊임없이 재측정된다. 최근의 예를 들자면, 여성, 소수 인종, 담론, 성, 질병, 문화 등의 역할 같은 것이다. 모두 도덕과 관련 있는 것이며, 열거하자면 수없이 많다. 그러나 이런 묘사들이 나타내고자 하는 역사 자체는 변하지 않는다. 부정확하게 측정되는 해안선만큼이나 군건하게 과거 속에 실존한다. 역사가의 묘사가 공허한 환상이 되지 않게 해주는 것이 바로 이 실재성이다.

묘사를 사실에 끼워 맞추는 작업을 통해 근사(近似)한 의견일치를 얻어낼 수 있다. 미적분학에서 곡선을 추적한다는 것은 근접을 의미하는 것이지 정확한 곡선을 얻는다는 뜻은 아니다. 어떻게 근사할 것인가에 관해 역사가들마다 의견이 다를 수 있지만, 이런 차이는 어디까지나 근사 방법의 문제다. 근사 방법을 지도 제작에 쓰는 삼각측량의 역사학적 대응이라고 하자. 19세기 중반, 영국이 인도삼각측량사업에 착수했을 때다. 해안선에서 히말라야에 이르는 두 개 이상의 삼각점을 기준 삼아 조망 속의 각 점을 측량해 나가는 방법을 사용했다. 하나의 모눈을 결정하기 위해 서로 다른 투시도를 함께 사용함으로써 복잡한 실재를 성공적으로 표현해 나갈 수 있었다.[23]

지도 제작상의 측량 방식은 역사가가 과거의 물리적 풍경, 나아가 과거의 도덕적 풍경 속의 한 점을 측량하는 방식과 상당 부분 닮았다. 이에 대해서는 마지막 장에서 더 자세히 논의할 것이다. 물론, 유일하게 '옳은' 메트릭은 존재하지 않는다. 그러나 말코비치 식 방법, 그러니까 인물의 마음속에 들어갔다가 빠져나온 다음 거기서 본 것을 이야기하는 방법적 절차를 통해서, 작가의 관점뿐 아니라 대상 인물의 관점에서 과거를 바라볼 수 있다. 이것이 바로 전기 쓰기가 무엇인지, 나아가 역사 쓰기가 무엇인지를 말해주는 대목이다.

5

하지만 이쯤에서 고백해야 할 것은, 지금 이 글이 이 책에 영감을 준 마르크 블로크와 E. H. 카의 시각에서 꽤 많이 벗어나 헤매고 있다는 점이다. 두 고인 중 어느 누구도 나의 시각, 즉 역사가는 반드시 도덕적 심판을 하게 되어 있다는 시각을 받아 주지 않을 것이기 때문이다. 블로크는 그답지 않게 이 문제에 대해 열변을 토하고 있다.

> 선조들을 정의와 불의로 잘라 나눌 만큼, 우리 자신과 우리 시대에 대한 당찬 믿음을 갖고 있는가? ……그런 식의 판단만큼 가변적인 것은 없다. 규범은 집단의사의 변동과 개인의 변덕에 종속되어 있기 때문이다. 역사는 경험의 기록보다 위인들이 제시한 규범을 선호함으로써, 만학 중 가장 믿지 못할 분야라는 부당한 인상을 심어주게 되었다. 〔섣부른 도덕적 심판을 하다 보니〕 부당한 기소로 인해 공허한 복권이 뒤따른다. 로베스피에르를 지지한 자여! 로베스피에르를 반대한 자여! 〔지금의 역사가를〕 불쌍히 여기사, 당대의 로베스피에르가 어떤 사람이었는지만 말하라.[24]

카 역시 단도직입적이다. 그는 역사 속의 위인을 심판하는 것은 동시대인의 몫이지, 후대의 몫이 아니라고 주장했다. 실로 현대 역사가의 '주된 골칫거리'는 이 유혹에 저항하기 어렵다는 점이라고 카는 생각했다. 또 역사가는 전제정치나 노예제도 등을 욕할 권한을 갖고 있지만, 이런 심판을 개별 노예 주인에게 내리거나, 샤를마뉴나 나폴레옹의 개인적 죄를 탄핵할 권리는 없다는 것이다. 카는 이렇게 시인하고 있다. "스탈린이 그의 두 번째 부인에게 잔인하고 냉담했다고 한다. 그러나 소비에트 역사전문가인 나는 거기에 별 관심이 없다."[25]

두 역사가의 말은, 시대가 그 시대의 도덕을 개인의 삶에 강제한다는 숨은 전제를 암시하고 있다. 그래서 개인이 살던 시대 상황 때문에 개인을 욕한다는 것은 말이 되지 않는다는 것이다. 뭐, 사실 대개의 경우 이 말이 맞을 것이다. 그러나 20세기에 들어와서는 거꾸로 개인의 삶이 그 개인의 도덕을 시대에 강제한, 적어도 세 가지 끔찍한 사례가 있었다. 독일의 히틀러, 소련의 레닌과 스탈린, 중국의 마오쩌둥 등이 한 일이다. 블로크와 카 어느 누구도 이 상황을 어떻게 다루어야 하는지 지침을 주지 않았다.

블로크는 그중 한 희생양이 되고 말았다. 그는 《역사를 위한 변명》을 저술할 때까지만 해도 게슈타포의 손에 처형되리라고는 예상하지 못했을 수도 있다. 그는 이 책을 쓸 당시 몹시 비참했는데도 놀랄 정도로 관용적이다. 그런 사실이 부분적으로 이 책을 호소력 있게 만들지만, 한편 그것은 상황에서의 도피이기도 했다. 이 책에는 나치 독일의 출현이나 그 본질에 대한 설명이 고집스러울 정도로 나타나지 않는다. 블로크 자신의 말대로라면 로베스피에르의 경우처럼, 당시의 역사가로서 히틀러가 어떤 사람이었다는 것만이라도 말해주었어야 하는 것 아닌가? 블로크는 그것조차 하지 않았다.

카가 소련을 심판하기를 꺼린 것은 훨씬 더 혼란스럽다. 그는 스탈린의 죄악에 대한 풍부한 증거를 가지고 있었는데도, 그가 얘기하는 소위 '진보'라는 대가를 위한 실리주의적 계산 속에서 그 증거들을 파묻어버렸기 때문이다. 그는 《역사란 무엇인가》에서 이렇게 쓰고 있다. "역사상 위대한 시대는 예외

없이 영광과 더불어 희생을 수반한다. 일부의 이익이 다른 자들의 고통을 정당화한다는 테제는 모든 정부의 머릿속에 내포되어 있으며, 급진적인 독트린이나 보수적인 독트린이나 마찬가지다."[26] 카는 사적인 기회에 다음과 같이 털어놓았다. "나는 대체로 공포와 잔학 행위, 박해 같은 주제를 피해 다녔다. ……하지만 만일 혁명의 궁극적 의의를 찾기를 원한다면, 그런 것들에 신경을 쏟을 필요가 있겠는가?"[27] 물론 그럴 필요가 없을 것이다. 그러나 만에 하나 공포, 잔학 행위, 박해 같은 것들이 혁명의 궁극적 의의 **그 자체였다**면 어떻게 되는 것인가?

역사라는 것은 모든 사람에게는 물론 역사가의 앞에도 놓여 있는 것이다. 역사가는 도덕적 심판으로부터 홀로 멀찌감치 떨어져 있을 수 있고, 또는 그래야만 한다는 생각은 진실을 부정하는 비현실적인 생각이다. 이것은 관찰을 평가에서 분리하는 것이며, 따라서 역사에는 절대 객관이 있을 수 없다는 자신들의 지적과도 대립되는 것이다.[28] 이런 모순을 해결하기 위한 내 의견은 이렇다. 역사가가 자기 시대의 규범으로 인물을 평가하는 것을 인정하되, 그 평가를 인물이나 인물 당대의 규범과 명시적으로 구별해주는 것이다. 전기 쓰기에 말코비치 식 절차가 필요한 것과 같은 맥락이다. 역사가가 과거를 삼각측량하기 위해서는 두 가지 각도의 시각이 모두 필요한 것이다.

6

이 장이 유별나게 은유의 무게에 짓눌려 비틀거린 것은 아닌지 걱정이다. 존 말코비치, 뉴저지 턴파이크, 클레오파트라의 코, 스탈린의 앵무새, 영국 해안선, 자크 데리다 호, 인도의 대 측량사업, 공룡의 통상적 분류까지 말이다. 서두에 미리 이런 것들을 다루겠다고 말해주었더라면 독자들이 어느 정도의 혼란을 예상했을 텐데 하는 생각도 든다.

그렇지만 은유나 은유가 섞인 것 등에 대한 사과는 하지 않겠다. 내가 볼 때 감정이입이란 과거에 대한 것이든 현재 또는 미래에 대한 것이든 은유가 절대적으로 필요하기 때문이다. 대상 인물의 생각을 향해 열려 있으려면, 다시 말해 감정이입을 하려면, 자연히 비교의 자세를 가져야 한다. 결국 감정이입이란 인물의 생각 중 어떤 부분은 무엇인가를 '닮았다'는 말의 다른 표현에 불과하다. 그것은 (비록 늘 효용 극대화를 하지는 않지만) 자기 성찰적이고 의견과 정보를 교환하는 실체에 내재하는 것이다.

은유가 사고에 유용하다면, 마지막으로 한 번만 더 은유를 쓰기로 하자. 은유가 창문을 열어 신선한 공기를 들어오게 해준다면, 은유에 기대어야 할 이유가 완벽하게 성립되는 것이다. 역사가는 얻을 수 있는 어떤 도움이든 필요한 사람이다.

역사가의 눈으로 보기

나는 제작 시점이 180년간 시차가 있는, 우리에게 등을 돌린 두 개의 이미지로 1장의 처음과 끝을 장식했다. 1818년에 그려진 카스파르 다비드 프리드리히의 〈안개바다 위의 방랑자〉에는 한 젊은이가 저 너머에 있다는 것을 알지만 볼 수 없는 풍경을 곶 위에 서서 관찰하고 있다. 존 매든의 1998년 영화 〈셰익스피어 인 러브〉의 마지막 장면은 〈십이야〉의 첫 장면으로 바이올라 역의 기네스 팰트로가 롱샷으로 잡은 미지의 땅에 도착하여 홀로 육지로 걸어가는 뒷모습이다. 나는 과거를 일종의 풍경이라고 생각한다면, 역사가는 여기에 묘사된 두 인물과 같은 위치에 있다고 얘기했다. 즉, 존재의 중요함과 하찮음, 초연과 개입, 장악과 겸손, 그리고 모험인 동시에 위험하다는 감정이 그런 위치다. 이런 극단 사이에 걸쳐 있는 것이 바로 역사적 인식이 추구하는 바이다.

그 다음 장들은 어떻게 역사가가 이런 상태를 얻는가에 중

점을 두었다. 시간·공간·규모를 다루는 것, 현존하는 구조로부터 과거의 경로를 추출하는 것, 일반화된 특정화, 규칙성과 임의성의 통합, 원인의 구별, 다른 인물/시대의 정신으로 들어가야 하는, 그러나 곧 다시 빠져나오는 의무 등을 통해서 말이다. 이때 나는 M-40 도로에 쏟아진 마마이트를 비롯해 영국 해안선을 가르며 항해하는 포스트모던적인 초대형 유조선에 이르기까지 은유를 마구 사용했다. 그것은 거투르드 스타인이 1938년 미국 상공을 날면서 아래의 풍경이 큐비즘 미술의 선과 모양, 색을 띠는 것을 보고 놀랐을 때 발견한 것과 마찬가지로 친숙한 문제를 친숙하지 않은 방식으로 바라보게 하려는 수단이었다.[1]

이제 상공에서 바라본 또 다른 풍경에 대해 말하려 한다. 바로 나의 예일 대학 동료이기도 한 제임스 C. 스코트(James C. Scott)의 최근 저서, 《국가의 눈으로 보기(Seeing Like a State)》의 표지다. 이 표지는 노스다코타(North Dakoda) 평원을 가로지르는 도로의 모습을 담고 있는데, 이 도로는 마땅한 이유도 없이 90도로 두 번 꺾여 있다. 그러나 사실 이유는 있다. 이 도로는 미국 정부가 19세기에 미국 중서부의 땅을 측량하면서 노스다코타뿐만 아니라 이 지역 전체에 적용했던 6평방마일 모눈 시스템을 그대로 따른 마을 경계인 것이다.

이 도로가 꺾여 있는 것은 북극과 가까워질수록 경도선이 한 지점으로 모아진다는 사실을 잘 반영하고 있다. 경도선과 마찬가지로 경계선은 물론 그 경계선을 따라 건설된 도로 역시 이 사실에 순응해야 한다.[2] 국가의 인가를 받은 도로 건설

: 북극에 가까워질수록 모아지는 경도선에 맞춰 건설한 노스다코타의 도로. Alex S. MacLean 사진, 1994. James Corner and Alex S. MacLean, *Taking Measures across the American Landscape* (New Haven: Yale University Press, 1996), p. 56.

방법인 만큼 90도 이외의 각도로 꺾이는 것은 상상할 수도 없는 일이다. 그 어디에도 지름길은 허용되지 않는다.

그럼 이 풍경과 유럽의 공공장소 중 가장 우아한 곳에 속하는 (그리고 우연히도 옥스퍼드 한가운데에 위치한) 하이 스트리트(High Street)를 비교해보자. 카팩스(Carfex)부터 막달렌 다리(Magdalen Bridge)까지 이어지는 그 길의 큰 곡선은 정부의 디자인에 따른 것도, 건축가의 손을 빌린 것도 아니다. 오히려 '옥스포드(Oxford)'라는 지명에도 나타나듯 소 떼에 의해 만들어진 것이다. 이곳을 가로질러 템스와 아이시스를 가로지르는 개울(ford)과 체르웰의 개울 사이를 오가던 소 떼(oxen)에 의해 만들어진 풍경이다.[3]

스코트는 노스다코타 평원의 풍경을 상징적 의미로 이해한다. 즉, 이 풍경은 지구 표면의 땅덩어리와 그곳에 사는 사람들

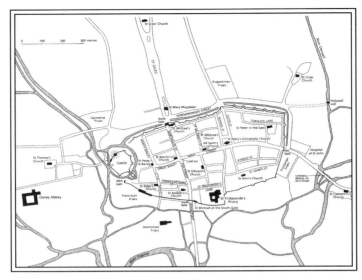

1250년

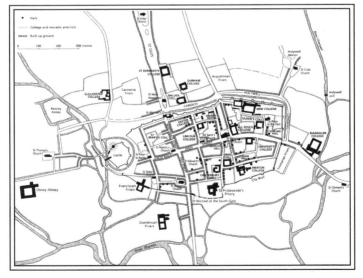

1500년

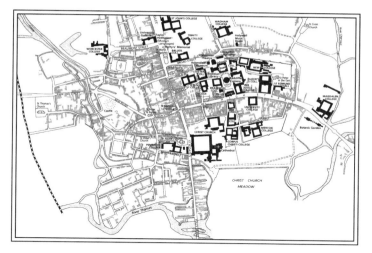

1850년

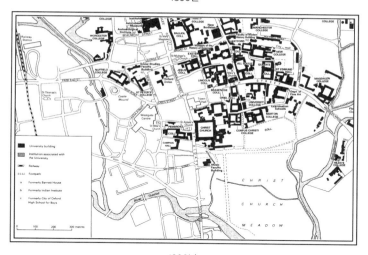

1990년

: 소 떼에 의해 형성된 옥스퍼드. 1250, 1500, 1850, 1990년의 하이 스트리트의 모습.
John Prest, ed., *The Illustrated History of Oxford University* (Oxford: Oxford
University Press, 1993), xvi–xxi.

을 지배하고자 한 국가가 행하는 정책 또는 행위를 상징하는 것이다. 땅과 사회를 **명료하게**, 다시 말해 **측정**과 **조작**이 가능하게 만들어야만 비로소 정부는 권위를 강제하고 유지할 수 있기 때문이다. 스코트에 따르면 "이와 같은 국가에 의한 단순화는 지도의 요약판과도 같다." 이런 단순화는 현존하는 것을 묘사하는 것이 아니라 오히려 "국가 권력과 동맹을 맺을 경우, 〔묘사하는〕 현실의 상당 부분을 다시 만드는 것을 가능하게 한다."[4] 그러나 상당 부분이지 전부는 아니다. 옥스퍼드와 같이 정부가 어쩔 수 없이 현존하는 것에 자신의 권위를 맞출 수밖에 없는 장소도 아직 상당수 남아 있기 때문이다.

국가 주도로 현실을 다시 만든 예는 우리 주위에 널려 있다. 영국의 도로 지도에 있는 다른 어떤 도로보다 직선으로 나 있는 로마식 도로와 정복왕 윌리엄 1세의 《돔즈데이 북(Domesday Book : 윌리엄 1세 때 작성된 토지조사부 — 옮긴이)》 시대부터 내려오는 소유 경계선, 중세 후기에 주민등록번호 역할을 하던 성(姓)의 일상생활화, 또 무게, 길이, 언어, 시간대와 (빠른 시일 내에 이루어지길 바라는) 이동전화의 표준화 등에서 그 증거를 찾아볼 수 있다. 그리고 파리, 워싱턴, 상트 페테르부르크와 같은 도시의 인위적 웅장함과 그와는 달리 수천 개에 달하는 특성 없는 미국 중부의 마을이지만 끝없이 이어지는 90도의 교차로에서도 분명한 디자인(의도)을 목격할 수 있다. 이런 증거는 19세기 후반, 제국들이 아프리카의 아직은 발견되지 않은 광대한 지역에 투영한 일직선의 경계에서도 찾아볼 수 있으며, 또한 스코트가 지적했듯이 20세기의 다양한 현상,

즉 동식물의 생산성과 취약성을 동시에 증가시킨 농업의 단일종 재배부터 얼마간 사람에게서도 그와 비슷한 끔찍한 결과를 낳게 했던 스탈린과 마오쩌둥 같은 이들의 정치·경제적 편집증에 이르는 현상들에서도 찾을 수 있다.

그러나 스코트는 국가가 풍경에 미치는 영향이 모두 부정적인 것만은 아니라고 조심스레 강조한다. 국가 없이는 교육, 의료, 운송, 복지 및 커뮤니케이션 혜택 역시 없을 것이다.[5] 국가가 없다면 우리도 시간 여행 소설의 작가들이 찬미하는 새들이 지저귀고 전염병이 창궐하는 중세 유럽과 별반 다르지 않을 것이다. 그러나 우리가 누리게 된 모든 혜택에는 그 대가가 있었다. 국가가 명료함을 찾는 과정에서 보편적 단일성이 지역적 다양성을 감소시켰다. 보편적 표준은 어떤 원리에 대한 특정 지식을 잠식하는 경향이 있다. 이 책《역사의 풍경》의 초고를 읽었던 사람 중 하나는 2000년 옥스퍼드 지방에 홍수가 났을 때, 물에 흠뻑 젖은 19세기 철도와 20세기 주택들 곁에 멀쩡한 상태로 서 있는 15세기 시골집을 본 경험이 있다고 했다. 이에 그 사람은 "어떤 기억과 경험, 기대와 우연의 조합으로 주택 건축가는 물론 철도 건축가도 놓친 계산을 〔그 시골집을 지은 사람은〕 할 수 있었던 것일까?"[6] 하고 물었다.

결국 우리는 특정 가치를 얻기 위해 다른 가치를 희생해야 하는 하이젠베르크와 같은 딜레마에 또다시 빠지게 된다. 이 경우 우리는 얻고자 하는 것, 예컨대 런던까지의 간편하고 신속한 운송수단인 기차 또는 중앙난방시설이 갖춰진 비교적 저렴한 집을 위해 영구 건조가 보장되는 건축물을 포기해야만

한다. 우리는 매일 낡음과 새로움, 특수성과 보편성, 두드러진 것과 민주적인 것들 사이에서 이와 같은 거래를 반복한다. 우리는 근대성이 우리 삶에 부과한 틀로부터 혜택을 받으면서도 고대로부터 이어져온 변함없는 이치에 놀라고 감명받는다.

그런데 이 모든 것이 역사의 풍경과 무슨 관련이 있을까? 간단히 말하면 이렇다. 과거와 관련한 역사가의 위치는 사실 영토와 사회에 대한 국가의 위치와 유사할지 모르겠다. 역사가 역시 과거의 '지도'를 그리는 과정에서 틀을 놓는 작업을 하며, 현재와 미래에게 과거를 이해시키려는 목적으로 특수성을 억압하고 명료함에 우위를 둔다. 국가의 경우와 마찬가지로 결과는 제약인 동시에 해방이다. 우리는 과거를 자유롭게 하면서 과거를 억압한다.

이렇게 우리는 역사의식이 하나의 성질로 이루어진 것이 아니라 반대되는 성질들 간의 긴장으로 구성됨을 다시 한번 확인했다. 그렇다면 역사 연구는 과연 무엇을 위한 것일까? 마지막 장에서 나는 이 문제를 살펴보려 한다.

1

우선 억압, 그리고 한 특정한 억압자로부터 시작해보자. 이 억압자는 냉전 시대의 젊은 역사가였던 바로 나 자신이다. 나는 묘사한 사건들에 실제로 참여했던 사람 중 상당수가 생존해 있을 때 그들에 대한 역사를 썼다. 그들 대부분은 자신의 업적을 자랑스럽게 여겼으며, 역사가 자신들을 어떻게 평가할지 궁금해 했다. 하지만 이들에게 내 작업은 대체로 실망스러웠다. 내가 그들이 처한 위기를 충분히 이해하고, 또한 그들이 고안한 해결책을 충분히 다루었다고 (그리고 그에 걸맞은 충분한 칭찬을 했다고) 생각한 이는 그들 중 극소수에 지나지 않았다. 그래서 나는 때로 이 노장 정치가들에게 다음과 같은 해명을 해야 했다. 나는 당신들의 기억을 존중하지만, 이를 다른 이들의 기억과 비교하고, 이 모두의 기억을 사료와 저울질해야만 한다고 말이다. 그러면 상대방은 그런 절차의 필요성을 인정하면서도 결국에는 애처롭게 생색을 내며 "자네가 그때 실제로 어땠는지 어떻게 아나? 어쨌든 난 거기 있었지만 자네는 당시 다섯 살이지 않았나?" 하고 물어오는 것이다.

역사가를 끊임없이 괴롭히는 것 중 하나는 우리가 연구하는 사람이 햄릿 왕의 유령처럼 다시 나타나 우리의 작업에 의견을 제시하지 않을까 하는 직업적 악몽이다. 물론 그들의 입장에서는 역사가가 억압자로, 심지어 고문하는 사람이나 사형집행인으로 인식될 가능성이 있다.[7] 역사가의 나이가 몇이든 그들의 눈에는 모두 애송이라는 사실은 상처에 소금을 뿌리는 격이다. 그러나 이미 강조했듯이 역사는 지도와 마찬가지로 사실의 **묘사**일 수밖에 없으므로 이 문제를 피해 가기란 불가능해 보인다. 역사는 사실 그 자체가 아닐뿐더러 역사가의 뛰어난 역량에도 불구하고 그 사실을 직접 겪은 사람에게는 이상하게 비춰질 수밖에 없다. 즉, 사실을 대충 모사하는 데 불과한 것이다.

그러나 시간이 지나면서 묘사는 사실이 **되어버린다.** 이런 묘사는 사건에 대한 동시대인의 일차적 기억과 경쟁하고, 어느 새 그 속에 스며들며, 결국에는 그 기억을 완전히 대치한다. 역사적 지식은 실제로 참여한 사람들이 알고 있던 것을 잠식한다. 국가가 영토를 관리하는 것과 마찬가지로 역사가는 매우 효과적이지만 동시에 억압적으로 과거에게 자신의 존재를 강제한다. 역사가는 과거를 명료하게 만들지만, 그럼으로써 과거를 도망이나 배상, 항소도 불가능한 감옥에 감금한다.

물론, 역사가가 사악한 의도를 갖고 행동하는 것은 아니다. 이것은 사람들이 기억을 관리하는 방식일 뿐이지 음모는 없다. 누구나 한 번쯤은 과거에 대한 자신의 확실한 기억이 과거의 묘사 속에 갇히는 것을 경험한다. 이를테면 일화가 너무나 자주 반복되고 윤색되어 하나의 생명체로 변할 때, 한 순간을 나타내던 사진이 오랜 시간을 이겨내면서 결국 어떤 사람이나 장소, 시간에 대한 우리의 유일한 기억이 되어버릴 때, 또는 과거를 매우 이기적으로 기록한 일기가 곧 과거 자체가 되어버릴 때가 그런 예다.

역사가는 **구성된** 기억을 통해 과거를 통제 가능하게 만든다. 따라서 역사가는 통제 불가능하기 때문에 창피하거나 무서운 기억보다는 구성된 기억을 더 선호한다. 이것은 자연스런 심리적 메커니즘으로서 기억력 관리에 대한 가장 위대한 학자인 지그문트 프로이트에 의해 이미 연구된 바 있다. 역사가가 과거를 접근 가능하게 만드는 방법은 한 개인이 감당할 수 있는 자신의 과거를 만들어내는 것과 크게 다르지 않다. 역사가는 두 경우 모두 많은 것을 의식적으로든 무의식적으로든 억제하며, 동시에 많은 것을 의도적으로 강조하고 선택한다.

　　역사의 창조자이자 기록자의 역할을 효과적으로 병행했던 윈스턴 처칠은 이 점을 잘 이해하고 있었다. 그는 "역사는 내게 친절할 것이다. 내가 역사를 쓸 것이므로"라고 말한 적이 있다〔처칠은 1948년에서 1953년에 걸쳐 6권으로 된 《제2차 세계대전(The Second World War)》을 집필한 것을 비롯해 여러 권의 역사서를 저술했다-옮긴이〕. 그러나 실제로 그가 작성한 수천 장에 달하는 기록에도 불구하고, 그는 인생의 황혼기에 들어서서 자신이 죽은 후에 남을 자신에 대한 묘사가 모두 만족스러운 것만은 아닐 것임을 다시금 깨닫게 되었다. 1954년 그래엄 서덜랜드(Graham Sutherland)가 영국의회의 위탁을 받아 제작한 처칠의 초상화가 제막되었을 때 처칠은 다음과 같이 불만스럽게 투덜거렸다. "현대미술의 대표적 예라 할 수 있겠군." 처칠

: 윈스턴 처칠의 80세 생일 축하 자리. 그 뒤에 그가 싫어했던 초상화가 걸려 있다. (Hulton-Deutsch Collection / CORBIS).

은 이 초상화를 싫어했는데, 이 그림에서 그는 심술궂은 노인이지 히틀러와의 대결에서 승리한 강건한 불독으로서의 처칠이 아니었다. 분명 그는 클레멘타인 처칠(처칠의 부인—옮긴이)이 실제로 곧 취한 행동, 즉 초상화를 불태우는 것을 직접 하고 싶었을 것이다.[8]

얼마나 많은 역사 속 인물들이 자신에 대해 쓴 역사를 보고 비슷한 감정을 느낄지를 생각하면 오싹해진다. 역사 기록은 물론 그것을 쓴 역사가 중 상당수가 처칠의 초상화와 같은 운명을 맞았을지 모른다. 피카소의 모델 중 과연 몇 사람이나 초상화에서 자신의 모습을 알아볼 수 있었을지 생각해보라. 그리고 피카소의 자리에 역사가를, 모델의 자리에 헨리 8세나 시어도어 루즈벨트(Theodore Roosevelt), 니키타 흐루시초프가 있다고 상상해보라. 무엇이 문제인지 알 수 있을 것이다. 그러나 처칠의 해결책은 별로 효과적이지 않았다. 일생 동안 아무리 권력이 많았어도 결국 그 권력은 그의 일생을 묘사할 사람들의 권력에 양보할 수밖에 없기 때문이다. 흐루시초프의 경우, 그가 '개똥'이라고 묘사했던 작품의 화가인 에른스트 네이즈베스트니(Ernst Neizvestny)가 그의 묘비를 디자인했다.[9]

"사실은 경험일 뿐만 아니라 즉각적인 경험이다"고 R. G. 콜링우드는 지적했다. "그러나 사고(思考)는 나누고 구별하며 조정한다. 따라서 사실을 사고하는 이상 우리는 그것의 즉각성을 파괴함으로써 사실을 변형시키므로, 결국 생각으로는 사실을 파악할 수 없다."[10] 이를 달리 표현하자면, 생각으로 사실을 파악할 수 있는 방법은 화가가 이미지를 파악하는 방법, 국

가가 조경을 파악하는 방법, 역사가가 역사를 파악하는 방법
과 같다. 사실의 즉각성을 파괴하고, 사실을 분할하고, 구별짓
고, 조정함으로써, 다시 말해 묘사함으로써 파악하는 방법이
바로 그것이다. 실제 과거를 재구성하는 것은, 접근 가능하지
만 변형된 과거를 구성하는 것이다. 즉 과거를 억압하고, 그 자
발성을 제약하고, 그 자유를 부정하는 것이다.

2

이것이 역사의 어두운 측면이지만 다행히 또 다른 측면이 존
재한다. 과거를 억압하는 역사가는 그와 동시에 과거를 해방
시키는 역할을 한다. 이는 국가가 조경을 관리하기 위해 제약
을 하지만, 그 결과로 우리는 그 안에서 편안한 생활을 할 수
있는 것과 같다고 볼 수 있다. 따라서 국가와 그 하부 구조를
제거하려는 사람은 극단적인 무정부주의자 외에는 없을 것이
다. 역사의 기록도 마찬가지다. 아무런 혜택이 보장되지 않는
다면 역사를 만드는 인물들이 역사의 기록자들(반백의 학장이
든 솜털이 난 대학생이든)에게 그렇게 지대한 관심을 가질 필
요가 없지 않은가.

최초의 구술로 전달되던 서사시부터 가장 최근의 대통령도
서관 자금 마련 캠페인에 이르기까지, 위대한 업적을 남기는
사람들은 언제나 자신의 명성을 세상에 남겨야 한다고 믿어왔
다. 그리고 이를 위해서는 고대 그리스의 모닥불 곁에서 시구
를 외던 눈 먼 시인이든, 가장 현대적이고 연줄이 많으며 수입
이 많은 전기작가든, 늘 기념하는 사람이 필요했다. 이 기념하

는 사람들은 과거를 명료하게 하고 추적 가능하게 만들어 과거를 보존한다. 한편 역사의 창조자들은 이 역사의 기록자들이 자신을 긍정적으로 평가하리라는 영원한 희망을 품는다. 심지어 궁지에 몰린 히틀러조차 역사가 자신의 명예를 회복해줄 것이라고 확신했다.[11]

적어도 한 가지는 히틀러가 맞았다. 역사가는 자신들의 서술 대상을 잊혀질 가능성으로부터 해방시켜주기 때문이다. 대부분은 우리가 죽고 난 뒤에 남을 육체적 흔적의 초라함에 동의할 것이다. 뼈 몇 개와 재 한 줌 정도가 고작이지만, 올리버 크롬웰(Oliver Cromwell : 청교도혁명의 지도자. 무덤이 파헤쳐져 시체가 교수되고, 잘려나간 머리는 1960년에야 다시 매장되었다―옮긴이)처럼 악명이 높은 경우에는 쪼그라든 해골이 남아 케임브리지를 몇 세기 동안 돌아다니다 시드니 서섹스의 정원에 다다라서야 비로소 매장될지도 모른다.[12] 우리는 더 위엄 있는 형태의 기념을 원한다. 예컨대 묘비나 기념비, 자금이 허락한다면 자신의 이름을 붙인 건물이나 교수직, 아니면 적어도 대학 식당 벽에 초상화 하나쯤 걸리기를 바라는 것이다. 물론, 학생들은 벽에 누가 걸려 있는지보다 음식과 다른 학생들에게 더 많은 관심을 보일 테지만 말이다. 위대하지만 삶을 다한 이들을 위해 이렇게 기념하는 이의 기능을 하는 것이 곧 역사가이다. 그럼으로써 이들은 특정한 묘사에 갇히지만 망각으로부터 자유로워진다.[13]

역사가는 대상을 어떤 문맥 안에서 파악하는 만큼, 그들을 둘러쌌던 세상을 구원하는 셈이다. 이 책의 앞 부분에서도 말했듯이, 역사가가 시간·공간·규모를 조작함으로써 잃어버린 세계를 되찾는 능력은 공상과학소설 작가들의 능력을 넘어선다.[14] 역사가는 로마와 같이 유적을 남긴 사회나 그 외 유적을 남기지 않은 다른 여러 농업사회 등 모두를 다룬다. 역사가는 그들이 보여주려 했던 모습과 사실 그대로의 모습을 최대한 구분함으로써 유적을 남긴 사회 스스로 선언한 웅장함으로부터 해방시킨다. 또 저절로 사라졌든 외세에 의해 사라졌든 유적을 남기지 않은 사회를 침묵으로부터 해방시켜준다.[15] 두 경우 모두, 역사가는 거의 프루스트적 의미에서 다른 시대로부터 내려온 것에 생명을 불어넣어줌으로써 일종의 영구성을 보장해준다.

이는 결국 역사가가 연구 대상으로 삼은 사람과 사회도 이 작업을 통해 다른 시대와 장소의 기준으로 본 심판의 횡포에서 해방시켜야 함을 의미한다. 콜링우드에 따르면, 한 사람이 산에 악마가 있다고 믿어 그 산을 넘지 못하고 있을 때, 역사가가 수 세기를 건너뛰어 그에게 " '그것은 미신에 불과하오. 악마 따위는 존재하지 않습니다. 사실을 인정해요'라고 설교하는 것은 어리석은 짓이다."[16] 역사가는 그때 그들보다 더 똑똑하다고 생각한 나머지 시간의 흐름과 지식의 축적을 혼동해서는 안 된다. 지금 우리가 더 많은 정보와 더 좋은 기술 및 커뮤니케이션 방식을 지니고 있을지는 모르지만, 그렇다고 우리가 주어진 카드로 게임을 더 잘 할 수 있는 것은 아니다. 훌륭한 역사가는 과거를 조건 그대로 먼저 받아들인 후에 자신의 조건을 적용한다. 스티븐 제이 굴드가 가장 심각한 역사적 오류라 일컬었던 "우리의 선조들이 당연히 가질 수 없었던 현대의 지식에 비추어 그들을 판단하는 오만"[17]을 역사가는 삼간다.

이는 결국 역사 속의 위대한 것뿐 아니라 눈에 잘 띄지 않는 것까지를 결정론으로부터 해방시킴을 의미한다. 즉, 사건이 일어난 그대로 일어날 수밖에 없었다는 믿음으로부터 자유롭게 함을 의미한다. 대부분의 역사가보다 역사를 잘 이해했던 굴드는 이 점에 있어서 특히 단호하다. "역사의 본질은…… 우연성"이고 "우연성은 그 자체로서 존재하는 것이지 임의에 의한 결정론의 적정(摘定)이 아니다."[18] 역사는 **일어나는 대로** 결정된다. 시간의 흐름을 제외하고 필연적인 것은 아무것도 없다. 당시에는 별 가망이 없어 보일지라도 선택이란 언제나 존재한다. 역사가의 책임은 선택된 길을 설명하는 것은 물론 선택되지 않은 길도 존재했음을 보여주는 것이고, 이것 역시 일종의 해방이라고 생각한다.

마지막으로, 역사가들이 과거에 대한 해석을 놓고 서로 논쟁할 때 그들은 또 다른 차원에서, 즉 일어난 일에 대한 단 한 가지 설명만이 유효하다는 가능성으로부터 과거를 해방시킨다. 책이 출판됨과 동시에 동료 역사가들의 혹독한 비판이 쏟아질 때면 억압 그 이상의 피해자란 느낌을 받기 쉽다. 그러나 과거를 바라보는 대안적 관점에 대한 논쟁을 통해 과거가 숨쉴 공간을 확보해주고 있다는 사실에 위안을 삼아야 할 것이다. 역사가는 역사 만들기—그리고 역사의 서술까지도—가 끝났다고 역사의 의미까지 결정되는 것은 아니라는 것을 보여주고 있다. 이것 역시 해방이다.

이런 과거의 해방이 이루어지지 않을 경우, 역사가는 물론 일반인도 또 다른 종류의 유령에게 괴롭힘을 당할 것이다. 이 유령은 우리를 존경하기는커녕 기억하지도 않는 미래라는 감옥에 갇힌 우리 자신의 괴로운 영혼이다. 이는 현존하는 역사가들이 과거의 귀신들에게 부과하는 감금의 고통과 별반 다를 것이 없다. 그래서 우리는 이 귀신들이 잊혀짐을 두려워하여 차라리 묘사의 감옥에 갇히는 것을 환영할 수도 있다는 점을 인정해야 한다.

3

그러나 역사에 있어서 억압과 해방의 패턴이 역사가의 작업에서 역사 속의 인물에게로 바로 전이되는 것은 아니다. 현재와 미래에 대한 과거의 영향력은 실로 엄청나서, 현재와 미래의 두 영역은 과거와 분리되어서는 의미를 상실하기 때문이다. 역사가가 생각하고 말할 때 사용하는 언어, 그 안에서 기능하는 제도, 생활하는 문화, 심지어 그 안에서 활동하는 물리적 풍경의 형태까지, 역사가 부여한 제약은 산소가 체내에서 퍼져나가듯 우리의 삶 속 깊숙이 퍼진다.

이는 특히 옥스퍼드와 같이 과거로부터 축적되어온 것들이 곳곳에 남아 있어 술집에서 술집으로 일직선 이동이 어렵거나, 오래된 도서관 시스템 때문에 책을 빌리기가 어려운 곳, 구식 교과 과정의 개정이 어려운 장소에서 흔히 볼 수 있다. 이런 불편을 토로하던 한 학생에게 "그런데 왜 왔느냐"고 묻자 그는 이렇게 즉각 답변했다. "너무 매력적이잖아요." 그렇다, 그리고 바로 이 매력의 원인 중 하나는 아마도 이곳에서는 역사의 무게가 비교적 편안하게 존재하기 때문일 것이다. 하이 스트리트와 몇 세기 동안 그 위를 오간 여러 교통수단과 같이, 옥스퍼드의 사람들과 그들의 과거 역시 함께 진화해왔다. 그 과정이 비록 늘 조화로웠던 것은 아니지만, 그렇다고 과거를 완전히 뿌리뽑아야 할 필요를 느낄 정도도 아니었다. 따라서 옥스퍼드의 경우에는 다행히 과거를 뿌리뽑는 실험의 결과가 때로 그렇듯, 도리어 과거가 사람들을 뿌리뽑는 일은 없었다.

과거를 뿌리뽑는다는 것은 역사를 다시 씀으로써 현재 마음에 들지 않는 것들을 제거하거나 무시하는 것을 의미한다. 이는 19~20세기에 유대인에게 엄청난 수난을 안겨준 **시온 의정서**(The Protocols of the Elders of Zion: 반유대주의자들이 만든 위조 문서. 이 문서에는 유대인이 소위 세계 지배를 설계하는 상세한 방법이 적혀 있다. 이후 이 문서는 반유대주의자들이 유대인을 비난하고 탄압하는 구실이 되었다－옮긴이)와 같이 위조 문서의 형태를 띨 수도 있고, 민족주의의 기초가 되는 상상 속의 이상적 공동체와 그에 따라 공동체에 속하지 않은 것들에 대한 배제와 박해로 나타날 수도 있다.[19] 또한 마르크스처럼 역사의 이동 방향을 발견함으로써 레닌과 그 추종자들에게 '프롤레테리아' 이외의 계급에 대한 억압을 정당화하는 방법으로 나타날 수도 있다. 그리고 차별의 여러 형태, 즉 성별, 인종, 민족, 성적 취향, 장애, 외모에 따른 차별로 나타날 수도 있다. 모든 차별은 특정 사람이 다른 사람보다 우수하다는 역사적 의식의 구성을 요구한다. 또한 과거를 뿌리뽑는 것은 해체의 형태를 띨 수도 있는데, 이는 포스트모더니스트들이 그렇듯, 사회적 구성물이 분명히 존재한다는 명백한 사실과 자신들의 연구 결과는 그 사회적 구성물에 속해 있지 않다는 상당히 논쟁의 소지가 있는 의견을 혼동한 결과라 할 수 있을 것이다.

위에서 예로 든 모든 경우, 역사는 억압의 행위에 동원된다. 미래에 누군가의 자유를 제약하려는 목적에서 과거가 어떤 특정한 방식으로 명료하게 만들어지면서 재구성된다. 이 과정에 역사가들이 자주 참여한 것은 사실이지만 그들만 그랬던 것은 아니다. 미래를 규제할 수 있을 만한 과거를 찾으려는 시도는 인간 본성과 분리 불가능하다. 경험으로부터 배운다는 이야기도 사실은 이를 의미한다. 이런 과정이 무서운 것은, 그 결과로 피해자가 나타날 때, 다시 말해 무시하기 위한 핑계가 차별로 이어지고 당연히 그 다음 단계인 권위주의로 이어질 때다. 미래에는 재구성된 사람이 필요할 것이라는 현재의 지도자가 품고 있는 신념, 이 신념이 재구성된 과거를 통하여 만들어질 때 바로 권위주의가 나타나는 것이라고까지 할 수 있다.

짐 스코트(Jim Scott)의 저서의 부제는 '인간의 조건을 개선하기 위한 특정 계획들이 실패한 이유'이다. 우선 그는 별 악의 없는 산림학을 예로 들어 이야기를 전개한다. 18세기 후반 유럽은 특정한 나무만을 일렬로 심은 뒤 덤불을 제거하고, 나중에는 동일한 크기·모양·무게인 땔나무감만을 수확하는 등 '과학적' 재배/경작 방법을 적용했다. 이 방법은 한동안 성공적으로 보였다. 그러나 수십 년 사이에 삼림의 수확량이 줄어들기 시작했다. 그것은 꽃가루를 옮기는 벌과 새, 곤충 들이 둥지를 틀 곳이 감소하고 질병과 해충의 피해를 줄이는 역할을 하던 다양한 식물이 죽어가면서 폭풍과 산불의 피해가 극심해지는 등 생태계의 평형이 깨지기 시작했기 때문이다. 삼림을 **단순하고 조작 가능하게** 만들려다 오히려 거의 초토화하는 결과를 낳았다.[20]

스코트는 이 예를 '하이 모더니즘(high modernism)'의 우화로 본다. 여기서 그가 정의하는 '하이 모더니즘'이란, "생산력의 증가, 인간 요구에 대한 충족의 증가, (인간의 자연적 본성을 포함한) 인간의 자연 정복, 그리고 무엇보다도 자연법에 대한 과학적 이해에 상응하는 사회 질서의 합리적 디자인에 대한…… 강한, 심지어 근육질적인 자신감의 형태"다.[21] 간단히 말해서, 우리는 특정 상황보다 일반적 원리에 더 무게를 싣기 마련이어서 책임은 간과하면서 명료함을 얻으려 하고, 자연 풍경의 불규칙성과 비대칭성보다 90도로 교차하는 직선을 선호한다.

하이 모더니즘은 거주자들의 존재감마저 없애버리는 특색 없는 건물과 같은 건축에서 나타나기도 하고, 브라질리아(브라질의 지역적 균형 발전을 위해, 특히 개발이 미미하던 내륙 지역을 개발하기 위해 브라질의 한복판에 계획적으로 세운 수도이다—옮긴이)나 찬디가르(인도 하리아나 주와 펀자브 주의 공동 주도. 인도와 파키스탄의 분리독립으로 인도 쪽에서 펀자브 주의 새로운 주도가 필요해 건설했다—옮긴이)와 같이 사람들에게 친화적이지 않은 장소를 만들어버리는 도시계획에서 나타나기도 한다. 또한 작은 마을을 말살하는 도시와 도시를 연결하는 고속도로와 같은

교통정책과 1970년대 탄자니아와 에티오피아가 시도했던 강
압적인 재정착 계획, 뉴딜정책의 테네시 강 유역개발(T.V.A.)
에 따른 조경의 대대적 재정리, 흐루시초프의 처녀지 개척 계
획(Virgin Lands Project : 1950년대 후반~1960년대 초반, 흐루시초
프는 처녀지를 소련의 주요 곡물 생산지대로 변모시키는 동시에 전
통적인 곡창지대를 가축사육용 옥수수 생산지대로 바꾸려 했다. 미
국의 풍요한 농업에 감명받은 흐루시초프는 러시아의 자연환경적 요
소를 고려하지 않은 채 이 정책을 무리하게 추진하다가 참담한 실패
를 맞았다 – 옮긴이), 그리고 곧 닥칠 양쯔 강의 거대한 협곡의
범람에 따른 중국의 침수에서도 나타난다. 하이 모더니즘의
가장 파괴적인 측면은 국민 전체를 재구성하려는 시도에 있
다. 히틀러의 순수 아리아계 제3제국이나 스탈린에 의한 러시
아 농민들의 프롤레타리아화, 그리고 약 3,000만 명에 달하는
사상자 수만으로 20세기의 가장 파괴적 행위로 꼽히는 마오쩌
둥의 대약진운동(마오쩌둥이 주도한 중국의 집단 농장화 시도. 참
담한 실패로 끝났다 – 옮긴이) 등이 모두 그 예다.[22]

물론, 이 모든 것을 하나로 묶어 생각하는 것은 비약이다. 건
축설계의 실수로 인한 인명 손실과 권위주의적 실수나 그 이
상의 것이 이 시대에 가한 비용은 비교 불가능하다. 그렇지만
이 책에서 **규모를 초월한 자기유사성**이 얼마나 자주 언급되었는
지 되새겨보라. 스코트는 이 용어를 사용하지 않지만, 하이 모
더니즘의 가장 독특한 특징을 강조하면서 바로 이것을 염두에
두고 있었을 거라고 생각한다. 풍경과 사람뿐 아니라 그들의
미래까지 명료하게 만들려는 것이 하이 모더니즘의 가장 차별

적인 특성이다. 이 특성은 규모의 차이에 상관없이 적용되는데, 이 억압 행위의 가장 놀라운 점은 대부분 해방 행위로서 정당화된다는 점이다. 이런 조지 오웰적 의미의 노예제는 자유를 낳으리라고 기대된다.

4

그러나 물론 사실은 그렇지 않다. 이렇듯 역사의 무게가 현재와 미래에 짐이 된다면, 역사가의 역할 중 하나는 분명 이 짐을 덜어내고자 노력하는 것일 것이다. 대부분의 억압은 구성된 것이기에 해체가 가능하며, 현재 존재하는 것이 과거에도 반드시 그러했던 것은 아니므로 미래에도 굳이 그럴 필요는 없다는 것을 보여주는 것이 그들의 몫이다. 이런 의미에서 역사가는 사회비평가이어야 한다. 이런 비평을 통해서만 과거는 현재와 미래를 억압함과 동시에 해방할 수 있고, 이는 아무리 역설적이라 해도 역사가가 과거를 억압함과 동시에 해방하는 것과 같은 것이다.

　과거로 현재를 해방한다는 것이 무슨 의미인지 이해하기 위해서는 다음과 같은 흔히 볼 수 있는 자그마한 상황을 떠올려 보라. 한 어린이가 어떤 의미에서든 자신은 '다르다'는 인식 속에서 성장하고 있다. 여기서 다르다는 것은 인종 또는 민족, 성적 취향, 경제적 혹은 사회적 지위 등 여러 가지를 의미할 수 있다. 불변의 요소는 소외의 느낌, 군중 속의 고독, '그들'에 속하지 않는다는 느낌이다. 어른들은 물론, 아이들이 다른 아이들에게 얼마나 잔인할 수 있는지를 생각할 때 이 고독감으로 인한 고통은 결코 적은 것이 아니다.

　이런 상황에서 어느 날 갑자기 자신이 혼자가 아니라는 것을 깨달았을 때 느끼게 될 안도감을 상상해보라. 시간과 공간을 초월하여 다른 사람들도 자신과 비슷한 경험을 했으며, 자신에게 '다르다'는 표시를 붙인 바로 그 기준은 늘 존재하던 것이 아니라는 것을 인식하게 된다. 동성애를 자신이 발명한 것으로 믿고 있는 소년 또는 소녀가 미셸 푸코나 존 보스웰(푸코는 유명한 프랑스의 철학자이고, 보스웰은 역사가이다. 둘 다 동성애자였고, 특히 보스웰은 동성애에 대한 연구로도 유명하다—옮긴이)을 읽었을 때 받을 영향을 생각해보라. 이제 좀더 넓은 차원으로 초점을 옮겨서 W. E. B. 두보이스(W. E. B. Du Bois : 급진적인 흑인 인권운동가이자 저술가—옮긴이)의 노예제와 남북전쟁 후의 재건에 대한 글이 발견되었을 때, 또는 C. 반 우드워드(C. Van Woodward)가 미국 남부에 인종 차별이 늘 존재하던 것이 아니었음을 증명했을 때, 이것이 미국의 시민권 운동에 불러일으켰을 반응을 상상해보라. 다시 시야를 좀더 넓혀 1970～1980년대에 발달한 여성사 운동을 되돌아보라. 이 운동의 주목적은 여성을 억압하는 요소들이 시대를 초월한 것이 아니라 시대에 얽매인 것이었음을 보여줌으로써 모든 여성을 해방하는 것이었다.

　위의 모든 경우, 과거에 대한 깨달음은 기존의 구성된 과거가 강제하던 억압으로부터 사람들을 해방시킨다. 조이스 애플비, 린 헌트, 마거릿 제이콥에 의하면 "모르는 것은 해가 될 수 없다는 옛 속담은 틀린 것이다. 오히려 그 속담의 정반대가 사

실이다." 23

물론, 이런 역사 기록에는 위험이 따른다. 열정이 증명에 필요한 끈기보다 앞설 경우, 구체적 사항에 대한 의견의 일치가 이루어지기도 하고 그렇지 않기도 하다. 여기서 내가 언급한 역사가들은 모두 '옹호', 즉 대의명분이 결론에 영향을 미치게 했다는 비판을 받아왔다. 이에 대해 역사가 스스로 연구를 교정하는가 하면 다른 역사가가 교정하기도 한다. 그러나 기본 취지―억압의 원인은 시대에 매여 있는 것이지 시대와 독립적으로 존재하지 않는다는 주장―는 학문적으로 살아남았고, 이는 역사 기록의 해방적 역할에 힘을 실어주었다.

과거는 이렇듯 우리를 제약하는 만큼 자유롭게도 한다. 그러나 여기엔 약간의 비대칭적인 측면이 존재한다. 역사가가 때로 이런 제약을 부과하는 데 협력한 것이 사실이지만 특히 국가, 일반적으로는 사회의 강력한 지원이 없었다면 이는 불가능했을 것이다. 따라서 역사가는 이런 강압의 과정에서 조연에 불과하다. 그러나 과거로 현재를 해방시키는 데는 역사가의 역할이 조연에 머물지 않는다. 오늘날 역사가는 이런 움직임의 선두에 있는데 이것이 가능해진 것은 옹호의 역할, 즉 역사가는 도덕적 판단을 해야 한다는 의견의 확산이 큰 역할을 했다. 나는 이것을 긍정적으로 보는데, 역사의 기록과 교육에 용인할 만한 편견이 존재한다면 그것은 해방을 위한 편견일 것이기 때문이다.

5

이제 우리는 역사란 학문의 필요성을 짐작할 수 있다. 나는 이 책의 서두에서 제프리 엘튼을 언급하면서 역사의식이 인간정체성을 확립하는 데 도움이 된다고, 다시 말해 성장 과정의 한 부분이라고 말했다. 그러나 나는 역사가의 사유 목적을 올바로 이해하기 위해서는 그들의 사유 방식을 먼저 이해해야 한다고 생각에서 논의를 지금껏 미뤄왔다. 이제 나는 역사가의 사유 목적이, 첫째는 **역사가들 사이에서, 그 다음은 사회 내에서, 그리고 억압과 해방이란 양극 사이에서 최적의 균형을 이루는 것이**라고 주장하고 싶다.

1장의 그 신생아 얘기로 돌아가보자. 갓난아기는 세상에 발을 디딜 때부터 완전히 의존적이라는 점에서 완전히 억압되어 있다. 그러나 한편으로는 어떤 선입관이나 제약, 자신을 제외한 그 누구에 대한 관심도 없다는 점에서 완전히 자유롭다. 이렇듯 우리는 삶의 양극단에서 시작하여 점차 그 간격을 줄여나간다. 우리는 육체적으로 성장하면서 스스로를 더 잘 돌볼 수 있고 훨씬 독립적이 된다. 그러나 동시에 경험과 교훈, 의무와 책임의 망에 점점 얽매이게 된다. 어른이 되었을 즈음, 우리 중 대부분은 이런 긴장을 해소하지는 못하더라도 최소한 균형 있게 하는 방법은 터득한다.

그렇다면 균형을 이루지 못한 채 어른이 될 경우는 어떨까? 양극단의 연속선상 중 억압의 끝에서 어른이 될 경우, 우디 앨런의 영화에 등장하는 젤리그(Zelig)와 같이 유순하고 남의 호감을 사려고 애쓰는, **지나치게 투명해서** 자신보다 강한 성격을

지닌 주위 사람들의 정체성, 심지어 외모까지 닮는 그런 사람
이 될지 모른다.²⁴ 반대로 해방의 끝에서는 올리버 색스(Oliver
Sacks) 박사의 병상 일지에 묘사된 중증 건망증 환자처럼 2분
전의 일조차 기억하지 못하는 사람이 될 것이다. 이 환자는 모
든 제약으로부터 자유롭지만 주변 환경이 늘 낯설기 때문에
공포를 느낀다. 색스의 말에 따르면, "자신의 기억 대부분을
잃음은 물론, 자신의 과거, 시간의 좌표까지 잃은 사람이 과연
(삶이 가능하다면) 어떤 삶을 살 수 있을 것이며 그에게 어떤
세계와 자아가 남을 수 있을 것인가?"²⁵

여기서 아이러니한 것은 완전한 억압과 완전한 해방(위의
두 예가 이 둘을 상징하는 것으로 본다면)이 결국에는 노예 상
태로 이어진다는 것이다. 자유는 상반되는 이 둘 사이의 긴장
에서만 가능하다. 건강한 성격을 지닌 사람이 짐 스코트의 숲
과 같은 이유가 여기에 있다. 건강한 숲에는 열매가 많이 열리
며, 크고 수확의 보람이 있는 나무도 많지만, 개미와 벌, 새, 심
지어 기생동식물까지 서식하는 덤불도 많다. 보편적 지식과
구체적 경험, 의존과 자율, 그리고 드러냄과 은밀함 사이에 균
형이 이루어져 있다. 여기엔 조사 방법에 있어서 독립변수에
대한 믿음이나 환원주의의 우수성에 대한 믿음이 존재할 여지
가 적다. 오히려 모든 것이 상호종속하여 **개성이 곧 생태환경이
된다.** 균형 잡힌 성격이란 이를 의미한다. 건전한 정신을 유지
하기 위해 상호종속은 필요 조건이다.

그러나 이 과정에서 우리는 부모와 스승의 도움을 받으므로
이것이 자동으로 이루어지는 것은 아니다. 이 조언자들의 교

육이 어느 정도로 우리를 억압하고 해방하는지는 언급할 필요
가 없을 것이다. 이들은 우리에게 틀을 제공하고 우리는 그 안
에서 자유롭게 우리만의 인생을 살아간다. 그러기 위해서는
과거에 대한 어느 정도의 인식이 필요하지만, 이것이 아주 광
범위할 필요는 없다. 해박한 역사 지식이 없는 사람도 자식이
성인으로 자라는 데 훌륭하게 도운 경우는 많다. 역사에 무지
한 사람 중에는 다른 방면으로 뛰어났던 사람도 많다.

그렇다면 사회와 그 사회 내의 개인의 역할은 어떤가? 억압
과 해방의 균형이 한 개인의 정체성을 구성하듯 사회 체제의
경우도 비슷하다. 사회 체제의 경우에는 역사라는 학문 없이
는 불가능한데, 이는 역사를 통해서만 한 문화의 바깥을 볼 수
있기 때문이다. 역사는 시간과 공간, 규모를 불문하고 더 넓은
시야를 위한 토대다. 따라서 올바른 생태 균형이 건강한 숲과
지구를 위한 전제 조건이듯, 집단적 역사의식도 건강하고 균
형 잡힌 사회를 위한 전제 조건일 것이다.

특히 오늘날 이것은 당연한 것이 아니다. 21세기에 들어서
면서 억압과 해방의 균형은 그 어느 때보다 심하게 파괴되었
다. 이 균형을 회복하고 유지하는 것은 이제 단순히 주어지는
것이 아닌 배워야 할 기술이 되었다. 경험으로부터 배운다는
것은 생각 없이 또는 우연히 배우는 것이 더 이상 가능하지 않
다는 것을 깨닫는 것임을 의미한다. 결국 이는 역사가로서 해
야 할 가장 중요한 일이 교육—그것이 교실이나 연구 논문, 또
는 텔레비전을 통해서 이루어지든—임을 다시 한번 강조한다.

교육을 통해 얻고자 하는 결과는 옥스퍼드 시내에서 볼 수

있는 현재와 미래와 과거가 조화롭게 공존하는 모습이다. 이
는 과거에 책임을 물으면서도 과거를 존경하려는 사회의 마음
가짐을 의미하며, 뿌리뽑기보다는 개선하는 데 익숙한 사회,
도덕성을 도덕적 불감증보다 가치 있게 여기는 사회를 의미한
다. 역사의식이 이런 사회를 건설하는 유일한 방법은 아닐 수
도 있다. 그러나 증명된 대로 사물의 영역 내에서는 다른 연구
방법보다 과학적 방식이 가장 포괄적인 합의를 모을 수 있는
것과 마찬가지로, 역사적 방법도 인간사에 있어서 유리한 위
치에 있다고 볼 수 있다.

6
- - - -

이제 처음의 은유, 즉 우리의 호기심을 자극하던 카스파르 다
비드 프리드리히의 방랑자와 기네스 팰트로의 바이올라의 뒷
모습으로 돌아가 결론을 맺으려 한다. 지금까지 나는 현재의
우리가 과거를 바라보고 있는—또는 내가 지칭한 역사의 풍경
을 바라보는—이 둘의 뒷모습을 관찰하는 것처럼 묘사해왔다.
하지만 우리가 잘못 생각한 것이고, 사실 이 둘은 미래를 바라
보고 있는 것은 아닐까? 희뿌연 안개와 불가해성은 과거를 나
타내는 것일 수도, 미래를 나타내는 것일 수도 있다. 그런데 이
런 것들을 과거 또는 미래와 연결지어 생각하는 이유는 무엇
일까?

그것은 본질적으로 앞을 바라보는 활동인 교육과 관련 있
다. 교육은 나이 든 이가 젊은이를 억압하는 동시에 해방하는
것이며, 또한 젊은이가 나이 든 이를 억압하고 해방하는 것이

다. 이것이 조금 복잡하게 들린다면—누가 어느 쪽을 바라보고 있는지, 또는 누가 등을 돌리고 있는지 구분하기가 어렵다면—그것은 직업에서 오는 애매모호함 때문에 내가 의도한 것이다.

교수들은 학생들에게 출석을 기대하거나 논문을 몇 번씩 다시 써오게 함으로써, 또는 A⁻ 학점이 그들의 인생을 망치기보다 위대한 업적을 달성하도록 채찍질할 것이라고 설득함으로써—이는 예일 대학에서는 특히 어려운 일이다—분명 그들을 억압하고 있다. 하지만 우리는 학생들을 위해 틀을 마련해주고, 명료함의 도구들을 제공함으로써, 그리고 우리의 궁극적인 의무인 앞으로 그들이 탐험해야 할 마음속 미지의 땅에 그들을 상륙시킴으로써 그들을 해방시키기도 한다.

그러나 이것만큼 중요한 것은 학생들이 우리를 억압하는 동시에 해방하고 있다는 것이다. 수동태나 분리 부정사, 내용이 텅 빈 문장 등으로 일관한 (가끔은 아예 공모한 듯한) 학생들의 글을 읽는 것은 몹시 답답한 일이다(대부분의 미국 교수들은 보고서나 논문에서 수동태와 분리 부정사의 사용을 권장하지 않는다—옮긴이). 또 약속한 시간에 나타나지 않는 학생을 기다리는 것이나, 급하게 추천서를 써줘야 하는 경우, 한밤중에 이메일에 답신을 해야 하는 경우 모두 지루하기 짝이 없는 일임은 분명하다.

그러나 이런 억압은 학생들이 우리를 자유롭게 해주는 정도에 비하면 사실 아무것도 아니다. 우선 학생들은 우리를 노화의 황폐함으로부터 자유롭게 해준다. 평생 젊은이들을 가르치며 사는 혜택 덕분에 우리도 젊게 살 수 있다. 또한 훌륭한 제 자와 훌륭한 교수의 관계일 경우, 제자들은 우리를 교만으로 부터 자유롭게 해준다. 질문 없이 가르치는 것은 가르치는 것 이 아니다. 학생들은 우리에게 많은 정보를 주고 결국 우리를 가르친다. 가르칠 때 가장 만족스러운 순간은, 적어도 나에게 는 학생들이 특정 주제에 대해서 나보다 더 많이 안다는 것을 깨달았을 때다. 그리고 우리는 당연히 우리의 제자들을 통하 여 잊혀짐으로부터 자유로워진다. 물론 때때로 그들이 X 교수 의 머리를 올리버 크롬웰의 머리처럼 차고 다니고 싶을 때도 있겠지만, 적어도 X 교수를 금방 잊지는 않을 것이다.

그렇다면 내 상징적인 인물들은 앞과 뒤 중 어느 쪽을 향해 있는 것일까? 그들이 바라보고 있는 것은 과거의 풍경일까, 미 래의 풍경일까? 나는 이에 대한 분명한 답을 하지 않고 둘 다 고, 즉 굳이 하나를 선택할 필요는 없다고 말하려 한다. 우리가 매일 억압과 해방의 긴장 속에서 살아갈 수 있다면 이 두 인물 의 뒷모습이 과거와 미래 중 어느 쪽을 향해 있더라도 이를 받 아들일 수 있을 것이기 때문이다. 또한 그들이 (그리고 우리가) 지혜와 성숙, 삶에 대한 사랑, 그리고 사랑으로 가득한 삶이 그 쪽에 있다고 생각한다면 어느 쪽이든 상관없기 때문이다.

옮긴이의 글

냉전사의 수장이자 현대사의 권위자 중 한 사람인 존 루이스 개디스 교수가 오하이오 대학교에 현대사연구소(Contemporary History Institute)를 세우고 대학원 과정과 연구원 생활을 병행할 수 있는 프로그램을 운영하기 시작했다는 얘기를 들은 것은 내가 인디애나 대학에서 석사를 마치고 막 박사 과정에 들어갔을 때였다. 개디스 교수의 명성은 한국에 있을 때부터 익히 들었고, 인디애나 대학의 수업들에서도 그의 책들을 주교재로 썼기 때문에 잘 알고 있었다. 그와 함께 공부하고 싶었던 나는 좋은 기회라고 생각하여 별 주저 없이 이 프로그램에 지원했다. 다행히 맥카서 재단에서 제공하는 펠로우십과 함께 박사 과정 입학 허가와 연구원 직위를 준다는 통고를 받고 오하이오 대학으로 옮겨 현대사연구소 연구원 2기생이 되었다.

그곳에서 4학기 동안 현대사 방법론 세미나 시리즈를 수강했다. 첫 학기에 전통적인 역사방법론을 배우리라 기대했던

나는 큰 충격에 빠지고 말았다. 놀랍게도 읽고 토론해야 할 주
제들은 신과학에 대한 텍스트였던 것이다. 카오스와 복잡계
이론, 판구조론, 단속평형론 등 생소한 과학 분야를 원서로 읽
어나가는 것은 무척 힘든 과정이었다. 그래서 처음에는 약간
회의에 빠지기도 했다. 그러나 세미나가 진행되는 동안 전혀
새로운 세계를 접할 기회를 갖게 되었다.

한 학기 동안 지속된 수업의 주요 내용은 이런 '새로운' 과
학이 비선형적 논리에 기반을 두고 있다는 사실이었다. 즉, 20
세기 중·후반까지 과학계를 지배하고 아울러 사회과학계까
지 절대적 영향을 미치던 뉴턴적인 선형 과학의 논리는 이제
낡은 패러다임이 되었으며, 따라서 인문사회과학도 이에 발맞
춰 패러다임 전환을 해야 한다는 것이었다. 다행히 두 번째 학
기부터는 전통적인 인문사회과학을 다루어 안도의 한숨을 내
쉬었지만, 나머지 3학기 내내 큰 기조는 바뀌지 않고 계속 이
어졌다.

이 세미나의 또 다른 특징은 거의 격주마다 그 시간에 다루
는 주제들에 대한 대가들을 모시고 진행했다는 것이다. 그중
기억나는 대로 일부만 열거하자면, 이 책에서 많이 인용하고
있는 고생물학의 대가이고 명 수필가이자 단속평형론의 지지
자였던 스티븐 제이 굴드를 비롯해, 리처드 파이프스, 존 케네
스 갈브레이드, 아서 슐레진저 Jr., 케네스 왈츠, 알렉산더 조
지, 지미 카터, 조지 케넌, 맥조지 번디, 로버트 코헤인, 찰즈
케글리 Jr., 블라디슬라프 주복, 콘스탄틴 플레샤코프, 게어 룬
데슈타트, 로버트 달렉, 멜빈 레플러, 데이비드 맥컬러프, 고든

크랙, 첸 지안, 아키라 이리예, 캐롤 핑크, 브루스 부에노 데 메스키타, 그리고 폴 케네디 등 각 분야의 대가 또는 저명인사들이었다. 이렇게 그들과 함께 수업을 하는 특권을 누렸지만, 나의 능력 부족으로 수업을 100퍼센트 흡수하지 못한 것이 아쉬울 따름이다.

또 하나 아쉬운 것은 내가 코스워크와 종합시험을 마치고 러시아에 사료 연구차 갔을 때 마침 개디스 교수의 주재로 카오스 과학의 학제간 연구를 위한 국제회의가 조직되었다는 것이다(본문 3장 주 34번에 언급). 1994년 5월 오하이오 대학에서 카오스 이론의 학제간 연구의 중심지인 산타페 연구소의 학자들을 비롯해서 자연과학, 사회과학, 인문학자 중 이 새로운 패러다임에 관심이 있는 학자들이 대거 모여 치른 첫 국제학술대회라는 의의를 가진 이 회의에서 '신과학'의 광범위한 적용이 거론되었다.[1]

현재 개디스 교수의 연구 방향은 세 가지로 압축된다. 첫째, 냉전 해체 이후 끊임없이 쏟아져나오는 새로운 사료들을 이용한 새로운 냉전사 해석[2]이고, 둘째는 조지 케넌의 사후 출판을 전제로 진행하고 있는 케넌의 공식 전기 집필이며,[3] 셋째는 바로 위에서 언급한 비선형적 과학 논리의 인문사회과학적 적용이다.

세 번째 연구 방향에서 개디스는 이미 1992~1993년에 미국 국제정치학계의 대표적인 학술잡지에 국제정치학 방법론의 이론적 파산을 선고한 53쪽에 달하는 방대한 논문을 발표해

격렬한 논쟁을 불러일으킨 바 있다.[4] 그 이후에도 선형 과학적 패러다임의 적용을 추구해온 사회과학에 대한 비판과 비선형 과학 패러다임의 인문사회과학적 적용을 꾸준히 주장해왔다.[5]

《역사의 풍경》은 2002년 옥스퍼드 대학 출판사에서 나왔다. 이 책은 이런 개디스의 노력이 집약된 역사학 입문서로서 출간시에 큰 반향을 몰고왔다. 이 책에서 개디스는 역사학의 방법이 대부분의 역사가들이 인식하는 것보다 더 세련되었으며, 역사가의 접근 방식은 재미있게도 카오스, 복잡계, 임계성 등 신과학의 방법과 비슷하다고 주장한다. 그리고 현실과 동떨어진 '독립변수'의 추구를 지향하는 기존 정치학과 다른 사회과학의 주류적인 경향을 통렬히 비판하고 있다. 또한 그는 마지막 장에서 역사, 역사가, 역사 교육의 중요성을 일깨우는 것을 잊지 않고 있으며, 더 나아가 요즘 경시되는 경향이 있는 교육 자체의 중요성을 강조하고 있다.

마르크 블로크와 E. H. 카는 자연과학과 역사학의 교류를 추구했다. 그러나 그 둘의 노력은 여러 이유로 중단되었고, 당시는 새로운 과학의 용어가 아직 대중화되기 전이었다. 개디스는 이 책에서 이런 두 선구자의 노력을 잇는 작업을 수행했고, 그 결과는 뉴욕타임스의 '블로크가 살아 있었으면 썼을 책'이라는 평가로 요약될 수 있다. 《역사의 풍경》은 이제 지난 수 세대 동안 블로크의 《역사를 위한 변명》과 카의 《역사란 무엇인가》가 해온 역할, 즉 동시대인들을 위해 역사학의 위치를 규정짓는 역할을 할 것으로 기대된다. 이 책은 역사학에 대한 업데이트된 교재로서 역사가의 기술(技術)에 대한 심도 있는 평가와 재확인을 하고 있으며, 왜 역사의식이 오늘날 우리에게 중요한지를 보여주고 있다.

이 책을 번역하면서 원서를 그저 읽는 것과 번역하는 것은 엄청난 차이가 있다는 것을 새삼 깨달았다. 여러 분야의 논리와 용어, 그리고 인용이 많기 때문에 무척 힘든 작업이었음을 실토하지 않을 수 없다. 앞으로 독자 여러분의 의견 제시와 지적을 계속 수용해 나가려 한다.

이 책을 번역하는 데 많은 분들이 도움을 주었지만, 먼저 나의 옛 학생들인 세 수재들에게 고마움을 전하고 싶다. 물리학 대학원생인 최규돈은 특히 과학 분야의 번역과 해석에 결정적인 도움을 주었고, 현재 MIT의 도시사회학 박사 과정에 있는 변인수는 공간과 시간 부분에서, 또 영국에서 오래 생활한 이예원은 영국 관련 문제와 문학 부분에서 큰 도움을 주었다. 그리고 일찍 이 책의 가치를 인정해서 과감하게 출판을 결정하고 내게 번역을 맡겨주신 에코리브르 박재환 사장님에게도 감사드린다. 또 이 책을 번역하는 동안 최적의 환경을 제공해준 LG 연암문고 도서관을 언급해야 할 것 같다.

개디스 교수께 다시 한번 감사드린다. 번역하면서 의문나는 점들을 하나하나 물을 때마다 귀찮은 기색 없이 꼼꼼하게 대답해주었다. 그는 내가 학업을 수행할 때 학문적인 면은 물론, 인격적인 면에서, 그리고 선생으로서 귀감을 보여주었다. 내가 박사 과정의 막바지에 있을 때 예일 대의 석좌교수로 옮기게 되어 무척 아쉬웠지만, 7년 동안 나의 스승으로서 최선을 다해준 데 사의를 표하고 싶다.

마지막으로 이 책의 번역 때문에 가장으로서의 의무를 잘 수행하지 못했는데도 큰 힘이 되어준 가족들에게도 감사의 마음을 전하고 싶다.

2004년 3월
강규형

1. 이 회의의 의의에 대해서는 김명섭, "냉전연구의 현황과 전망,"《국가전략》제3 권 2호(1997 가을·겨울), 77 참고.

2. 그 한 예가 존 개디스, 박건영 역,《새로 쓰는 냉전의 역사》(사회평론, 2002). 이 책에 대한 평가는 차상철, "개디스의 '새로운' 냉전사: '오래된' 전통주의학파 로의 '신중한' 회귀," 연세대학교 현대한국학연구소 편,《해외 한국학 평론 2》 (일조각, 2001), 9-25. 김영호, "공산권 자료로 재조명한 '냉전史'"《조선일보》 (2002년 3월 30일) 참고.

3. 조지 케넌은 2004년 2월 16일 100세 생일을 맞았다. '대소련 봉쇄정책 입안 조 지 케넌 100세 생일'《중앙일보》(2004년 2월 18일) 참고.

4. John Lewis Gaddis, "International Relations Theory and the End of the Cold War," *International Security* 17 (Winter 1992/93), 5-58.

5. 예를 들어 John Lewis Gaddis, "In Defense of Particular Generalization: Rewriting Cold War History, Rethinking International Relations Theory," in *Colin Elman & Miriam Elman eds. Bridges and Boundaries: Historians, Political Scientists, and the Study of International Relations* (MIT Press, 2001).

서문

----

1. *We Now Know: Rethinking Cold War History*(New York: Oxford University Press, 1997). (우리나라에서는 《새로 쓰는 냉전의 역사》라는 제목으로 2002년 출간되었다—옮긴이).

2. Miguel de Cervantes, *Don Quixote de la Mancha*, trans.Charles Jarvis(New York: Oxford University Press, 1992), p. 23.

3. 이런 것을 간파한 두 사람은—그들 관심의 폭을 봤을 때 전혀 놀랄 일이 아니지만—윌리엄 맥닐과 나이얼 퍼거슨이었다. William H. McNeill, "Mythistory, or Truth, Myth, History and Historians," *American Historical Review* 91(February 1986), 1-10, "History and the Scientific World View," *History and Theory* 37(February 1998), 1-13, and "Passing Strange: The Convergence of Evolutionary Science with Scientific History," *ibid.* 40(February 2001), 1-15와 Niall Ferguson, "Virtual History: Towards a 'Chaotic' Theory of the Past," in *Virtual History: Alternatives and Counterfactuals*, ed. Ferguson(New York: Basic Books, 1999), pp. 71-79. 또 *History and Theory* 38(December

1999), 진화과학과 역사학의 수렴에 대한 특집호 참고.

4. 예를 들어, Marc Bloch, *The Historian's Craft*, trans. Peter Putnam (Manchester: Manchester University Press, 1992, First Published in 1953), pp 8, 59. 또 E. H. Carr, *What Is History?* 2d ed.(New York: Penguin, 1987, first published in 1961), pp. 19-20.

5. 가장 근접한 것은 아마도 Richard J. Evans, *In Defence of History* (London: Granta, 1997)이다. 그러나 에반스는 블로크와 카아가 했던 물리학/생물학과의 연계를 간과했다.

1. 역사의 풍경
- -

1. Paul Johnson, *The Birth of the Modern: World Society, 1815-1830* (New York: Harper Collins, 1991). 이 그림에 대한 언급은 998쪽 참고.

2. John Ziman, *Reliable Knowledge: An Exploration of the Grounds for Belief in Science*(New York: Cambridge University Press, 1978), p. 21. 또 M. Mitchell Waldrop, *Complexity: the Emerging Science at the Edge of Order and Chaos*(New York: Simon & Schuster, 1992), pp. 327-30에서 인용한 경제학자 브라이언 아서의 은유로서의 현대과학에 대한 약사를 보라. 또 Stephan Berry, "On the Problem of Laws in Nature and History: A Comparison," *History and Theory* 38 (December 1999), pp. 122, 132도 참고.

3. Edward O. Wilson, *Consilience: The Unity of Knowledge* (New York: Knopf, 1998), p. 26. R. G. Collingwood, *The Idea of History* (New York: Oxford University Press, 1956), pp. 95-96. 콜링우드는 여기서 칸트의 철학에 기초해 은유의 사용에 대한 수준 높은 변호를 하고 있다.

4. 비견할 만한 예술적 은유에 대해서는 Walter Benjamin, *Illuminations*, trans. Harry Zohn(New York: Schocken Books, 1968), p. 257 참고.

5. Connie Willis, *Doomsday Book*(New York: Bantam, 1992); Michael Crichton, *Timelines*(New York: Knopf, 1999).

6. Marc Bloch, *The Historian's Craft*, trans. Peter Putnam(Manchester: Manchester University Press, 1992, first published in 1953), p. 42.

7. Gertrude Stein, *Picasso*(Boston: Beacon Press, 1959), p. 50. Gertrude Stein, *Everybody's Autobiography*(Cambridge, Mass.:Exact Change, 1993), pp. 197-98. 개릿 매팅리의 저작에 대한 비슷한 논점에 대해서는 R. J. Evans, *In Defence of History*(London: Granta, 1997), pp. 143-44.

8. 《해리포터와 마법사의 돌》에 나오는 이 학교에 대한 J. K. 롤링의 묘사를 보면, 위의 두 학교(예일과 옥스포드)에 다니는 학생들은 공감할 것이다.

9. G. R. Elton, "Putting the Past Before Us," in *The Vital Past: Writings on the Uses of History*, ed. Stephen Vaughan(Athens: University of Georgia Press, 1985), p. 42. 또 Elton, *The Practice of History*(New York: Crowell, 1967), pp. 145-46과 *Return to Essentials: Some Reflections on the Present State of Historical Study*(Cambridge: Cambridge University Press, 1991), pp. 43-45, 73도 참고.

10. Stephen Jay Gould, *Wonderful Life: the Burgess Shale and the Nature of History*(New York: Norton, 1989), p. 45에 인용된 Mark Twain, "Was the World Made for Man?"

11. Stephen Jay Gould, *Time's Cycle: Myth and Metaphor in the Discovery of Geologic Time*(Cambridge, Mass.: Harvard University Press, 1987) 참고.

12. Niccolò Machiavelli, *The Prince*, trans. Harvey C. Mansfield, 2d ed.(Chicago: University of Chicago Press, 1998), p. 4. Collingwood, *The Idea of History*, pp. 59-60은 역사가들이 입장을 바꿔 생각해야 하는 필요성에 대해 칸트와 데카르트를 인용해 설명한다.

13. Machiavelli, *The Prince*, pp. 3-4, 22.

14. E. H. Carr, *What Is History?* 2d ed.(New York: Penguin, 1987, first published in 1961), p. 114. 또 Collingwood, *The Idea of History*, pp. 333-34도 참고. 이 주장에 대한 최근에 출간된 세 권의 노작, Jared

Diamond, *Guns, Germs, and Steel: The Fates of Human Societies* (New York: Norton, 1999); Robert Wright, *Non-Zero: The Logic of Human Destiny* (New York: Pantheon, 2000), 방법론적 관점으로는 Martin Stuart-Fox, "Evolutionary Theory of History," *History and Theory* 38 (December 1999), 33-51 참고.

15. Jonathan Haslam, *The Vices of Integrity: E. H. Carr, 1892-1982* (New York: Verso, 1999). 또 Michael Cox, ed., *E. H. Carr: A Critical Appraisal* (New York: Palgrave, 2000)도 참고. 특히 pp. 9-10, 91.

16. 과학에 있어서 '의견일치를 이룰 수 있음'의 중요성에 대한 비슷한 견해는 Ziman, *Reliable Knowledge*, p. 3 참고.

17. 이 점은 Evans, *In Defence of History*, pp. 103-5; Ferguson, "Virtual History," pp. 65-66과 Joyce Appleby, Lynn Hunt, and Margaret Jacob, *Telling the Truth about History* (New York: Norton, 1994), pp. 216-17에 나와 있다. 또 Bloch, *The Historian's Craft*, pp. 120-22와 Carr, *What Is History?* pp. 73, 82도 참고.

18. Machiavelli, *The Prince*, pp. 40-41.

19. *Ibid.*, pp. 98, 103.

20. Thucydides, *The Peloponnesian War*, trans. Richard Crawley (New York: Random House, 1982), pp. 164-65, 240, 472.

21. *Ibid.*, pp. 180-81, 351.

22. 이 점에 대해서는 Stephen Kern, *The Culture of Time and Space, 1880-1918* (Cambridge, Mass.: Harvard University Press, 1983), 특히 pp. 21-24, 87, 119 참고.

23. Collingwood, *The Idea of History*, p. 246. 트레이시 슈발리에(Tracy Chevalier)의 소설 《진주 귀고리 소녀(Girl with a Pearl Earring)》(New York: Dutton, 1999)는 요하네스 베르메르(Johannes Vermeer)에 대해 우아하게 이 점을 명시하고 있다.

24. 마이클 프레인(Michael Frayn)은 그의 희곡 〈코펜하겐(Copenhagen)〉의 후기에서 일반 청중을 위해 명확한 설명을 하고 있다. 그리고 Collingwood, *The Idea of History*, p. 141뿐 아니라 〈코펜하겐〉 텍스

트에서는 pp. 24, 67-68 참고. '신'사회사와 관련된 문제는 Appleby, Hunt, and Jacob, *Telling the Truth about History*, pp. 158, 223 참고.

25. Harold Bloom, *Shakespeare: The Invention of the Human* (New York: Penguin Putnam, 1998).

2. 시간과 공간

----

1. "To his coy Mistress," in *Andrew Marvell*, ed. Frank Kermode and Keith Walker (New York: Oxford University Press, 1994), pp. 22-23.

2. 이 점은 R. J. Evans, *In Defence of History* (London: Granta, 1997), chs. 3과 4에서 확고히 제기하고 있다. 또 R. G. Collingwood, *The Idea of History* (New York: Oxford University Press, 1956), pp. 192, 246 참고.

3. 울프의 아버지는 《전국전기사전(Dictionary of National Biography)》의 편집자인 레슬리 스티븐(Leslie Stephen) 경이었다. 아버지에 대한 울프의 복잡한 심경은 Hermione Lee, *Virginia Woolf* (London: Chatto & Windus, 1996), pp. 68-74에 잘 설명되어 있다.

4. Virginia Woolf, *Orlando: A Biography* (New York: Harcourt, Brace, 1928), pp. 18, 64, 98, 266-67.

5. Hayden White, *Metahistory: The Historical Imagination in Nineteenth-Century Europe* (Baltimore: Johns Hopkins University Press, 1973), p. 5. 또 Collingwood, *The Idea of History*, p. 203도 참고.

6. "역사란 어떤 질서와 패턴, 그리고 목적으로 압축해놓은 우리가 인생이라고 부르는 혼란 상태다." G. R. Elton, *The Practice of History* (New York: Crowell, 1967), p. 96.

7. 매콜리의 휘그주의에 대해서는 휴 트레버 로퍼(Hugh Trevor-Roper) 자신의 《잉글랜드사》 축약판의 서문을 보라. 애덤스에 대해서는 Paul C. Nagel, *Descent from Glory: Four Generations of the John Adams Family* (New York: Oxford University Press, 1983) 참고.

8. 분실된 얀 반 에이크의 *mappa mundi*도 비슷한 일을 했었다. Anita Albus, *The Art of Arts: Rediscovering Painting*, trans. Michael Robertson (Berkeley: University of California Press, 2000) pp. 3-7 참고.

9. Thomas Babington Macaulay, *The History of England from the Accession of James II* (New York: Harper & Brothers, 1849), 1, 262, 298.

10. Henry Adams, *History of the United States of America during the Administration of Thomas Jefferson* (New York: Library of America, 1986), pp. 7, 11-12.

11. 시간 여행의 위험성에 대해 더 알고 싶으면 David Lowenthal, *The Past Is a Foreign Country* (Cambridge: Cambridge University Press, 1985), pp. 28-34 참고.

12. Fernand Braudel, *The Mediterranean and the Mediterranean World in the Age of Philip II*, trans. Sian Reynolds (New York: Harper & Row, 1973).

13. Carlo Ginzburg, *The Cheese and the Worms: The Cosmos of a Sixteenth-Century Miller* (Baltimore: Johns Hopkins University Press, 1992); Jonathan D. Spence, *The Question of Hu* (New York: Vintage, 1989); Laurel Thatcher Ulrich, *A Midwife's Tale: The Life of Martha Ballard, Based on Her Diary*, 1785-1812 (New York: Vintage, 1991).

14. E. H. Carr, *What Is History?* 2d ed. (New York: Penguin, 1987), p. 11.

15. Robert Darnton, *The Great Cat Massacre, and Other Episodes in French Cultural History* (New York: Basic Books, 1984). 이것은 헛된 추측이 아니다. 단턴은 역사라는 분야에 전자출판이라는 개념을 처음 도입한 선구자이다. David D. Kirkpatrick, "The French Revolution Will Be Webcast," *Lingua Franca* 10 (July-August 2000), 15-16 참고.

16. David Macaulay, *Motel of the Mysteries* (New York: Houghton Mifflin, 1979)는 대단한 위트와 상상력으로 이 점을 얘기한다. Peter Ackroyd, *The Plato Papers: A Prophesy* (New York: Random House, 1999)도 그렇고, 2000년 9월 옥스퍼드의 대학박물관에서 있었던 케이

티 매버릭 맥닐(Katie Maverick McNeal)의 '자연사(Natural History)' 전시도 그렇다.

17. John Keegan, *The Face of Battle* (New York: Viking, 1976), p. 13.

18. Stephen Kern, *The Culture of Time and Space, 1880-1918* (Cambridge, Mass.: Harvard University Press, 1983). 또 Peter Stansky, *On or about December 1910: Early Bloomsbury and Its Intimate World* (Cambridge, Mass.: Harvard University Press, 1996)도 참고.

19. Marc Bloch, *The Historian's Craft*, trans. Peter Putnam (Manchester: Manchester University Press, 1992, First published in 1953), p. 101은 이 점을 약간 다른 방식을 지적한다.

20. William H. McNeill, *Plagues and Peoples* (Garden City, N.Y.: Doubleday, 1976). 이 책은 누구도 에이즈에 대해 들어본 적도 없던 때에 나왔지만 그런 질병이 생길 수 있는 경로를 누구보다도 더 잘 설명해주었던 미래로의 창이기도 했다. 특히 p. 33 참고.

21. William H. McNeill, *The Pursuit of Power: Technology, Armed Force, and Society since A.D. 1000* (Chicago: University of Chicago Press, 1982). *Keeping Together in Time: Dance and Drill in Human History* (Cambridge, Mass.: Harvard University Press, 1995).

22. David Hackett Fischer, *Historians' Fallacies: Toward a Logic of Historical Thought* (New York: Harper & Row, 1970), p. 65.

23. 나는 여기서 "Fractal History, or Clio and the Chaotics," *Diplomatic History* 16(Fall 1992), 495에 있는 H. W. 브랜드(H. W. Brand)의 설명을 따른다. 나의 관심을 집합 이론으로 이끌고 그것을 도발적으로 이용한 K. N. Chauduri, *Asia before Europe: Economy and Civilisation of the Indian Ocean from the Rise of Islam to 1750* (Cambridge: Cambridge University Press, 1990)을 추천한 가간 수드(Gagan Sood)에게 감사를 표한다.

24. Stephen W. Hawking, *A Brief History of Time: From the Big Bang to Black Holes* (New York: Bantam Books, 1988), p. 1.

25. 이런 문제를 다른 방식으로 언급한 책으로는 Evans, *In Defence of*

History, p. 142.

26. James Gleick, *Chaos: Making a New Science* (New York: Viking, 1987), pp. 94-96에는 이런 패러독스에 대한 유용한 논의가 있다. 매사추세츠 주의 해안선을 다룬 웹사이트를 보려면 http://coast.mit.edu/index.html을 참고하라.

27. 조이스 애플비, 린 헌트, 마거릿 제이콥 등은 *Telling the Truth about History* (New York: Oxford University Press, 1994), pp. 198-237에서 동정적이지만 결코 맹종하지 않는 평가를 내리고 있다. 또 Terry Eagleton, *The Illusions of Postmodernism* (Oxford: Blackwell, 1996) 도 참고.

28. Chauduri, *Asia before Europe*, p. 92에서 인용.

29. Bloch, *The Historian's Craft*, p. 23.

30. *The Confessions of St. Augustine*, trans. E. B. Pusey (New York: Barnes & Noble, 1999), p. 269.

31. Niall Ferguson, *Virtual History: Alternatives and Counterfactuals*, ed. Ferguson, "Virtual History: Towards a 'Chaotic' Theory of the Past," (New York: Basic Books, 1999), p. 49에서 인용.

32. 특이점은 Hawking, *A Brief History of Time*, pp. 88-89에 자세히 설명되어 있다.

33. Gleick, *Chaos*, pp. 11-31과 5장 참고.

34. Scott D. Sagan, *The Limits of Safety: Organizations, Accidents, and Nuclear Weapons* (Princeton: Princeton University Press, 1993), pp. 11-52.

35. 과거와 미래에 대한 비슷한 구별은 Bloch, *The Historian's Craft*, p. 124 참고.

36. 나는 Hawking, *A Brief History of Time*, p. 23을 각색했다.

37. Denis Cosgrove, ed., *Mappings* (London: Reaktion Books, 1999), 특히 pp. 24-70. 또 Jeremy Black, *Maps and History: Constructing Images of the Past* (New Haven: Yale University Press, 1997), pp. 1-26도 참고.

38. Jorge Luis Borges, *Collected Fictions*, trans. Andrew Hurley (New York: Penguin Books, 1998), p. 325. 또 루이스 캐롤의 1893년 소설 *Sylvie and Bruno Concluded*, in *The Complete Works of Lewis Carroll* (London: Penguin, 1988), pp. 556-57 참고.

39. Jane Azevedo, *Mapping Reality: An Evolutionary Realist Methodology for the Natural and Social Sciences* (Albany: State University of New York Press, 1997), p. 103의 유용한 논의에서 이 점을 따왔다. 이것은 정치학에서 많이 논의하는 '분석 수준'의 문제와 상응한다. 예를 들어 Martin Hollis and Steve Smith, *Explaining and Understanding International Relations* (Oxford: Oxford University Press, 1990), pp. 7-9와 Michael Nicholson, *Rationality and the Analysis of International Conflict* (Cambridge: Cambridge University Press, 1992), pp. 26-27 참고.

3. 구조와 과정

- -

1. Marc Bloch, *The Historian's Craft*, trans. Peter Putnam (Manchester: Manchester University Press, 1992, first published in 1953), pp. 40, 45. 블로크는 람세스에 대해서는 틀린 것으로 판명되었는데, 현재 람세스의 잘 보관된 미라가 카이로의 이집트 박물관에 전시되어 있어 이집트학자들뿐 아니라 다른 사람들도 관람할 수 있다. 마이클 개디스 (고대사학자, 이 책의 저자 존 루이스 개디스의 아들—옮긴이)가 이것을 나에게 알려주었다.

2. John H. Goldthorpe, "The Uses of History in Sociology: Reflections on Some Recent Tendencies," *British Journal of Sociology* 42 (June 1991), 213-14. 또 G. R. Elton, *The Practice of History* (New York: Crowell, 1967), pp. 9, 59-61도 참고.

3. John McPhee, *Annals of the Former World* (New York: Farrar, Straus & Giroux, 1998), p. 36. 맥피는 여기서 프린스턴의 지질학자인 케네스

데피즈(Kenneth Deffeyes)의 글을 바꿔 말하고 있다.

4. Simon Winchester, *The Map That Changed the World: William Smith and the Birth of Modern Geology* (New York: HarperCollins, 2001) 참고.

5. E. H. Carr, *What Is History?* 2d ed.(New York: Penguin, 1987), p. 56.

6. 제프리 엘튼도 이 점에 대해서는 더 나을 것이 없다. "역사가 예술이냐 과학이냐는 죽은 논쟁거리다. 역사는 둘 다이다." Geoffrey Elton, *The Practice of History*, p. 5.

7. John Ziman, *Reliable Knowledge: An Exploration of the Grounds for Belief in Science* (New York: Cambridge University Press, 1978) p. 3. 또 R. G. Collingwood, *The Idea of History* (New York: Oxford University Press, 1956), p. 9; Joyce Appleby, Lynn Hunt, and Margaret Jacob, *Telling the Truth about History* (New York: Norton, 1994), p. 197과 Edward O. Wilson, *Consilience: The Unity of Knowledge* (New York: Knopf, 1998), p. 53도 참고.

8. Stanley Hoffmann, "International Relations: The Long Road to Theory," in *International Relations and Foreign Policy: A Reader in Research and Theory*, ed. James N. Rosenau(New York: Free Press, 1961), p. 429.

9. Carr, *What Is History?* pp. 56-57. 과학의 이런 전환에 대해 더 알려면, William H. McNeill, "History and the Scientific Worldview," *History and Theory* 37(February 1998), 1-13과 Ernst Mayr, "Darwin's Influence on Modern Thought," *Scientific American* 283 (July 2000), 79-83 참고.

10. Bloch, *The Historian's Craft*, pp. 14-15.

11. Carr, *What Is History?* p. 72. 이런 생각의 헤겔적 기원은 Collingwood, *The Idea of History*, pp. 210-12와 Appleby, Hunt, and Jacob, *Telling the Truth about History*, pp. 66-71 참고.

12. Ziman, *Reliable Knowledge*, pp. 6-10.

13. 로이드 N. 트레페튼(Lloyd N. Trefethen)에 따르면 현재 소수점 이하

2,060억 자리까지 계산했다고 한다.

14. 콜링우드는 *The Idea of History*, p. 249에서 비슷한 주장을 하고 있다. 이사야 벌린(Isaiah Berlin)도 그의 에세이 "The Concept of Scientific History," reprinted in Berlin, *The Proper Study of Mankind: An Anthology of Essays*, ed. Henry Hardy and Roger Hausheer(New York: Farrar, Straus & Giroux, 1998), p. 20에서 그런 주장을 한다.

15. 이 점은 Niall Ferguson, "Virtual Histoey: Towards a 'Chaotic' Theory of the Past," in *Virtual History: Alternatives and Counterfactuals*, ed. Ferguson(New York: Basic Books, 1999), p. 83 참고.

16. Stephen Jay Gould, *Time's Arrow, Time's Cycle: Myth and Metaphor in the Discovery of Geological Time*(Cambridge, Mass.: Harvard University Press, 1987)을 보라. 특히 60, 71쪽의 삽화. 또 이 주제에 대한 유용한 책으로 John McPhee, *Basin and Range*(New York: Farrar, Straus, & Giroux, 1980)이 있다.

17. 스티븐 제이 굴드의 《판다의 엄지》는 이런 불완전의 경우를 진화의 증거로 본다. *The Panda's Thumb: More Reflections in Natural History* (New York: Norton, 1992).

18. Natalie Angier, "A Pearl and a Hodgepodge: Human DNA," *New York Times*, June 27, 2000; Stephen Jay Gould, "Genetic Good News: Complexity and Accidents," *New York Times*, February 20, 2001.

19. Stephen Jay Gould, *Wonderful Life: The Burgess Shale and the Nature of History*(New York: Norton, 1989)는 이것이 이루어지는 과정을 가장 잘 설명해주는 책 중 하나이다.

20. Collingwood, *The Idea of History*, pp. 153, 202-4. 콜링우드는 여기서 마이클 오크쇼트(Michael Oakeshott)와 베네데토 크로체(Benedetto Croce)의 아이디어를 빌려왔다.

21. Laurel Thatcher Ulrich, *A Midwife's Tale: The Life of Martha Ballard, Based on Her Diary, 1785-1812*(New York: Random House, 1990).

22. Jared Diamond, *Guns, Germs, and Steel: The Fates of Human*

Societies (New York: Norton, 1997).

23. Gertrude Himmelfarb, *On Looking into the Abyss: Untimely Thoughts on Culture and Society* (New York: Vintage, 1995), pp. 147-48에서 인용.

24. 그 학생의 이름은 대니얼 서비안스키(Daniel Serviansky)다. 니알 퍼거슨도 "Virtual History," p. 72에서 비슷한 논점을 얘기했다.

25. Jonathan Weiner, *The Beak and the Finch: A Story of Evolution in Our Time* (New York: Knopf, 1994) 참고.

26. John Lewis Gaddis, *We Now Know: Rethinking Cold War History* (New York: Oxford University Press, 1997), pp. 266-67.

27. 이런 과정을 가장 잘 묘사한 책은 Dino A. Brugioni, *Eyeball to Eyeball: The Inside Story of the Cuban Missile Crisis* (New York: Random House, 1991)이다.

28. 토머스 쿤의 *The Structure of Scientific Revolutions*, 3d ed. (Chicago: University of Chicago Press, 1996)처럼 굴드의 *Wonderful Life*는 특별히 세 번째 포인트의 중요성을 강조한다.

29. Jeremy Black, *Maps and History: Constructing Images of the Past* (New Haven: Yale University Press, 1997)은 많은 예를 보여주고 있다. 국가가 어떻게 풍경(지형)에 사상적 족쇄를 부가하는지 잘 논의한 것을 보려면 James C. Scott, *Seeing Like a State: How Certain Schemes to Improve the Human Condition Have Failed* (New Haven: Yale University Press, 1998) 참고. 8장에서 스코트의 책을 더 자세히 논의했다.

30. Jane Azevedo, *Mapping Reality: An Evolutionary Realist Methodology for the Natural and Social Sciences* (Albany: State University of New York Press, 1997), pp. 110, 112. 사실 아제베도는 지도의 투영법과 목적을 구별하기 위해 두 번째 인용에서 '이론' 대신 '메타 이론'이라는 용어를 사용한다. 나는 명확한 설명을 위해 첫 번째 인용에서 그녀가 사용한 '이론'이라는 용어를 사용했다.

31. 블로크와 카는 이런 논점을 강력히 지지한다. *The Historian's Craft,*

pp. 53-54, 71, 119와 *What Is History?* pp. 28, 55, 59, 61, 103 참고.

32. '끼워 맞추기(fitting)'의 개념에 대해서는 Appleby, Hunt, and Jacob, *Telling the Truth about History*, p. 248을 보라. 콜링우드는 *The Idea of History*, p. 242에서 과거에 대한 역사가들의 개념을 "전거들이 제공한 고정된 점과 점 사이에 펼쳐진 상상적 구조의 망(網)"이라고 썼다. 만약 그 점들이 "충분히 존재하며 그 점들을 연결하는 실이 적당한 배려로 구성된 것이라면, ……그 그림 전체는 이 자료에 근거해 실증되며, 그 자료가 묘사하는 사실에 도달하지 못할 위험성을 최소로 줄이게 된다. 벌린도 이런 '끼워 맞추기'의 개념을 "The Concept of Scientific History," p. 45에서 논했다. 그러나 그는 역사나 과학에서 그것이 일어나는 범위를 과소 평가했다.

33. 이런 재단사의 비유는 많은 부분 존 르 카레(John le Carré)의 소설 *The Tailor of Panama* (New York: Knopf, 1996)에서 빌려왔다. 그리고 일부분은 *The Education of Henry Adams* (Boston: Houghton Mifflin, 1961), pp. xxiii-xxiv에서도 빌려왔다.

34. 이 회의는 1994년 5월 오하이오 대학교에서 열렸다. 세련된 사회과학자 세 명이 맥닐의 방식을 옹호한 것에 대해서는 Gary King, Robert O. Keohane, and Sidney Verba, *Designing Social Inquiry: Scientific Inference in Qualitative Research* (Princeton: Princeton University Press, 1994), pp. 46-47을 보라. 또 톰 스토파드의 희곡 〈아카디아〉 (London: Faber & Faber, 1993), p. 46도 참고.

35. Ziman, *Reliable Knowledge*, p. 36. 강조는 내가 한 것임. 이것을 콜링우드의 다음과 같은 말과 비교해보라. "역사학에서 질문과 증거는 상호종속적이다. 당신으로 하여금 당신의 질문(즉 당신이 지금 하고 있는 질문)에 답변할 수 있게 하는 것은 그것이 무엇이든 증거가 된다. 현명한 질문(즉 과학적으로 유능한 사람이 물을 유일한 질문)은 그 답변에 필요한 증거를 이미 가지고 있거나, 아니면 갖게 될 것이라고 생각하는 질문이다. *The Idea of History*, p. 281.

36. Wilson, *Consilience*, p. 64.

37. William Whewell, *Theory of Scientific Method*, ed. Robert E.

Butts(Indianapolis: Hackett, 1989), p. 154. 또 Peter Gay, *Style in History* (New York: McGraw-Hill, 1974), pp. 178-79도 참고.

38. Wilson, *Consilience*, pp. 10-11.

39. Bloch, *The Historian's Craft*, p. 8.

40. Carr, *What Is History?* p. 20.

41. 특히 아툴 가완디, 스티븐 제이 굴드, 스티븐 호킹, 필립 모리슨, 서원 눌랜드, 스티븐 와인버그, 에드워드 D. 윌슨, 루이스 토머스 등이 그런 순수과학자라고 생각한다.

4. 변수의 상호종속성

1. 비록 그들의 책에서 상호종속성을 강하게 제시하는 정치학자들조차 독립변수와 종속변수 사이의 구별을 계속하는 것을 볼 수 있다. 예를 들어 Rober Jervis, *Systems Effects: Complexity in Political and Social Life* (Princeton: Princeton University Press, 1997), pp. 92-103과 Stephen Van Evera, *Guide to Methods for Students of Political Science* (Ithaca, N.Y.: Cornell University Press, 1997), pp. 10-11 참고.

2. 예를 들어, Richard Ned Lebow, "Social Science and History: Ranchers versus Farmers?" in *Bridges and Boundaries: Historians, Political Scientists, and the Study of International Relations*, ed. Colin Elman and Miriam Fendius Elman(Cambridge, Mass.: MIT Press, 2001), pp. 123-26 참고.

3. Gary King, Robert O. Keohane, and Sidney Verba, *Designing Social Inquiry: Scientific Inference in Qualitative Research* (Princeton: Princeton University Press, 1994), p. 123. 킹, 코헤인, 버바는 독립변수 대신 '설명변수'라는 용어를 선호한다(p. 77).

4. 환원주의가 소립자물리학에서조차 적용되지 않는다는 흥미 있는 주장은 George Johnson, "Challenging Particle Physics as Path to Truth," *New York Times*, December 4, 2001 참고.

5. 스티븐 제이 굴드는 *Wonderful Life: The Burgess Shale and the Nature of History* (New York: Norton, 1989), pp. 278-79에서 하버드 대학의 커리큘럼이 이런 위계질서를 가정하는 것처럼 보인다고 지적 했다. 그러나 그런 지적이 본문의 주장을 보편적으로 타당성 있게 하지는 않는다.

6. 나는 여기서 '예언(prediction)' 대신 '예측(forecasting)'이라는 용어를 사용했는데, 그 이유는 예측이 그것을 사용하는 분야들에서 훨씬 덜 엄정성을 요구하기 때문이다. "이미 알려지고 일반적으로 받아들여진 지식과 불확실한 조건(부분적으로만 알려진 것들)을 바탕으로 어떤 미지의 현상을 진술할 때 이를 예측이라고 하는 반면, 예언이란 기존의 알려지고 일반화된 것과 확실한 조건(알려진 것들)만을 연관시켜서 미지의 현상에 대한 결론을 도출하는 것을 말한다." John R. Freeman and Brian L. Job, "Scientific Forecasts in International Relations: Problems of Definition and Epistemology," *International Studies Quarterly* 23(March 1979), 117-18.

7. John Ziman, *Reliable Knowledge: An Exploration of the Grounds for Belief in Science* (New York: Cambridge University Press, 1978), pp. 158-59; Dorothy Ross, *The Origins of American Social Science* (New York: Cambridge University Press, 1991), p. 390; Rogers M. Smith, "Science, Non-Science, and Politics," in *The Historic Turn in the Human Sciences,* ed. Terence J. McDonald (Ann Arbor: University of Michigan Press, 1996), pp. 121-23. 이런 주장은 요즘 잠잠해져서 '예언'과 '예측' 같은 용어가 아주 가끔씩만 King, Keohane, and Verba, *Designing Social Inquiry*에 나올 정도이다. 그러나 이 책의 저자들도 15쪽에서 사회과학의 연구 주제는 "정치·사회·경제적 생활과 많은 사람들의 삶에 지대한 영향을 미친다는 것을 이해하기에 중요하고, 또는 해가 되거나 이로울 수 있는 사건을 이해하고 예측하기에 중요한 것이어야 한다"고 쓰고 있다. 예언과 예측의 역할에 대해 "International Relations Theory and the End of the Cold War," *International Security* 17(Winter 1992-93), 6-10에서 자세히 논의했다.

8. 나는 이 용어를 Joseph Fraccia and R. C. Lewontin, "Does Culture Evolve?" *History and Theory* 38 (December 1999), 54에서 빌려왔다.

9. 콜링우드는 *The Idea of History* (New York: Oxford University Press, 1956), pp. 84-85에서 이것을 18세기의 관점이라고 설명한다.

10. 이 점에 대해서는 Ross, *The Origins of American Social Science*, pp. 299-300; Peter Novick, *That Noble Deream: The "Objectivity Question" and the American Historical Profession* (New York: Cambridge University Press, 1988), pp. 69-70과 Terence J. McDonald, pp. 4-5 참고.

11. Smith, "Science, Non-Science, and Politics," pp. 123-24. 또 Donald R. Green and Ian Shapiro, *Pathologies of Rational Choice Theory: A Critique of Applications in Political Science* (New Haven: Yale University Press, 1994), pp. 25-26.

12. Collingwood, *The Idea of History*, p. 54.

13. Tom Stoppard, *Arcadia* (London: Faber & Faber, 1993), p. 5.

14. James Gleick, *Chaos: Making a New Science* (New York: Viking, 1987), p. 41 참고.

15. 이런 문제에 대해 전반적으로 가장 좋은 비판서는 Green and Shapiro, *Pathologies of Rational Choice Theory*, pp. 1-32이다. 그러나 W. Brian Arthur, "Competing Technologies, Increasing Returns, and Lock-in by Historical Events," *Economic Journal* 94 (March 1989), 116-31; Smith, "Science, Non-Science, and Politics," pp. 123-24와 Paul Omerod, *Butterfly Economics: A New General Theory of Social and Economic Behaviour* (London: Faber & Faber, 1998), pp. 11-27, 36, 72도 참고하라. 나는 7장에서 합리적 선택 이론에 대해 더 많은 논의를 할 것이다.

16. Peter Burke, *History and Social Theory* (Cambridge: Polity Press, 1992), pp. 104-9.

17. Michael E. Latham, *Modernization as Ideology: American Social Science and "Nation Building" in the Kennedy Era* (Chapel Hill:

University of North Carolina Press, 2000).

18. 최근의 가장 명백한 예는 소련과 동유럽의 공산당들이 평화적으로 권력을 포기한 것이다. 그러나 미국에서도 몇 가지 재미있는 예가 있으니, 그 중 하나는 한국전쟁 발발 전에 국무부가 국방 예산 증액을 강력하게 지지했는데, 정작 국방부는 예산이 증가하는 것을 반대했다는 사실이다. 또한 1980년대와 1990년대에 국무부와 다른 민간인 보좌관들이 때로 무력 사용을 지지한 것과 달리 국방부는 무력 사용 승인을 꺼렸다.

19. Burke, *History and Social Theory*, pp. 114-15. 또 아직도 논쟁거리인 생리학적 발견의 예는 Simon LeVay and Dean H. Hamer, "Evidence for a Biological Influence in Male Homosexuality," *Scientific American* 270 (May 1994), 44-49 참고.

20. 나는 후자에 대한 몇 가지 이유를 *The United States and the End of the Cold War: Implications, Reconsiderations, Provocations* (New York: Oxford University Press, 1992)에서 논의했다. 이론의 파산에 대해서는 Gaddis, "International Relations Theory and the End of the Cold War," pp. 5-58 참고. 또 Richard Ned Lebow and Thomas Risse-Kappen, eds., *International Relations Theory and the End of the Cold War* (New York: Columbia University Press, 1995)도 참고.

21. William C. Wohlforth, "A Certain Idea of Science: How International Relations Theory Avoids the New Cold War History," *Journal of Cold War Studies* 1 (Spring 1999), 39-60 참고. 또 Colin Elman and Miriam Fendius Elman, "Negotiating International History and Politics," in *Bridges and Boundaries*, ed. Elman and Elman, pp. 18-19와 Andrew Bennett and Alexander L. George, "Case Studies and Process Tracing in History and Political Science: Similar Strokes for Different Foci," *ibid.*, p. 141.

22. Isaiah Berlin, "The Concept of Scientific History," in Berlin, *The Proper Study of Mankind: An Anthology of Essays,* ed. Henry Hardy and Roger Hausheer (New York: Farrar, Straus, & Giroux, 1998), pp.

34-35.

23. Green and Shapiro, *Pathologies of Rational Choice Theory*, p. 6. Robert G. Kaiser, "Election Miscalled: Experts Dissect Their (Wrong) Predictions," *International Herald Tribune*, February 10-11, 2001은 왜 정치학자들이 2000년 미국 대통령 선거에서 고어가 압승하리라는 자신들의 예측이 틀렸는지를 논의한다. 그들 중 한 사람은 그저 "고어의 총 득표 수가 더 많았어야 한다"고 주장한다. 간단히 말해서, 현실이 이론을 실망시킨 것이다.

24. 이 점에 대해서는 King, Keohane, and Verba, *Designing Social Inquiry*, pp. 10-12 참고. '단속평형'이라는 용어는 스티븐 제이 굴드와 닐스 엘드리지에서 따왔다. Eldridge, *Time Frames: The Evolution of Punctuated Equilibria* (Princeton: Princeton University Press, 1985). 또 Gould and Eldridge, "Punctuated Equilibrium Comes of Age," *Nature* 366 (November 18, 1993), 223-27 참고.

25. 확실히 더글러스 애덤스는 노르웨이의 해안선에 대한 독립변수를 갖고 있었다. *The Hitch Hiker's Guide to the Galaxy* (London: Macmillan, 1979), p. 143 참고.

26. Alexander Wendt, *Social Theory of International Politics* (New York: Cambridge University Press, 1999), p. 372. 또 William R. Thompson, *Evolutionary Interpretations of World Politics* (New York: Routledge, 2001)도 참고.

27. Terence J. McDonald, "What We Talk about When We Talk about History: The Conversations of History and Sociology," in *The Historic Turn in the Human Sciences*, ed. T. McDonald, pp. 107-8.

28. Paul Omerod, *Butterfly Economics: A New General Theory of Social and Economic Behavior* (London: Faber & Faber, 1998)는 이런 조류를 개관한다.

29. 특히 Alexander L. George, "Case Studies and Theory Development: The Method of Structured, Focused Comparison," in *Diplomacy: New Approaches in History, Theory, and Policy*, ed. Paul Gordon

Lauren(New York: Free Press, 1979) pp. 43-68; Alexander L. George, *Bridging the Gap: Theory and Practice in Foreign Policy* (Washington: United States Institute of Peace Press, 1993)과 Bennett and George, "Case Studies and Process Tracing in History and Political Science," pp. 137-66을 보라.

30. Richard J. Evans, *In Defence of History*(London: Granta, 1997), p. 83은 이 점을 명확히 하고 있다.

31. Carr, *What Is History?* p. 63. Collingwood, *The Idea of History*, pp. 194-95도 비슷한 주장을 한다.

32. King, Keohane, and Verba, *Designing Social Inquiry*, p. 48.

33. 이 용어들은 내가 쓰는 것이지만, Clayton Roberts, *The Logic of Historical Explanation*(University Park: Pennsylvania State University Press, 1996)의 주요 주장을 따랐다. 또 이 주장들은 "Explaining Events and Developing Theories: History, Political Science, and the Analysis of International Relations," in *Bridges and Bounearies*, ed. Elman and Elman, pp. 45-47에서 잭 S. 레비가 주장하는 '상표적(idiographic)' 사용과 '보편적 법칙(nomothetic)'의 사용 사이의 구별과 비슷하다. 벌린은 "The Concept of Scientific History," pp. 27-28에서 비슷한 구별을 하고 있다. 제프리 엘튼도 *The Practice of History*(New York: Crowell, 1967), p. 27에서 마찬가지 구별을 한다.

34. John Lewis Gaddis, *We Now Know: Rethinking Cold War History* (New York: Oxford University Press, 1997) pp. 288-91.

35. Collingwood, *The Idea of History*, p. 224. 또 Roberts, *The Logic of Historical Explanation*, pp. 1-15와 Stephan Berry, "On the Problem of Laws in Nature and History: A Comparison," *History and Theory* 38(December 1999)도 참고. 특히 pp. 129, 133.

36. 정치학에서 이와 비슷한 접근을 보려면 Bennett and George, "Case Studies and Process Tracing in History and Political Science," pp. 156-60에서 유형학적 이론에 대한 논의 참고.

37. 케넌 스스로는 이론가로 불리기를 싫어하겠지만, 이 분야의 고전적인

책은 Hans J. Morgenthau, *Politics among Nations: The Struggle for Power and Peace*, 6th ed.(New York: McGraw Hill, 1985, first published in 1948)과 George F. Kennan, *American Diplomacy: 1900-1950*(Chicago: University of Chicago Press, 1951)이다.

38. Niall Ferguson, "Virtual History: Towards a 'Chaotic' Theory of the Past," in *Virtual History: Alternatives and Counterfactuals*, ed N. Ferguson(New York: Basic Books, 1997), pp. 50-51에서 인용한 Michael Oakeshott, *Experience and Its Modes*(Cambridge: Cambridge University Press, 1933), p. 128. 또 Berlin, "The Concept of Scientific History," pp. 37-38과 Jervis, *Systems Effects*, pp. 10-27도 참고. 또한 나는 오하이오 대학교 대학원생 중 한 사람인 제프리 우즈(Jeffrey Woods)의 1994년 논문 "The Web Model of History"의 덕을 보았다.

39. 나는 점점 감소하는 타당성의 원칙을 6장에서 논의했다.

40. 이 예는 Roberts, *The Logic of Historical Explanation*, pp. 116-17에서 따왔다.

41. Trevor Royle, *Crimea: The Great Crimean War, 1854-1856*(London: Little, Brown, 1999), pp. 15-19. 초기 조건에 대한 민감성은 Gleick, *Chaos*, pp. 11-31 참고.

42. 베넷과 조지는 이 개념을 "Case Studies and Process Tracing in History and Political Science," p. 138에서 논의한다.

43. 좋은 예를 보려면, Stephen G. Brooks, "Dueling Realisms," *International Organization* 51(Summer 1997), 465-66 참고. 여기에서는 우크라이나가 핵무기를 절대 포기하지 않을 것이라는 존 미어샤이머(John Mearsheimer:시카고 대학의 교수이자 신현실주의 학파의 대표적인 학자로서 국제관계를 힘과 이익이라는 변수만을 가지고 분석하려 했다-옮긴이)의 엄청나게 잘못된 예측에 대해 논의하고 있다.

44. King, Keohane, and Verba, *Designing Social Inquiry*, p. 20에서 사회 과학자들이 너무 과도하게 간결성에 의지하게 되었다고 주장한다.

45. Bennett and George, "Case Studies and Process Tracing in History

and Political Science," p. 148.

46. Gould, *Wonderful Life*, p. 51. 따라서 결과는 '경로종속적'이 된다. 사회과학자들 사이에 주목을 얻기 시작한 이 용어에 대한 설명은 Elman and Elman, "Negotiating International History and Politics," pp. 30-31 참고. 경제학에서의 비유는 M. Mitchell Waldrop, *Complexity: The Emerging Science at the Edge of Chaos* (New York: Viking, 1992), pp. 15-98에 잘 설명되어 있는 '수확 체증(increasing returns)'이라는 현상이다. 굴드가 예를 든 겉보기에 안 중요해 보이는 변화가 독립변수가 될 수 있는가? 내 생각에는 오직 특정한 경로 내에서만, 그리고 그 경로를 따르는 특정 여정에서만 그렇다. 그 변화가 다른 경로나 여정에서 같은 식으로 작용할 것이라는 보장은 없는 것 같다.

47. 여기서 나는 이사야 벌린이 "The Concept of Scientific History," 특히 pp. 56-58에서 도달한 결론과 의견을 달리한다.

48. Kenneth N. Waltz, *Theory of International Politics* (New York: Random House, 1979), pp. 161-93.

49. John Lews Gaddis, *The Long Peace: Inquiries into the History of the Cold War* (New York: Oxford University Press, 1987), 특히 pp. 219-23 참고.

50. Waltz, *Theory of International Politics*, p. 183. 왈츠에 대해 공평하게 얘기하자면, 이 (잘못된) 예측이 나의 예측보다 더 틀렸다고 하기는 어렵다. 나는 "강대국이 자신의 쇠퇴가 시작되는 것을 감지하는 순간은 위험한 순간이다. 물리적 힘이 사라지기 훨씬 전에 (그 강대국의) 행동은 상궤를 벗어날 수 있고, 필사적이기까지 할 수 있다"고 했다. *The Long Peace*, p. 244. 왈츠의 영향을 받은 다른 틀린 예측의 예는 John Lewis Gaddis, "How the Cold War Might End," *Atlantic* 260 (November 1987), 88-100 참고.

51. Martin Hollis and Steve Smith, *Explaining and Understanding International Relations* (Oxford : Oxford University Press, 1990), pp. 110-18은 왈츠에 대한 효과적인 비판을 제시한다.

52. 여기에 대해서 더 알려면, Gaddis, *We Now Know*, pp. 283-84 참고.

53. *Ibid.*, p. 284.

54. 폴 W. 슈로더(Paul W. Schroeder)는 "History and International Relations Theory: Not Use or Abuse, but Fit or Misfit," *International Security* 22(Summer 1997), 69에서 비슷한 논점을 얘기한다. 마이클 니콜슨(Michael Nicholson)도 *Rationality and the Analysis of International Conflict*(Cambridge: Cambridge University Press, 1992), pp. 27-28에서 비슷한 주장을 한다.

55. Sherwin B. Nuland, *How We Live*(New York: Vintage, 1997) 참고.

56. Samuel P. Huntington, *The Clash of Civilizations and the Remaking of World Order*(New York: Simon & Schuster, 1996), p. 20. 또 Sigmund Freud, *Civilization and Its Discontents*, trans. and ed. James Strachey(New York: Norton, 1961), p. 72 참고.

57. Ziman, *Reliable Knowledge*, p. 3.

58. Smith, "Science, Non-Science, and Politics," p. 124.

59. 미국 정치학회 내의 반체제 '페레스트로이카' 움직임은 정치학 분야에서 비슷한 주장을 했다. Scott Heller and D. W. Miller, "'Mr. Perestroika' Criticizes Political-Science Journal's Methodological Bias," *Chronicle of Higher Education*, November 17, 2000; D. W. Miller, "Storming the Palace in Political Science," *ibid.*, September 21, 2001; Jacob Blecher, "Forward the Revolution: How One E-Mail Shook Up the Political Science Establishment," *New Journal* 〔Yale University〕 34(December 2001), 18-23과 Rogers M. Smith, "Putting the Substance Back in Political Science," *Chronicle of Higher Education*, April 5. 2002.

5. 카오스와 복잡성

----

1. *The Education of Henry Adams: An Autobiography*(Boston: Houghton Mifflin, 1961), pp. 224, 395.

2. 분석가 대 종합가라는 구별은 J. H. Hexter, *On Historians: Reappraisals of Some of the Masters of Modern History* (Cambridge, Mass.: Harvard University Press, 1979), pp. 241-43에서 따왔다. 헥스터 역시 도널드 카건(Donald Kagan)에서 차용했다. 애덤스의 Virgin과 Dynamo 종합은 *The Education*의 25장에 있다.

3. *The Education of Henry Adams*, pp. 224, 396-98.

4. *Ibid.*, p. 455. 또 애덤스와 카오스에 대해서는 N. Katherine Hayles, *Chaos Bound: Orderly Disorder in Contemporary Literature and Science* (Ithaca, N.Y.: Cornell University Press, 1990), pp. 61-90 참고. 푸앵카레에 대해서는 Trinh Xuan Thuan, *Chaos and Harmony: Perspectives on Scientific Revolutions of the Twentieth Century* (Oxford: Oxford University Press, 2001) pp. 75-81 참고. E. H. 카도 푸앵카레에게 깊은 인상을 받았다. *What Is History?* 2d ed. (New York: Penguin, 1987, first published in 1961), pp. 58, 90 참고.

5. James Gleick, *Chaos: Making a New Science* (New York: Viking, 1987), pp. 46-47.

6. Tom Stoppard, *Arcadia* (London: Faber & Faber, 1993), pp. 44-46.

7. 교통체증과 컴퓨터 시뮬레이션에 대해 더 알고 싶으면 Per Bak, *How Nature Works: The Science of Self-Organized Criticality* (New York: Oxford University Press, 1997), pp. 192-98 참고. 또 Stephern Budiansky. "The Physics of Gridlock," *Atlantic Monthly* 283 (December 2000), 20-24도 참고.

8. William H. McNeill, "Passing Strange: The Convergence of Evolutionary Science with Scientific History," *History and Theory* 40 (February 2001), 2. Niall Ferguson, "Virtual History: Towards a 'Chaotic' Theory of the Past," in *Virtual History: Alternatives and Counterfactuals*, ed. N. Ferguson (New York: Basic Books, 1999), pp. 71-72에서도 이 점을 지적한다.

9. Stephen Jay Gould, *Time's Arrow, Time's Cycle: Myth and Metaphor in the Discovery of Geological Time* (Cambridge, Mass.: Harvard

University Press, 1987), pp. 120-23.

10. *The Education of Henry Adams*, pp. 226-28.

11. Thomas S. Kuhn, *The Structure of Scientific Revolutions*, 3d ed.(Chicago: University of Chicago Press, 1996).

12. Niles Eldridge, *Time Frames: The Evolution of Punctuated Equilibria* (Princeton: Princeton University Press, 1985). 또 Stephen Jay Gould and Niles Eldridge, "Punctuated Equilibrium Comes of Age," *Nature* 366 (November 18, 1993), 223-27.

13. Walter Alvarez and Frank Asaro, "What Caused the Mass Extinction? An Extraterrestrial Impact," *Scientific American* 263 (October 1990), 78-84.

14. 비슷한 그러나 조심스런 견해는 John Ziman, *Real Science: What It Is, and What It Means* (Cambridge: Cambridge University Press, 2000), pp. 56-58 참고. 또 Stephan Berry, "On the Problem of Laws in Nature and History: A Comparison," *History and Theory* 38 (December 1999), 124도 참고.

15. 개리 데이비드 쇼(Gary David Shaw)가 썼듯이 "〔진화론적 과학자와 역사가가〕 용어에 있어서 어떤 의미 있는 의견일치를 이루었다면 역사학이 현재보다 더 간편한 비교와 분석의 언어를 가졌을 것이다." "The Return of Science," *History and Theory* 38 (December 1999), 8.

16. 로렌츠의 실험은 Gleick, *Chaos*, pp. 9-31에 설명되어 있다.

17. David Hackett Fischer, *Historians' Fallacies: Toward a Logic of Historical Thought* (New York; Harper & Row, 1970), p. 174.

18. Bak, *How Nature Works*, pp. 49-84.

19. 스토파드는 〈아카디아〉 p. 48에서 비슷한 얘기를 한다.

20. 이 예들을 비롯해 다른 예들은 Mark Buchanan, *Ubiquity: The Science of History: or, Why the World Is Simpler than We Think* (London: Weidenfeld & Nicolson, 2000)에서 논의했다. 또 Berry, "On the Problem of Laws in Nature and History," pp. 126-28도 참고.

21. Stephen Jay Gould, *Wonderful Life: The Burgess Shale and the*

Nature of History (New York: Norton, 1989), p. 277.

22. 경로종속성에 대해 더 자세히 알려면 Colin Elman and Miriam Fendius Elman, "Negotiating International History and Politics," in *Bridges and Boundaries: Historians, Political Scientists, and the Study of International Relations*, ed. Elman and Elman(Cambridge, Mass.: MIT Press, 2001), pp. 30-31 참고.

23. Paul A. David, "Clio and the Economics of QWERTY," *American Economic Review* 75(May 1985), 332-37; W. Brian Arthur, "Competing Technologies, Increasing Returns, and Lock-in by Historical Events," *Economic Journal* 99(March 1989), 116-31. 또 아서의 논문에 대한 자세한 논의는 M. Mitchell Waldrop, *Complexity: The Emerging Science at the Edge of Chaos* (New York: Simon & Schuster, 1992), pp. 15-98 참고.

24. Robert D. Putnam, with Robert Leonardi and Raffaella Y. Nanetti, *Making Democracy Work: Civic Traditions in Modern Italy* (Princeton: Princeton University Press, 1993).

25. 이 점에 대해서는 Waldrop, *Complexity*, p. 50 참고. 나는 이런 움직임에 대해 4장에서 더 자세히 다뤘다.

26. 2장 참고.

27. Gleick, *Chaos*, pp. 94-96. 또 Bak, *How Nature Works*, pp. 19-21; Thuan, *Chaos and Harmony*, pp. 108-10과 Benoit Mandelbrot, *Fractal Geometry of Nature* (New York: W. H. Freeman, 1988)도 참고.

28. Stoppard, *Arcadia*, p. 47.

29. Carr, *What Is History?* pp. 26-27.

30. 2장 참고.

31. James Miller, *The Passion of Michel Foucault* (New York: Doubleday, 1993), pp. 15-16.

32. *I Shall Bear Witness: The Diaries of Victor Klemperer, 1933-45*, two vols., trans. Martin Chalmers(New York: Random House, 1998-99). 또 Stephen Kotkin, *Magnetic Mountain: Stalinism as a Civilization*

(Berkeley: University of California Press, 1997); Sheila Fitzpatrick, *Everyday Stalinism: Ordinary Life in Extraordinary Times: Soviet Russia in the 1930s* (New York: Oxford University Press, 1999)와 Ian Kershaw, *Hitler, 1936-45: Nemesis* (London: Penguin Press, 2000), 특히 pp. 233-34, 249-45도 참고.

33. 여기에 대해서는 John Naughton, *A Brief History of the Internet: The Origins of the Future* (London: Weidenfeld & Nicolson, 2000) 참고.

34. Waldrop, *Complexity*, pp. 289-87. 굴드는 그런 경향은 결코 모든 생명체에 존재하지는 않는다고 지적한다. *Full House: The Spread of Excellence from Plato to Darwin* (New York: Harmony Books, 1996), 특히 p. 197 참고.

35. Kenneth A. Oye, "Explaining Cooperation under Anarchy: Hypotheses and Strategies," in *Cooperation Under Anarchy*, ed. K. Oye (Princeton: Princeton University Press, 1986), pp. 1-2.

36. Gleick, *Chaos*, pp. 53-56, 137-53, 221-29; Thuan, *Chaos and Harmony*, pp. 101-3.

37. Waldrop, *Complexity*, pp. 272-86. 또 Stephen Wolfram, *A New Kind of Science* (Champaign, Ill.: Wolfram Media, 2002)도 참고.

38. John H. Holland, "Complex Adaptive Systems," *Daedalus* 121 (Winter 1992), 17-30.

39. 이 문제에 대해 방법론적으로 기초적인 논의를 한 것은 John Lewis Gaddis, *The Long Peace: Inquiries into the History of the Cold War* (New York: Oxford University Press, 1987), pp. 215-45.

40. Buchanan, *Ubiquity*, pp. 37-38.

41. Bak, *How Nature Works*, pp. 1-32; Buchanan, *Ubiquity*, pp. 85-100.

42. *Ibid.*, p. 200. '위대성'에 대해서는 이 책 7장 참고.

43. Waldrop, *Complexity*, pp. 292-94.

44. McNeill, "History and the Scientific World View," p. 10.

45. Waldrop, *Complexity*, p. 140.

46. Berry, "On the Problem of Laws in Nature and History," p. 126.

47. Preston King, *Thinking Past a Problem: Essays on the History of Ideas* (London: Frank Cass, 2000), p. 243에서 이 점을 제시했다.

48. 국제관계학 이론 분야에서 이미 이런 적응이 일어나고 있는 예를 보기 위해서는 이 장에 언급된 몇몇 저술들 이외에 James N. Rosenau, *Turbulence in World Politics: A Theory of Change and Continuity* (Princeton: Princeton University Press, 1990); Jack Snyder and Robert Jervis, eds., *Coping with Complexity in the International System* (Boulder: Westview Press, 1993); Judith Goldstein and Robert O. Keohane, eds., *Ideas and Foreign Policy: Beliefs, Institutions, and Political Change* (Ithaca, N.Y.: Cornell University Press, 1993); Steven Bernstein, Richard Ned Lebow, Janice Gross Stein, and Steven Weber, "God Gave Physics the Easy Problems: Adapting Social Science to an Unpredictable World," *European Journal of International Relations* 6(2000), 43-76; 또 William R. Thompson, *Evolutionary Interpretations of World Politics* (New York: Routledge, 2001) 참고.

49. McNeill, "Passing Strange," p. 2.

6. 인과관계, 우연성, 반사실적 사유

- -

1. Carole Fink, *Marc Bloch: A Life in History* (New York: Cambridge University Press, 1989), pp. 315-24.

2. R. W. Davies "From E. H. Carr's Files: Notes Towards a Second Edition of *What Is History?*" in E. H. Carr, *What Is History?* 2d ed.(London: Penguin, 1987, first published in 1961), pp. 163-65.

3. 예를 들어 Gary King, Robert O. Keohane, and Sidney Verba, *Designing Social Inquiry: Scientific Inference in Qualitative Research* (Princeton: Princeton University Press, 1994)와 John Ziman, *Real Science: What It Is, and What It Means* (Cambrdge: Cambridge

University Press, 2000)을 대조해보라.

4. 이 점은 Terence J. McDonald, "Introduction," in *The Historic Turn in the Social Sciences*, ed. T. McDonald(Ann Arbor: University of Michigan Press, 1996), pp. 1-14에 잘 설명되어 있다. 최근에 나온 역사학 방법론에 대한 가장 잘 쓴 책들인 Joyce Appleby, Lynn Hunt, and Margaret Jacob, *Telling the Truth about History*(New York: Norton, 1994)와 Richard J. Evans, *In Defence of History*(London: Granta, 1997)에서 역사를 '신'과학의 카오스와 복잡계와 전혀 관련짓지 않은 것이 놀라울 뿐이다.

5. William H. McNeill, "Mythistory, or Truth, Myth, History, and Historians," *American Historical Review* 91(February 1986), 8.

6. 주검으로 인과관계를 설명하는 다른 시도는 R. G. Collingwood, *The Idea of History*(New York: Oxford University Press, 1956), pp. 266-82 참고.

7. Carr, *What Is History?* pp. 104-8.

8. Davies, "From E. H. Carr's Files," pp. 169-70.

9. 이런 패턴은 Jonathan Haslam, *The Vices of Integrity: E. H. Carr, 1892-1982*(New York: Verso, 1999)에 잘 나타나 있다. 특히 pp. 59-60, 78-79, 94-95, 128-29, 235, 248 참고. 또 Michael Cox, "Introduction," in *E. H. Carr: A Critical Appraisal,* ed. M. Cox(New Youk: Palgrave, 2000), pp. 8-12. 또 카의 인과관계에 대한 주장을 비판하는 다른 책은 Appleby, Hunt, and Jacob, *Telling the Truth about History*, p. 304와 Evans, *In Defence of History*, pp. 129-38 참고.

10. Marc Bloch, *The Historian's Craft*, trans. Peter Putnam(Manchester: Manchester University Press, 1992, first published in 1953), pp. 157-58.

11. Clayton Roberts, *The Logic of Historical Explanation*(University Park: Pennsylvania State University Press, 1996), p. 108.

12. Carr, *What Is History?* p. 105.

13. Stephan Berry, "On the Problem of Laws in Nature and History: A Comparison," *History and Theory* 38(December 1999), 122는 비슷한

주장을 한다.

14. 이 논점은 약간 다른 방식으로 King, Keohane, and Verba, *Designing Social Inquiry*, p. 87n에도 나타난다.

15. James Gleick, *Chaos: Marking a New Science* (New York: Viking, 1987), pp. 11-31을 보라.

16. *Ibid.*, pp. 126-28, 160-61; M. Mitchell Waldrop, *Complexity: The Emerging Science at the Edge of Order and Chaos* (New York: Simon & Schuster, 1992), pp. 228-35; Mark Buchanan, *Ubiquity: The Science of History; or, Why the World Is Simpler than We Think* (London: Weidenfeld & Nicolson, 2000), pp. 75-76, 80-81.

17. Waldrop, *Complexity*, pp. 198-240; Stephen Jay Gould, *Wonderful Life: The Burgess Shale and the Nature of History* (New York: Norton, 1989).

18. Gleick, *Chaos*, pp. 16-18.

19. Roberts, *The Logic of Historical Explanation*, p. 111.

20. 엘드리지가 스티븐 제이 굴드와 더불어 개발한 이 이론의 가장 훌륭한 입문서는 *Time Frames: The Evolution of Punctuated Equilibria* (Princeton: Princeton University Press, 1985)이다. 또 Waldrop, *Complexity*, pp. 308-9도 참고.

21. Roberts, *The Logic of Historical Explanation*, pp. 108-9.

22. 예를 들어, Saburo Ienaga, *The Pacific War, 1931-1945: A Critical Perspective on Japan's Role in World War II* (New York: Pantheon, 1978), pp. 131-33 참고.

23. 그러면 이것은 독립변수인가? 그렇게 생각하지는 않는다. 상전이, 구두점, 특이한 사건 들은 늘 선례가 있기 때문이다.

24. Aristotle, *Poetics*, trans, Malcolm Heath (New York: Penguin, 1996), p. 17. 또 Anthony Gottlieb, *The Dream of Reason: A History of Western Philosophy from the Greeks to the Renaissance* (London: Allen Lane, 2000), p. 276도 참고. 물론 나는 이 정보를 토니 도프만 (Toni Dorfman: 연극학자이자 연극학 교수인 존 루이스 개디스의 부

인-옮긴이)에게 얻었다.

25. Bloch, *The Historian's Craft*, p. 103.

26. Niall Ferguson, "Virtual History: Towards a 'Chaotic' Theory of the Past," in *Virtual History: Alternatives and Counterfactuals,* ed. Ferguson (New York: Basic Books, 1997), pp. 1-90은 반사실적 역사학을 가장 잘 변호하는 책이다.

27. Carr, *What Is History?* pp. 96-99.

28. King, Keohane, and Verba, *Designing Social Inquiry*, pp. 77-78, 82-83을 보라.

29. 소위 1943년 U.S.S. 엘드리지(Eldridge) 구축함의 염력(teleportation) 실험에 대한 가정은 많았다. 1984년에 나온 〈필라델피아 실험(The Philadelphia Experiment)〉이라는 영화도 이런 가정을 했다. 이 실험에 대한 해군 역사 센터의 반박에 대해서는 http://www.history.navy.mil/faqs/faq21-1.htm. 참고.

30. 하나의 좋은 예는 Harry Turtledove, *The Guns of the South* (New York: Ballantine, 1993)이다. 이 소설은 남부군에게 AK-47s(아카보 47s) 소총을 줌으로써 미국 남북전쟁의 결과를 바꿔놓았다.

31. Ferguson, "Virtual History," p. 85.

32. King, Keohane, and Verba, *Designing Social Inquiry*, pp. 82-83은 이 이유에 대한 공식적인 설명을 제시한다.

33. 가장 극적인 최근의 예는 DNA 추적을 통해 토머스 제퍼슨이 자신의 노예였던 샐리 헤밍의 아이들 중 하나 이상의 아버지였다는 사실이 밝혀진 것이다. Thomas Jefferson Memorial Foundation *Report of the Research Committee on Thomas Jefferson and Sally Hemings*, January, 2000. http//www.monticello.org/plantation/hemings_report.html. 참고.

34. L. N. Tolstoy, *War and Peace,* trans. Rosemary Edmonds (London: Penguin, 1982), p. 1341.

35. Collingwood, *The Idea of History*, p. 248.

36. Ziman, *Real Science*, p. 7. 여기서 지만의 논지는 역사라는 것은 습득

된 특성을 상속받는 것이라는 카의 주장을 연상시킨다. *What Is History?* pp. 150-51 참고.

37. Appleby, Hunt, and Jacob, *Telling the Truth about History*, p. 171.

38. 3장 참고.

39. 포스트모더니스트들이 이야기에 반대하는 것에 대한 타당성 있는 반박은 Evans, *In Defence of History*, pp. 148-52 참고. 또 Appleby, Hunt, and Jacob, *Telling the Truth About History*, pp. 228-37도 참고.

40. 비슷한 주장은 Collingwood, *The Idea of History*, pp. 110, 240-46과 Appleby, Hunt, and Jacob, *Telling the Truth about History*, pp. 195, 248-50, 259, 268 참고.

41. 이런 사유에 대한 비판은 King, Keohane, and Verba, *Designing Social Inquiry*, p. 20 참고. 그러나 그들이 여기서 간결성에 반대하는 것과 123쪽에서 명백히 찬성하는 것을 비교해보라.

42. 그러나 역사가는 놀랄 정도로 자주 그것들을 무시한다. David Hackett Fischer, *Historians' Fallacies: Toward a Logic of Historical Thought* (New York: Harper & Row, 1970) 참고.

43. Bloch, *The Historian's Craft*, p. 67.

44. 3장 참고.

45. 문서를 복제 가능성의 수단으로 보는 논의는 Bloch, *The Historian's Craft*, p. 100 참고. Evans, *In Defence of History*, pp. 116-23은 각주가 뒷받침해주지 못하는 한 예를 묘사한다. Richard J. Evans, *Telling Lies about Hitler: History, the Holocaust and the David Irving Trial* (London: Heineman, 2001)도 마찬가지다.

46. G. R. Elton, *The Practice of History* (New York: Crowell, 1967), pp. 83-87는 이 점에서 유용하다.

47. William Whewell, *Theory of Scientific Method*, ed. Robert E. Butts (Indianapolis: Hackett, 1989), p. 153.

48. 3장 참고.

7. 마음을 소유한 분자

1. R. G. Collingwood, *The Idea of History* (New York: Oxford University Press, 1956), p. 216은 매우 비슷한 주장을 한다. Martin Stuart-Fox, "Evolutionary Theory of History," *History and Theory* 38 (December, 1999), 35도 그렇다.

2. M. Mitchell Waldrop, *Complexity: The Emerging Science at the Edge of Order and Chaos* (New York: Simon & Schuster, 1992), pp. 241-43.

3. 이 점에 대해서는 Michael Taylor, "When Rationality Fails," in *The Rational Choice Controversy: Economic Models of Politics Reconsidered, ed. Jeffrey Friedman* (New Haven: Yale University Press, 1996), pp. 226-27 참고.

4. 날카로운 학술적 비판을 보려면 Donald P. Green and Ian Shapiro, *Pathologies of Rational Choice Theory: A Critique of Applications in Political Science* (New Haven: Yale University Press, 1994), 특히 pp. 1-32 참고. Friedman, ed., *The Rational Choice Controversy* 는 그린과 샤피로의 주장을 찬성하는 편과 비판하는 편 양측을 위해 유용한 포럼을 제공한다. 합리적 선택 이론에 대한 덜 공식적인 비판은 Paul Omerod, *Butterfly Economics: A New General Theory of Social and Economic Behaviour* (London: Faber & Faber, 1998). 또 Jonathan Cohn, "Irrational Exuberance: When Did Political Science Forget about Politics?" *New Republic*, October 25, 1999; Louis Uchitelle, "Some Economists Call Behavior a Key," *New York Times*, February 11, 2002와 Roger Lowenstein, "Exuberance Is Rational," *New York Times Magazine*, February 11, 2002 참고. 내게 합리적 선택 이론을 용감하게 설명하려던 앨리슨 앨터, 제레미 수리, 그리고 제임스 피어런에게 감사한다.

5. Green and Shapiro, *Pathologies of Rational Choice Theory*, p. 24.

6. 이 점에 대해서는 Collingwood, *The Idea of History*, pp. 212-13 참고.

7. 배리 언워스(Barry Unworth)의 참신한 *Losing Nelson* (New York:

Doubleday, 1999)은 어느 전기 작가든 맞닥뜨리는 딜레마, 즉 그 전기의 대상을 실제로 알기가 불가능하다는 딜레마를 중심으로 구성되었다. 또 A. S. Byatt, *The Biographer's Tale* (London: Chatto & Windus, 2000)도 참고.

8. 여기에는 예외가 있다. 나탈리 제몬 데이비스, 카를로 긴즈부르그, 로렐 대처 얼리치 등은 '보통' 사람들의 전기로 우리로부터 멀리 떨어져 있는 문화를 알려준다. 각각 *The Return of Martin Guerre* (Cambridge, Mass.: Harvard University Press, 1983); *The Cheese and the Worms: The Cosmos of a Sixteenth-Century Miller* (Baltimore: Johns Hopkins University Press, 1992)과 *A Midwife's Tale: The Life of Martha Ballard, Based on Her Diary, 1785-1812* (New York: Random House, 1990) 참고.

9. David Hackett Fischer, *Historians' Fallacies: Toward a Logic of Historical Thought* (New York: Harper & Row, 1970), p. 49.

10. Plutarch, *Greek Lives*, trans. Robin Waterfield (New York: Oxford University Press, 1998), p. 312. 이것을 알려준 마이클 개디스에게 감사한다.

11. 이 구절은 John Lewis Gaddis, "The Tragedy of Cold War History," *Diplomatic History* 17 (Winter 1993), 5-6에서 따왔는데, 또한 이것은 로버트 터커(Robert Tucker)의 훌륭한 스탈린 전기 *Stalin in Power: The Revolution from Above, 1928-1941* (New York: Norton, 1990)에서 따온 것이기도 하다.

12. Plutarch, *Greek Lives*, p. 312. 또한 플루타르코스가 인정했을 법한 스탈린의 눈에 대한 묘사는 George F. Kennan, *Memoirs: 1925-1950* (Boston: Atlantic-Little, Brown, 1967), p. 279 참고.

13. 이에 대한 좋은 논의는 Joyce Appleby, Lynn Hunt, and Margaret Jacob, *Telling the Truth about History* (New York: Norton, 1994), 특히 4장 참고.

14. *Hitler, 1936-1945: Nemesis* (London: Penguin, 2000)에 잘 나타난 논점이다.

15. *I Shall Bear Withness: The Diaries of Victor Klemperer, 1933-41* (London: Phoenix, 1999); *To the Bitter End: The Diaries of Victor Klemperer, 1942-45* (London: Phoenix, 2000).

16. Liza Picard, *Restoration London* (Lodon: Phoenix, 1997).

17. 어떤 특정인이 그 기회의 창을 뛰어넘기 전에 그 기회가 얼마나 많았는지를 잘 보여주는 주목할 만한 예는 미국의 안보/21세기 위원회의 보고서를 보라. 이것은 1999년 9월과 2001년 3월 사이에 3부로 나뉘어 출간되었으며 http://www.nssg.gov에서 볼 수 있다. 이 위원회의 공동 의장이던 개리 하트(Gary Hart)와 워렌 러드먼(Warren Rudman), 두 전직 상원의원의 이름을 딴 하트-러드먼 보고서라고 더 잘 알려진 이 보고서는, 미국은 자국 내에서 대단히 파괴적인 테러에 취약하다고 명백히 경고하고 있다.

18. Waldrop, *Complexity*, pp. 233-34.

19. Kershaw, *Hitler, 1936-45*, pp. 487, 522. 또 Isaiah Berlin, *The Crooked Timber of Humanity: Chapters in the History of Ideas*, ed. Henry Hardy(New York: Random House, 1990), pp. 203-6과 James Q. Wilson, *The Moral Sense* (New York: Free Press, 1993), 특히 p. 15도 참고.

20. 일부 역사가들은 이 사실 때문에 패닉 상태에 빠졌다. 마치 야만인들이 집앞에 와 있는 것처럼. 예를 들어 G. R. Elton, *Return to Essentials: Some Reflections on the Present State of Historical Study* (Cambridge: Cambridge University Press, 1990); Keith Windshuttle, *The Killing of History: How Literary Critics and Social Theorists Are Murdering Our Past* (New York: Free Press, 1996)과 Richard J. Evans, *In Defence of History* (London: Granta, 1997) 참고.

21. Collingwood, *The Idea of History*, p. 39와 pp. 87, 199. 또 Bloch, *The Historian's Craft*, pp. 118-19도 참고.

22. 이런 어려움을 다루기 위한 최근의 시도는 Roger Shattuck, *Candor and Perversion: Literature, Education, and the Arts* (New York: Norton, 1999) 참고.

23. John Keay, *The Great Arc: The Dramatic Tale of How India Was Mapped and Everest Was Named* (New York: HarperCollins, 2000).

24. Bloch, *The Historian's Craft*, p. 116.

25. Carr, *What Is History?* pp. 75-79.

26. *Ibid.*, p. 79.

27. 카가 베티 베렌즈에게 1966년 2월 19일 보낸 편지. Jonathan Haslam, *The Vices of Integrity: E. H. Carr, 1892-1982* (New York: Verso, 1999), p. 235에서 인용.

28. 예를 들어 Bloch, *The Historian's Craft*, p. 66; Carr, *What Is History?* p. 120 참고.

8. 역사가의 눈으로 보기

1. 1장 참고.

2. James C. Scott, *Seeing Like a State: How Certain Schemes to Improve the Human Condition Have Failed* (New Haven: Yale University Press, 1998).

3. John Prest, "City and University," in *The Illustrated History of Oxford University*, ed. J. Prest (Oxford: Oxford University Press, 1993), p. 1.

4. Scott, *Seeing Like a State*, pp. 2-3.

5. *Ibid.*, pp. 4, 340, 352.

6. Letter from Tom Hamilton-Baillie, January 24, 2001.

7. 좀더 긍정적인 견해는 G. R. Elton, *The Practice of History* (New York: Crowell, 1967), p. 74 참고.

8. Martin Gilbert, *"Never Despair": Winston S. Churchill, 1945-1965* (London: Heineman, 1988), pp. 1073, 1076-77, 1253.

9. 윌리엄 텁만은 이 일을 향후 간행될 흐루시초프의 전기에서 설명하고 있다〔2003년 3월에 출간되었다. William Taubman, *Khrushchev: The Man and His Era* (W.W. Norton & Company, 2003)—옮긴이〕.

10. R. G. Collingwood, *The Idea of History* (New York: Oxford University Press, 1956), p. 141.

11. Ian Kershaw, *Hitler, 1936-1945: Nemesis* (London: Penguin, 2000), pp. 821-22.

12. John Drummond, *Tainted by Experience: A Life in the Arts* (London: Faber & Faber, 2000), p. 51.

13. 그러면 아마도 감사하는 죽음이 될 것이다.

14. 2장에서 더 자세히 논의했다.

15. 이 점에 대해서는 Peter Novick, *That Noble Dream: The "Objectivity Question" and the American Historical Profession* (New York: Cambridge Uniersity Press, 1988), pp. 469-521 참고. 더 간략하게는 Joyce Appleby, Lynn Hunt, and Margaret Jacob, *Telling the Truth about History* (New York: Norton, 1994), pp. 147-51 참고.

16. Collingwood, *The Idea of History*, p. 317. 과거를 회고적으로 강요된 해석으로부터 해방시키는 역사가의 좋은 예로 Joanne B. Freeman, *Affairs of Honor: National Politics in the New Republic* (New Haven: Yale University Press, 2001) 참고.

17. Stephen Jay Gould, *The Lying Stones of Marrakech: Penultimate Reflections in Natural History* (New York: Harmony Books, 2000), p. 18. 또 Gould의 *Time's Arrow, Time's Cycle: Myth and Metaphor in the Discovery of Geologic Time* (Cambridge, Mass.: Harvard University Press, 1987), p. 27도 참고.

18. Stephen Jay Gould, *Wonderful Life: The Burgess Shale and the Nature of History* (New York: Norton, 1989), p. 51. 또 Scott, *Seeing Like a State*, p. 390, n. 37도 참고.

19. 이 용어는 Benedict Anderson, *Imagined Communities: Reflections on the Origins and Spread of Nationalism* (New York: Verso, 1991)에서 따왔다. 그러나 Eric J. Hobsbawm, *Nations and Nationalism since 1780: Programme, Myth, Reality* (New York: Cambridge University Press, 1993)도 참고하라.

20. Scott, *Seeing Like a State*, pp. 11-22.

21. *Ibid.*, p. 4.

22. 스코트는 대부분의 이런 경우에 대해 훌륭한 논의를 하고 있다. 중국의 대약진운동에 대해서는 Jasper Becker, *Hungry Ghosts: Mao's Secret Famine* (New York: Free Press, 1997) 참고.

23. Appleby, Hunt, and Jacob, *Telling the Truth about History*, p. 307.

24. 잘 알려지지 않은 사실이지만, 이 1983년 영화에 나의 예일 대 동료 교수인 존 모튼 블럼(John Morton Blum)이 카메오로 등장한다.

25. Oliver Sacks, *The Man Who Mistook His Wife for a Hat and Other Clinical Tales* (New York: Summit Books, 1985). p. 23.

찾아보기